Lu Xun

Tagebuch eines Verrückten

Zu diesem Buch

Von einem Schriftsteller, der sich davor fürchtet, vom eigenen Bruder gefressen zu werden. Von Herrn Jedermann, der sich beglückt selbst Ohrfeigen verpasst. Von verborgenen Narben und der Sehnsucht nach einer besseren Gesellschaft, die sich zwischen klappernden Mah-Jongg-Steinen breitmacht. Von Dreiecksgesichtern, Quadratschädeln und anderen tragisch-komischen Schicksalen erzählt Lu Xun und hält damit der chinesischen Gesellschaft den Spiegel vor.

Melancholie, Militanz, Ironie und Trauer verschmelzen in diesem hochbrisanten Werk vom Vater der modernen chinesischen Literatur, ein Erzähler und Denker von stupender Aktualität, den Europa immer wieder von Neuem entdeckt.

»Die paranoide Rastlosigkeit des Schreibers aus ›Tagebuch eines Verrückten‹ erinnern an Gogols ›Aufzeichnungen eines Wahnsinnigen‹. Lu Xun bringt einen chinesischen ›Jedermann‹ hervor, und mit ›Unwiederbringlich‹ eine Liebesgeschichte, gegen deren tragische Heldin eine Effi Briest wie ein Glückskind anmutet. Mit ›Mama Chang und das Buch der Berge und Meere‹ erwies Lu Xun seiner Kinderfrau und der Literatur Reverenz. Diese Geschichten sind literarische Brillanten, deren scharfer Schliff Chinas großen Umbruch spiegelt.« *Die Welt*

Der Autor

Lu Xun, geboren 1881 in Shaoxing, Provinz Zhejiang, gilt als einer der bedeutendsten modernen chinesischen Autoren. Er war Redakteur einer progressiven Zeitschrift und eine einflussreiche Persönlichkeit in der Bewegung des 4. Mai, die ab 1919 die geistige, politische und soziale Erneuerung Chinas und die Unabhängigkeit von den Kolonialmächten anstrebte. Lu Xun starb 1936 in Shanghai.

Mehr über den Autor und sein Werk auf *www.unionsverlag.com*

Lu Xun

Tagebuch eines Verrückten

und andere Erzählungen

Aus dem Chinesischen
von Ruth Cremerius, Raoul David Findeisen,
Angelika Gu, Christine Homann, Wolfgang Kubin,
Michaele Link, Stefan Maedje, Yu Ming-chu,
Florian Reissinger und Ekkehard Sillem

Unionsverlag

Die Erzählungen sind der deutschsprachigen sechsbändigen Werkausgabe von Lu Xun entnommen, herausgegeben von Wolfgang Kubin, erschienen 1994 im Unionsverlag, Zürich.

Im Internet
Aktuelle Informationen, Dokumente und Materialien
zu Lu Xun und diesem Buch
www.unionsverlag.com

Unionsverlag Taschenbuch 891

Neptunstrasse 20, CH-8032 Zürich
Telefon +41 44 283 20 00
mail@unionsverlag.ch

Die erste Ausgabe dieses Werks im Unionsverlag erschien 2009
unter dem Titel *Das trunkene Land*
Reihengestaltung: Heinz Unternährer
Umschlagbild: Keith Corrigan (Alamy Stock Photo)
Umschlaggestaltung: Peter Löffelholz
Druck und Bindung: CPI – Clausen & Bosse, Leck
www.unionsverlag.com/produktsicherheit
ISBN 978-3-293-20891-9
3. Auflage, Februar 2026

Der Unionsverlag wird vom Bundesamt für Kultur mit einem
Verlagsförderungs-Strukturbeitrag für die Jahre 2026–2028 unterstützt.

Auch als E-Book erhältlich

Inhalt

Das Tagebuch eines Verrückten

Die Herren X, zwei Brüder, deren Namen ich jetzt unerwähnt lasse, sind mir in früheren Tagen auf der Mittelschule gute Freunde gewesen. Doch mit den Jahren der Trennung waren die Nachrichten immer spärlicher geworden. Vor einigen Tagen hörte ich zufällig von der schweren Erkrankung des einen. Es traf sich nun, dass ich mich auf dem Weg in die Heimat befand, und so machte ich einen Umweg, um sie aufzusuchen. Ich fand jedoch nur einen von beiden vor, der mir erklärte, dass der jüngere Bruder der Kranke sei. »Sie sind«, sagte er, »von weit her gekommen, um uns mit Ihrem Besuch zu beehren. Doch mein Bruder ist nun schon seit Langem wieder genesen und hat sich nach X zur Übernahme eines Amtes begeben.« Daraufhin holte er unter großem Gelächter zwei Bände eines Tagebuches hervor, die er mir in die Hand drückte. Man könne darin Aufschluss über den damaligen Krankheitszustand gewinnen. Mir als einem alten Freunde vertraue er sie ohne Weiteres an. So nahm ich sie mit auf den Weg, und nach der Lektüre war mir klar, dass der betreffende Bruder an einer Art Verfolgungswahn gelitten haben musste.

Sprachlich waren die Tagebücher verworren und zusammenhanglos, vieles wirkte ganz einfach absurd. Auch hatte es ihr Verfasser versäumt, Daten anzugeben, sodass man nur aufgrund der Uneinheitlichkeit von Tusche und Zeichen auf unterschiedliche Zeiten der Abfassung schließen konnte. Es gab jedoch auch zusammenhängende Teile, die ich nun in einer Auswahl der medizinischen Fachwelt zum Studium vorlege. Fehler in den Aufzeichnungen habe ich grundsätzlich nicht verbessert.

Lediglich die Personennamen habe ich geändert, obwohl es sich bei den Betreffenden um Leute vom Lande handelt, welche in der Öffentlichkeit unbekannt und ohne jeden Belang sind. Den Titel hat der Verfasser nach seiner Genesung gewählt, ich habe nichts daran geändert.

I

Ein schöner Mond heute Abend.

Mehr als dreißig Jahre habe ich ihn nicht gesehen. Sein Anblick heute ist ein seltenes Vergnügen. Nun erst weiß ich: Die letzten mehr als dreißig Jahre waren ausnahmslos eine Zeit der Finsternis. Aber ich muss auf der Hut sein. Wieso hätte sonst der Hund der Familie Zhao ein Auge auf mich geworfen?

Ich habe Grund zur Furcht.

II

Heute gibt es überhaupt kein Mondlicht, ich weiß, das ist ein schlechtes Zeichen. Als ich heute Morgen mit aller Vorsicht aus dem Haus trat, schaute mich Altwürden Zhao seltsam an: als wenn er mich fürchtete, als wenn er daran dächte, mir ein Leid anzutun. Da waren dann noch sieben oder acht, die steckten die Köpfe zusammen und tuschelten über mich, doch fürchteten sie, ich könnte es bemerken. Die Leute auf der Straße verhielten sich alle so. Der Bösartigste unter ihnen hatte sein Maul aufgesperrt und grinste mich an. Eiskalt lief es mir den Rücken hinunter. Mir war klar, sie hatten ihre Vorbereitungen bereits getroffen.

Doch ich hatte keine Angst und setzte meinen Weg gelassen fort. Ein paar kleine Kinder vor mir tuschelten ebenfalls über mich. Sie hatten denselben Blick wie Altwürden Zhao, und auch ihre Miene war von abweisender Kälte. Ich überlegte, was diese Kinder wohl gegen mich haben mochten, dass sie sich so benahmen. Ich konnte nicht mehr an mich halten und fuhr sie mit lauter Stimme an: »Sagt es mir!« Doch sie machten sich auf und davon.

Was mag Altwürden Zhao gegen mich haben, was erst recht die Leute auf der Straße?, frage ich mich. Dass ich vor zwanzig Jahren die Geschäftsbücher des Herrn Feudal mit Füßen getreten habe, scheint mir die einzig plausible Erklärung, denn Herr Feudal war darüber äußerst ungehalten. Wenn Altwürden Zhao mit ihm auch nicht bekannt war, so muss er dennoch von der Sache Wind bekommen und sie als persönliche Schmach empfunden haben, sodass er sich mit den Leuten auf der Straße gegen mich verschworen hat. Aber die kleinen Kinder? Sie waren doch noch gar nicht geboren, wieso schauen sie mich heute ebenfalls so seltsam an, als wenn sie mich fürchteten, als wenn sie mir ein Leid antun wollten? Das alles macht mir Angst, es schreckt mich und schmerzt.

Ich begreife. Die Eltern haben es ihnen beigebracht.

III

Ich kann nachts nicht schlafen. Alles muss erwogen werden, dann erst lässt sichs verstehen.

Sie haben sich vom Landrat ins Joch stecken lassen, sie haben sich von der Gentry ins Gesicht schlagen lassen, ihre Frauen wurden ein Opfer der Amtsbüttel, ihre Eltern wurden von den Gläubigern in den Tod getrieben, aber nie waren ihre Mienen so ängstlich und böse wie gestern. Am merkwürdigsten war die Frau gestern auf der Straße. Sie schlug ihren Sohn und schrie ihn an: »Du bist wie der Alte! Ich könnte dich zerfleischen, erst dann hätte ich Ruhe!« Dabei hielt sie jedoch ihre Augen auf mich gerichtet. Ich war bestürzt und unfähig, mich zu verstellen. Die Leute mit den schwarz-grünen Gesichtern und den Hauerzähnen grölten vor Lachen. Chen Laowu preschte nach vorn und begann, mich mit festem Griff heimwärts zu ziehen.

Nachdem er mich nach Hause gezerrt hatte, taten die daheim alle so, als würden sie mich nicht kennen. Ihr Blick unterschied sich in nichts von dem der anderen. Nachdem ich mich ins Studierzimmer begeben hatte, wurde hinter mir die Tür zugeschlossen, als sperrte man ein Huhn oder eine Ente ein. Das alles gab mir noch mehr Rätsel auf.

Vor ein paar Tagen ist der Pächter aus Wolfsjungendorf gekommen, um über die dortige Dürre Bericht zu erstatten. Meinem Bruder erzählte er bei der Gelegenheit, man habe einen äußerst üblen Kerl im Dorf zu Tode geprügelt. Einige hätten sein Herz und seine Leber herausgerissen, in Öl gebraten und aufgegessen, um so ihren Mut zu stärken. Als ich mir eine Bemerkung erlaubte, warfen mir der Pächter und mein Bruder ein paar Blicke zu. Heute erst weiß ich, ihre Augen waren genauso wie die der Leute auf der Straße.

Der bloße Gedanke daran jagt mir eiskalten Schauer über den Rücken. Sie sind in der Lage, Menschen zu fressen, warum dann nicht auch mich? Ganz offensichtlich handelt es sich bei den Worten jener Frau (»Ich könnte dich zerfleischen!«), bei dem Gelächter der Leute mit den schwarz-grünen Gesichtern und den Hauerzähnen und auch bei dem, was der Pächter sagte, um Geheimzeichen. Ja, ich habe es erkannt, ihre Worte sind nichts als Gift, in ihrem Lachen lauern die Messer, ihre Zähne, diese weiß blitzenden Reihen, sind nur dazu da, um Menschen zu fressen.

Wenn ich mich auch für keinen schlechten Menschen halte, so scheint mein Ruf doch angeschlagen zu sein, seit ich die Geschäftsbücher der Familie Feudal mit Füßen getreten habe. In den Leuten geht etwas vor, auf das ich mir einfach keinen Vers machen kann. Überdies ist in ihren Augen jeder, der ihnen nicht genehm ist, ein Übeltäter. Ich erinnere mich noch, wie mein Bruder, der mich im Aufsatz unterrichtete, immer die Passagen mit einem Kringel versah, in denen ich jemanden, und war er noch so gut, schlechtmachte. Fand ich jedoch für einen Tunichtgut Worte der Entschuldigung, dann sagte er: »Du stellst die Dinge auf den Kopf, das ist ungewöhnlich.« Wie kann ich wissen, was eigentlich in ihnen vorgeht, zumal sie Menschen fressen wollen?

Alles muss erwogen werden, erst dann lässt sichs verstehen. Dass man seit alters Menschen gefressen hat, war mir noch in Erinnerung, allerdings nur vage. Ich bin daher die Geschichtsbücher durchgegangen; sie waren ohne Jahresangaben, und auf jeder Seite standen krumm und schief die Worte »Humanität, Rechtlichkeit, Wahrheit und Tugend« gekritzelt. Da ich ohnehin nicht schlafen konnte, las ich aufmerksam die halbe Nacht, bis ich zwischen den Zeilen die zwei Worte erkannte, aus denen jedes Buch bestand: »Menschen fressen«!

All die Zeichen in den Büchern, all die Worte des Pächters starren mich mit einem seltsamen Grinsen an.

Ich bin auch ein Mensch, sie wollen mich fressen!

IV

In der Frühe saß ich einen Moment still für mich da. Chen Laowu brachte das Essen herein, eine Schale Gemüse, eine Schale gedämpfter Fisch. Die Augen des Fisches waren weiß und hart. Mit seinem geöffneten Maul glich er Leuten, die Menschen zu fressen gedenken. Nach ein paar Bissen wusste ich nicht, ob das glitschige Zeug in meinem Mund Fisch oder Mensch war, so erbrach ich alles.

»Laowu, sag dem Bruder, mir fällt die Decke auf den Kopf, ich möchte im Garten ein wenig auf und ab gehen.« Laowu zeigte keinerlei Reaktion und ging weg. Nach einer Weile kam er jedoch wieder und öffnete die Tür. Doch ich machte keinerlei Anstalten, in den Garten zu gehen, sondern überlegte, welche Maßnahmen sie wohl für mich treffen würden, wusste ich doch, dass sie keinesfalls zur Nachgiebigkeit bereit waren. Tatsächlich! Mein Bruder kam behutsam mit einem alten Mann ins Studierzimmer. Aus Furcht, ich könnte den wölfischen Blick in seinen Augen sehen, hielt er den Kopf gesenkt und betrachtete mich heimlich über die Ränder seiner Brille. »Dir scheint es heute gut zu gehen«, meinte mein Bruder.

»Ja«, antwortete ich.

»Ich habe heute Dr. He hergebeten«, fuhr mein Bruder fort, »um dich einmal untersuchen zu lassen.«

»In Ordnung!«, stimmte ich zu, ohne mir etwas anmerken zu lassen. In Wirklichkeit wusste ich jedoch ganz genau, dass der Alte niemand anders als der Henker in Verkleidung war! Er wollte doch nur meinen Puls fühlen, um einmal abzutasten, wie fett ich war: Als Gegenleistung würde auch ihm ein Stück Fleisch zugeteilt werden. Doch das ließ mich kalt. Wenn ich auch kein Menschenfleisch fresse, so bin ich doch mutiger als sie. Ich streckte ihm meine beiden Fäuste entgegen und schaute, wie er vorgehen würde.

Der Alte setzte sich und schloss die Augen. Nachdem er mich eine Weile betastet und anschließend ebenso lange still dagesessen hatte, öffnete er seine dämonischen Augen und sagte: »Lass das Grübeln. Gönn dir ein paar Tage Ruhe, dann geht es dir besser!«

Kein Grübeln, sich Ruhe gönnen! Wenn ich erst einmal fett geworden bin, haben sie natürlich mehr zu essen. Aber was bringt mir das, wieso würde es mir dann »besser gehen«? All diese Leute wollen Menschen fressen, aber sie wollen dabei heimlich zu Werke gehen. Daher lassen sie sich nicht in die Karten schauen und wagen nicht, offen vorzugehen. Darüber hätte ich mich ausschütten mögen vor Lachen. Ich konnte einfach nicht mehr an mich halten und prustete lauthals los, ganz außer mir vor Freude. Ich wusste, in diesem Gelächter waren Mut und Energie. Der Alte und mein Bruder erblassten, meine wilde Entschlossenheit hatte sie eingeschüchtert. Doch je größer mein Mut, desto mehr trachteten sie zur Stärkung ihres eigenen Mutes danach, mich zu fressen.

Der Alte ging hinaus, er war noch nicht weit gekommen, als er leise zu meinem Bruder sagte: »Auf der Stelle zu essen!« Der nickte leicht mit dem Kopf. Also auch du! Obwohl diese Entdeckung alle Vorstellungen zu sprengen schien, lag sie doch im Bereich des Erwarteten: Mein Bruder gehörte also auch zu denen, die mich zu fressen gedachten!

Mein Bruder ist ein Menschenfresser!

Ich bin der Bruder eines Menschenfressers! Nicht nur, dass mich meine Mitmenschen auffressen werden, ich bin obendrein der Bruder eines Menschenfressers!

V

In den letzten Tagen habe ich meine Gedanken zurückschweifen lassen: Angenommen, der Alte war kein Henker in Verkleidung, sondern ein Arzt, so war er trotzdem ein Menschenfresser. Im »Abriss der Heilpflanzen«, von ihrem Ahnherrn Li Shizhen oder so verfasst, steht ganz klar geschrieben, dass man Menschenfleisch essen kann. Wie konnte er da noch behaupten, er fräße keine Menschen?

Die Anschuldigungen gegen meinen Bruder waren keinesfalls aus der Luft gegriffen. Als er mir Unterricht erteilte, hat er einmal selbst verlauten lassen, man könne »Kinder tauschen und essen«. Ein anderes Mal, als er seine Meinung über einen Bösewicht kundtat, sagte er beiläufig, man solle ihn nicht nur töten, sondern müsse auch »sein Fleisch essen und auf seiner Haut schlafen«. Damals war ich noch klein, und das Herz pochte mir lange Zeit wie wild. Als vorgestern der Pächter aus

Wolfsjungendorf kam und berichtete, man habe dort das Herz und die Leber eines Menschen gegessen, war er gar nicht verwundert, sondern nickte nur unentwegt. Ganz offensichtlich ist er immer noch so grausam wie früher. Wenn man schon »Kinder tauschen und essen« kann, lässt sich doch alles tauschen, sodass man auch jeden Menschen fressen kann. Früher habe ich ihm einfach zugehört, ohne seinen Worten eine besondere Bedeutung beizumessen. Nun jedoch weiß ich, nicht nur seine Lippen triefen vom Fett der Menschen, sondern sein ganzes Herz ist auch von dem Wunsch erfüllt, Menschen zu fressen.

VI

Pechschwarze Finsternis, ich weiß nicht, ob es Tag oder Nacht ist. Der Hund der Familie Zhao hat wieder zu bellen begonnen.

Die Grausamkeit eines Löwen, die Ängstlichkeit eines Hasen, die Verschlagenheit eines Fuchses …

VII

Ich kenne ihre Vorgehensweise: Sie sind weder bereit, jemanden direkt zu töten, noch wagen sie es, aus Furcht vor der Vergeltung der Geister. Daher haben sie sich miteinander verbündet und überall Netze ausgespannt, um mich in den Selbstmord zu treiben. Das Verhalten der Leute neulich auf der Straße und das Benehmen meines Bruders in den letzten Tagen sind dafür hinreichende Beweise. Am liebsten wäre es ihnen, ich nähme meinen Gürtel und hängte mich an einem Balken auf. So bliebe ihnen der Vorwurf erspart, einen Menschen getötet zu haben, und ihr Herzenswunsch wäre dennoch in Erfüllung gegangen. Welche Freude würde da herrschen, welch dämonisches Gelächter laut werden. Sie könnten mich aber auch zu Tode erschrecken. Selbst wenn ich in der Folge abmagerte, würden sie sich nicht scheuen, wohlgefällig mit dem Kopf zu nicken.

Sie vermögen nur das Fleisch von Toten zu fressen! – Ich erinnere mich, dass es in irgendeinem Buch heißt, es gebe ein Lebewesen mit dem Namen »hyena«, dessen Blick und dessen Aussehen abstoßend wirkten; es fresse oft das Fleisch toter Tiere; selbst die größten Knochen zermalme und schlinge es mühelos hinunter. Allein der Gedanke jagt einem Furcht ein. Die »hyena« ist eine Verwandte des Wolfs, der Wolf wiederum gehört zu derselben Familie wie der Hund. Vorgestern hat der Hund der Familie Zhao ein Auge auf mich geworfen, er steckt also mit ihnen unter einer Decke und hat schon längst gemeinsame Sache mit ihnen gemacht. Der Alte hielt zwar seinen Blick gesenkt, doch damit hat er mich nicht täuschen können.

Am bedauernswertesten ist mein Bruder. Auch er ist ein Mensch, warum hat er dann keinerlei Scheu, sondern tut sich mit anderen zusammen, um mich zu fressen? Ist er schon so sehr an Unrecht gewöhnt? Oder ist sein Gewissen derart abgestumpft, dass er ganz bewusst ein Verbrechen begeht?

Verflucht seien die Menschenfresser. Da gilt es, bei ihm zu beginnen; und will ich Menschen, welche Menschen fressen, bekehren, werde ich mit ihm den Anfang machen müssen.

VIII

Ja, die Wahrheit sollte inzwischen auch von ihnen begriffen sein …

Überraschend bekam ich Besuch. Es war jemand erst um die zwanzig. Sein Äußeres nahm ich nur verschwommen wahr, aber auch sein Lächeln war nicht echt, als er mir zunickte.

»Ist es richtig, Menschen zu fressen?«, wollte ich wissen.

»Es herrscht doch keine Hungersnot«, antwortete er, ohne

von seinem Lächeln zu lassen, »wie könnte man da Menschen fressen?«

Da wurde mir mit einem Male klar, auch er war einer von ihnen und liebte es, Menschen zu fressen.

»Ist das denn richtig?«, fragte ich nochmals, wobei ich all meinen Mut zusammennahm.

»Wie kannst du nur eine solche Frage stellen. Du verstehst dich wirklich … auf Späße … Heute ist ein prächtiges Wetter.«

Ja, das Wetter war prächtig, der Mond schien auch sehr hell. Aber ich will von dir wissen: »Ist das denn richtig?«

Er schien unangenehm berührt zu sein und murmelte undeutlich: »Nein …«

»Ja, wenn es nicht richtig ist, warum beharrt man also darauf?!«

»So etwas gibt es doch gar nicht …«

»Gibt es nicht? In Wolfsjungendorf frisst man doch jetzt noch Menschen. Außerdem steht es auch in Büchern geschrieben, überall in frischen roten Lettern!«

Er wurde aschfahl. »Das kann sein, das kommt vielleicht vor«, antwortete er mit starrem Blick, »das ist schon immer so gewesen …«

»Wenn es schon immer so gewesen ist, ist es dann richtig?«

»Ich mag mit dir nicht über diese Dinge reden. Du solltest darüber auch nicht sprechen. So etwas zur Sprache zu bringen setzt einen ins Unrecht!«

Mit einem Satz war ich auf den Beinen. Ich riss die Augen auf, aber da war der Besuch schon verschwunden. Ich troff am ganzen Körper vor Schweiß. Er war doch so viel jünger als mein Bruder, und dennoch war er einer von ihnen. Das hat er sicherlich der Erziehung seiner Eltern zu verdanken. Ich fürchte, er hat auch seinen Sohn schon unterwiesen. Daher schauen mich selbst die kleinen Kinder so böse an.

IX

Ein jeder möchte Menschen fressen und lebt dabei in der Angst, von anderen gefressen zu werden. Voller Argwohn schaut jeder in des anderen Gesicht.

Wie angenehm wäre ein Leben frei von diesen Zwängen. Man könnte unbeschwert arbeiten, seines Weges gehen, essen und schlafen. Dabei bedarf es doch nur weniger Schritte, wie bei einer Türschwelle oder einem Pass. Aber Väter und Söhne, jüngerer Bruder und älterer Bruder, Mann und Frau, Freunde und Feinde, Lehrer und Schüler, ja, selbst Leute, die einander gar nicht einmal kennen, haben sich zusammengefunden, um sich gegenseitig aufzuhetzen und in Schach zu halten, selbst im Anblick des Todes unwillig, diese wenigen Schritte zu tun.

X

In aller Frühe suchte ich meinen Bruder auf. Er stand vor der Haupthalle und betrachtete den Himmel. Ich trat von hinten an ihn heran, mit dem Rücken zum Tor. Die Ruhe und Freundlichkeit in Person, sagte ich zu ihm: »Bruder, ich habe dir etwas zu sagen.«

»Dann sprich!« Er hatte sich eilig umgewandt und zustimmend genickt.

»Es sind nur ein paar Sätze, aber sie fallen mir schwer. Bruder, am Anfang haben wahrscheinlich alle Wilden Menschen gefressen. Später haben einige von ihnen neue Einsichten gewonnen und damit aufgehört, und da sie sich von ganzem Herzen zu vervollkommnen suchten, wurden sie zu Menschen, zu wahren Menschen. Andere aber konnten sich nicht umstellen – sie waren wie die Insekten. Wieder andere wurden zu Fischen, Vögeln, Affen und schließlich zu Menschen. Aber es gab auch welche, die nach keinerlei Vervollkommnung strebten, sie sind bis heute Insekten geblieben. Wie beschämend muss doch hier ein Vergleich ausfallen, vielleicht noch krasser als im Falle von Insekten und Affen.

Yi Ya kochte seinen Sohn und tischte ihn Jie und Zhou auf. Das ist eine alte Begebenheit. Wer hätte gedacht, dass nach der Erschaffung von Himmel und Erde durch Pan Gu die Menschenfresserei bis zum Sohn von Yi Ya fortgesetzt würde und von diesem bis zu Xu Xilin und von Xu Xilin wiederum bis zu dem Mann, der in Wolfsjungendorf gefangen genommen wurde. Als man im letzten Jahr in der Stadt einen Verbrecher hinrichtete, hat ein Schwindsüchtiger gar noch sein Dampfbrötchen in dessen Blut getaucht und abgeleckt.

Sie wollen mich fressen. Und natürlich kannst du allein sie nicht daran hindern, wenn es ihnen ernst ist. Aber warum machst du mit? Menschenfresser schrecken vor nichts zurück. Sie können mich fressen, aber auch dich. Selbst Gesinnungsgenossen sind imstande, einander zu fressen. Aber es bedarf nur eines Schrittes, einer unverzüglichen Änderung, und schon hätten alle Menschen Frieden miteinander. Auch wenn es seit Urzeiten so gewesen ist, dass die Menschen einander fraßen, so haben wir doch heute mehr Anlass denn je, nach Vervollkommnung zu streben. Und da sagt ihr, das ginge nicht! Ja, Bruder, du bist so einer. Vorgestern, als der Pächter um die Herabsetzung der Pacht bat, sagtest du, es ginge nicht.«

Zunächst hatte er nur kalt gelächelt, bis sein Blick schließlich böse zu werden begann, und als ich ihr Geheimnis aufgedeckt hatte, war er ganz fahl geworden. Vor dem Tor stand eine Gruppe von Leuten, unter denen sich auch Altwürden Zhao mit seinem Hund befand. Mit gespitzten Ohren und gestreckten Hälsen drängten sie herein. Einige waren kaum zu erkennen, als ob sie sich maskiert hätten, andere dagegen, die ihr Lachen zurückzuhalten suchten, zeigten in ihren Gesichtern nach wie vor das Schwarzgrün und ihre Hauerzähne. Ich wusste, sie machten gemeinsame Sache, es waren Menschenfresser. Aber ich wusste auch, dass sie nicht alle eines Sinnes waren. Die einen meinten, es sei schon immer so gewesen, daher soll man Menschen fressen; die anderen waren sich im Klaren darüber, dass man keine Menschen fressen sollte, aber trotzdem stand ihnen immer noch der Sinn danach. So lebten sie in der Furcht, von anderen entdeckt zu werden. Daher waren sie bei meinen Worten außer sich vor Wut geraten. Nun standen sie da mit dem kalten Lächeln auf ihren zusammengekniffenen Lippen.

Auf einmal nahm das Gesicht meines Bruders ebenfalls einen bösen Ausdruck an. Mit lauter Stimme schrie er: »Macht, dass ihr wegkommt! Alle! Was ist an einem Verrückten so interessant?« Da ging mir ein weiterer Zug in ihrem Ränkespiel auf. Sie waren nicht nur fest entschlossen, sondern es war längst schon alles abgekartet! Sie hatten Vorkehrungen getroffen, mich zu einem Verrückten zu stempeln. Wenn sie mich irgendwann fressen würden, kämen sie nicht nur ungeschoren davon, sondern könnten auch noch auf die Dankbarkeit der Leute zählen. Die Behauptung des Pächters, sie hätten einen bösen Menschen gefressen, entspricht ganz ihrer Methode. So gehen sie seit jeher vor!

Voller Wut war nun auch Chen Laowu schnurstracks hereingelaufen gekommen. Doch ungeachtet dessen, wie er mir den Mund zu stopfen suchte, ich musste vor diesen Leuten meine Sache vorbringen.

»Ihr könnt euch ändern, von Grund auf ändern! Ihr müsst wissen, in Zukunft wird es für Menschenfresser auf der Erde keinen Platz mehr geben. Wenn ihr euch nicht ändert, werdet ihr euch gegenseitig auffressen! Und auch bei noch so großer Nachkommenschaft würdet ihr vom wahren Menschen ausgelöscht werden wie Wölfe von den Jägern. Oder wie Insekten!«

Die Menge wurde von Chen Laowu davongejagt. Auch mein Bruder zog sich zurück. Chen Laowu mahnte mich, ins Zimmer zu gehen. Hier war es stockfinster. Die Querbalken und

Dachsparren über mir zitterten. Nach einer Weile begannen sie größer zu werden, bis sie mich unter sich begruben.

Das Gewicht lastete so schwer auf mir, dass ich mich nicht mehr bewegen konnte. Auch das Dachgebälk wollte meinen Tod. Aber ich wusste, dass mit dem Gewicht etwas nicht stimmte, daher kämpfte ich mich frei, schweißüberströmt. Doch ich musste meine Sache vorbringen: »Ändert euch sofort, ändert euch von Grund auf! Ihr müsst wissen, die Zukunft wird für Menschenfresser keinen Platz mehr haben …«

XI

Die Sonne kommt nicht heraus, die Tür öffnet sich nicht, Tag für Tag zwei Mahlzeiten.

Sobald ich die Stäbchen in die Hand nehme, muss ich an meinen Bruder denken. Ich weiß, dass er allein für den Tod meiner Schwester verantwortlich ist. Damals war sie erst im fünften Lebensjahr. Sie war von so liebenswerter und ergreifender Natur, dass ich sie immer noch vor Augen habe. Mutter weinte ohne Unterlass, doch er wollte ihre Tränen nicht zulassen, wahrscheinlich weil er selber die Schwester gefressen hatte; das Weinen musste ihm unvermeidlich Gewissensbisse bereiten. Wenn er doch noch welche haben könnte …

Meine Schwester ist von meinem Bruder gefressen worden, doch ob meine Mutter davon wusste oder nicht, habe ich nie erfahren.

Ich denke, Mutter wusste es auch. Aber als sie weinte, gab sie sich nicht zu erkennen; wahrscheinlich meinte selbst sie, es habe seine Richtigkeit. Ich erinnere mich einer Szene, als ich um die vier war und vor der Haupthalle saß, um mich abzukühlen; mein großer Bruder sagte, bei Krankheit der Eltern verlange die Pietät von einem Sohn, sich ein Stück Fleisch aus dem Leib zu schneiden, es zu kochen und aufzutischen. Mutter hatte dem ebenfalls nichts entgegenzusetzen. Kann man ein Stück essen, so kann man natürlich auch das Ganze essen. Doch die Tränen der Mutter tun mir heute in der Erinnerung noch immer weh. Eine wirklich höchst seltsame Angelegenheit!

XII

Ich darf nicht mehr daran denken.

Seit viertausend Jahren sind Menschen gefressen worden, und ich habe wie ein Narr so viele Jahre meines Lebens vertan. Als meine Schwester starb, war mein Bruder mit den Familienangelegenheiten betraut. Es ist nicht auszuschließen, dass er ihr Fleisch in die Speisen mischte und uns heimlich davon zu essen gab.

Vielleicht habe ich selbst, ohne es zu merken, ein paar Stücke Fleisch von meiner Schwester gegessen, und nun ist die Reihe auch an mir … Viertausend Jahre Menschenfresserei lasten auf mir. Da mag ich anfänglich nichts gewusst haben, doch nun ist alles klar. Der wahre Mensch wird auch mich meiden.

XIII

Vielleicht gibt es Kinder, die noch keine Menschen gefressen haben?

Rettet die Kinder …

April 1918

Kong Yiji

Die Weinschenken in Luzhen haben eine Besonderheit, die anderswo nicht anzutreffen ist: Ihre winkelmesserförmigen Tresen mit dem heißen Wasser zum Anwärmen des Reisweines stehen direkt an den Straßen. Arbeiter, die gegen Mittag und Abend nach der Arbeit jedes Mal schon für vier Käsch eine Schale Wein bekommen (das war vor mehr als zwanzig Jahren so, heute muss man schon zehn Käsch zahlen), stehen, an den Tresen gelehnt, auf der Straße und entspannen sich, während sie den Wein heiß zu sich nehmen. Ist man bereit, noch einen Käsch dazuzulegen, kann man einen Teller gesalzene Bambussprossen oder Anisbohnen erwerben und zusammen mit dem Wein verzehren. Gibt man gar neunzehn Käsch aus, lässt sich auch ein Fleischgericht kaufen. Aber Gäste, die hier verkehren, gehören meist zu denen, die kurze Gewänder tragen. In der Regel verfügen sie nicht über so viel Geld. Nur diejenigen, die in lange Gewänder gekleidet sind, pflegen in die von der Ladenfront durch eine Wand abgetrennten Räumlichkeiten der Schenke zu schlendern und dort nach der Bestellung von Speis und Trank gemütlich zu sitzen und zu trinken.

Von meinem zwölften Lebensjahr an war ich Schankbursche in der Weinschenke »Zum vollkommenen Genuss«, die an der Ortseinfahrt lag. Der Wirt meinte, mein Äußeres mache einen zu schäbigen Eindruck, ich sei wohl nicht in der Lage, die Gäste in den langen Gewändern zu bedienen. Daher bediente ich am Tresen. Obwohl die Gäste dort in den kurzen Gewändern leicht zufriedenzustellen waren, kam es doch nicht selten vor, dass sie etwas auszusetzen hatten. Oft wünschten sie mit eigenen Augen zu verfolgen, wie der gelbe Wein aus dem Tonkrug geschöpft wurde, und wenn sie sich davon überzeugt hatten, dass kein Wasser beigemengt worden war, beobachteten sie noch emsig, wie der Topf ins warme Bad gestellt wurde. Erst dann waren sie beruhigt: Unter solch strenger Aufsicht war es schwierig, Wasser in den Wein zu schütten. So kam es, dass der Wirt nach einigen Tagen sagte, ich tauge nicht für diese Tätigkeit. Glücklicherweise genoss mein Patron großes Ansehen. Eine Entlassung kam daher nicht infrage. Die Aufgabe, die man mir nun zuwies, bestand einzig und allein im Wärmen des Weines. Das war eine äußerst langweilige Beschäftigung.

Ich stand von da an den ganzen Tag am Tresen und versah nur den mir zugewiesenen Dienst. Wenn ich mir auch keinerlei Pflichtversäumnis zuschulden kommen ließ, so hatte ich dennoch stets das Gefühl von Monotonie und Langeweile. Der Wirt zeigte ein finsteres Gesicht, und auch die Gäste machten keinen freundlichen Eindruck, sodass einen nichts froh stimmen konnte. Herzlich lachen konnte man erst, wenn Kong Yiji in der Schenke auftauchte. Daher habe ich ihn bis heute in Erinnerung behalten.

Kong Yiji war der Einzige, der im Stehen Wein trank und ein langes Gewand trug. Er war groß, hatte ein blasses Gesicht, dessen Falten oft Narben aufwiesen, und sein weißer Bart war ein wirres Durcheinander. Er trug zwar ein langes Gewand, aber es war schmutzig und zerschlissen, als wäre es mehr als zehn Jahre nicht geflickt und gewaschen worden. Beim Gespräch führte er ständig Brocken der klassischen Schriftsprache im Munde, sodass man nur die Hälfte verstand. Da er mit Familiennamen Kong hieß, gaben ihm andere den Spitznamen Kong Yiji. Sie hatten der Schreibfibel für Kinder die unmittelbar auf das Zeichen Kong folgenden und in diesem Zusammenhang bedeutungslosen Zeichen yi und ji entnommen und zu einem Vornamen zusammengefügt. Sobald Kong Yiji in der Schenke angekommen war, richteten alle, die Wein tranken, ihren Blick auf ihn und lachten. Einige riefen: »Kong Yiji, du hast ja schon wieder neue Narben im Gesicht!«

Ohne zu antworten, sagte er in Richtung Tresen: »Wärm zwei Schalen Wein, dann möchte ich noch einen Teller Anisbohnen.« Daraufhin zählte er neun Käsch hin.

Und sie schrien mit absichtlich lauter Stimme: »Du hast sicherlich schon wieder anderen Leuten etwas weggenommen!«

Kong Yiji riss die Augen weit auf: »Wie kann man nur jemanden so grundlos verleumden, der sich nichts hat zuschulden kommen lassen.«

»Nichts zuschulden? Ich habe doch vorgestern mit eigenen Augen gesehen, wie man dich aufgehängt und verprügelt hat, weil du im Hause der He Bücher gestohlen hast.«

Kong Yijis Gesicht lief rot an, auf der Stirn traten die blauen Adern einzeln hervor. »Bücher mitgehen lassen kann man nicht als Diebstahl bezeichnen ... Bücher mitgehen lassen! ... wie kann man bloß die Welt eines Gelehrten mit Diebstahl in Zusammenhang bringen!«, verteidigte sich Kong Yiji. Die nachfolgenden Sätze waren schwer verständlich. Er redete was von »Der Edle bleibt fest in der Not« und gebrauchte eine Unzahl von grammatischen Formeln aus der klassischen Schriftsprache, sodass seine Umgebung in ein schallendes Gelächter ausbrach. Eine ausgelassene Stimmung machte sich in der Schenke und auf der Straße breit.

Hinter dem Rücken hatte mir jemand zugesteckt, dass Kong Yiji früher zwar studiert, aber nicht einmal das unterste Examen bestanden habe; auch sei er gar nicht in der Lage, für seinen Lebensunterhalt zu sorgen. Er verarmte immer mehr, sodass er kurz davor war, an den Bettelstab zu geraten. Glücklicherweise verstand er sich auf Schönschrift. So bot er anderen seine Schreibkünste an und erhielt dafür etwas zu essen. Leider hatte er jedoch noch eine schlechte Angewohnheit, er trank gern und war faul. Kaum hatte er ein paar Tage gearbeitet, verschwand er mitsamt Büchern und Schreibutensilien. So ging das mehrere Male. Niemand wollte ihn mehr zum Abschreiben von Büchern haben. Kong Yiji blieb nichts anderes übrig, als hin und wieder zu stehlen. Aber wenn er in unserer Weinschenke war, dann benahm er sich besser als andere. Es kam nämlich nie vor, dass er alte Schulden lange stehen ließ. Mitunter hatte er kein Bargeld, und zeitweise stand sein Name auf der Tafel neben anderen Schuldnern. Aber kaum einen Monat später hatte er seine Schulden mit Sicherheit beglichen, und sein Name verschwand von der Tafel.

Hatte Kong Yiji eine halbe Schale Wein getrunken und sein rot angelaufenes Gesicht allmählich wieder die ursprüngliche Farbe angenommen, wurde er von den Umstehenden gefragt: »Kong Yiji, kannst du wirklich lesen und schreiben?« Kong Yiji heftete seinen Blick auf den Frager und machte durch seine Miene deutlich, dass er ihn keiner Antwort für würdig erachtete. »Wieso hast du es denn noch nicht einmal zu einem halben Magister gebracht?«, fuhren sie fort. Kong Yiji verfiel sofort in Mutlosigkeit, sein Gesicht wurde aschgrau. Er murmelte ein paar Worte, die nur aus grammatischen Formeln der klassischen Schriftsprache zu bestehen schienen und wenig verständlich waren. Auch diesmal brach die Menge in schallendes Gelächter aus: Eine ausgelassene Stimmung machte sich in der Schenke und auf der Straße breit.

In solchen Fällen konnte ich mitlachen, ohne dass mich der Wirt tadelte; vielmehr stellte dieser, kaum hatte er Kong Yiji gesehen, dieselben Fragen, um die Leute zum Lachen zu bringen. Kong Yiji wusste, dass er mit ihnen nicht reden konnte. So blieben ihm nur die Kinder zur Unterhaltung. Einmal fragte er mich: »Hast du Schulbildung?« Ich nickte zaghaft. »Du hast also Schulbildung«, fuhr er fort, »… dann will ich dich mal prüfen. Wie wird denn das Zeichen ›Anis‹ in dem Wort Anisbohnen geschrieben?«

Ich dachte: Das wäre ja noch schöner, mich von einem Bettler prüfen zu lassen! Ich drehte den Kopf zur Seite und beachtete ihn nicht weiter.

Kong Yiji wartete eine Zeit lang und sagte dann mit ernster Miene: »Kannst doch nicht schreiben? Ich bringe es dir bei, prägs dir ein! Diese Zeichen musst du dir merken. Wenn du später mal Wirt bist, brauchst du sie, um Rechnungen auszustellen.«

Ich dachte bei mir, noch sind die Standesunterschiede zwischen dem Wirt und mir viel zu groß, außerdem hat unser Wirt noch nie Anisbohnen auf eine Rechnung gesetzt. Ich hatte Lust, darüber zu lachen, und wurde ungeduldig. Apathisch gab ich ihm zur Antwort: »Wer gibt schon etwas auf deine Belehrungen? Schreibt man Anis nicht mit dem Radikal ›Gras‹ und darunter mit dem Zeichen für ›zurückkommen‹?«

Kong Yiji strahlte vor Freude. Während er mit zwei langen Fingernägeln auf den Tresen trommelte und beifällig nickte, sagte er: »Richtig, richtig! … für das Zeichen ›zurückkommen‹ gibt es vier verschiedene Schreibweisen, kennst du sie?« Nun hatte es aber mit meiner Geduld ein Ende, und ich ging schmollend weg. Kong Yiji hatte soeben einen Fingernagel in Wein getaucht und wollte auf den Tresen Zeichen schreiben. Als er aber sah, dass mich das Ganze völlig kaltließ, stieß er wieder einen Seufzer aus und brachte sein tiefes Bedauern zum Ausdruck.

Einige Male gesellten sich auch die Nachbarskinder hinzu, wenn sie das Lachen gehört hatten. Sie umringten Kong Yiji, der jedem von ihnen eine Anisbohne zu essen gab. Hatten die Kinder die Bohnen gegessen, blieben sie immer noch stehen und starrten auf den Teller. Voller Panik spreizte Kong Yiji fünf Finger darüber. Zu den Kindern gebückt, meinte er: »Es sind nicht mehr viele, ich habe nicht mehr viele übrig.« Er richtete sich auf, warf einen Blick auf die Bohnen und schüttelte den Kopf: »So wenig, so wenig! Oder sind das etwa viele? Nein, das sieht doch jeder, nicht mehr viele.« Daraufhin lief die Kinderschar unter Gelächter auseinander. Kong Yiji war jemand, der andere in ausgelassene Stimmung versetzen konnte, aber ohne ihn gingen die Tage auch vorüber.

Eines Tages, es war wahrscheinlich zwei, drei Tage vor dem Mittelherbstfest, war der Wirt gerade dabei, gemächlich die Endabrechnung zu schreiben. Er nahm die Tafel herunter und sagte plötzlich: »Kong Yiji ist nun schon lange nicht mehr gekommen. Er schuldet mir noch immer neunzehn Käsch.«

Erst jetzt wurde mir bewusst, dass er tatsächlich schon lange nicht mehr da gewesen war.

Ein Gast meinte, in den Wein vertieft: »Wie soll er denn auch? … dem sind doch beide Beine zerschlagen worden.«

Dem Wirt entfuhr ein »Oh!«.

»Er konnte das Stehlen nicht lassen. Diesmal muss er nicht ganz bei Verstand gewesen sein. Er hat sogar im Hause des Doktoranwärters Dinge zu stehlen gewagt. Da kann man doch nicht stehlen!«

»Und wie ist es ihm dann ergangen?«

»Wie es ihm ergangen ist? Zuerst hat er ein Schuldbekenntnis geschrieben, dann wurde er geschlagen, fast die ganze Nacht, bis seine Beine gebrochen waren.«

»Und dann?«

»Dann waren seine Beine eben gebrochen.«

»Was heißt ›gebrochen‹?«

»Na … Wer weiß das? Vielleicht ist er tot.«

Der Wirt fragte nicht weiter, er fuhr fort, gemächlich seine Rechnung aufzusetzen.

Nach dem Mittherbstfest blies der Herbstwind von Tag zu Tag kälter, es ging sichtlich auf den Winter zu. Den ganzen Tag kauerte ich am Feuer, musste aber auch noch eine gefütterte Jacke anziehen. Eines Nachmittags, als keine Gäste anwesend waren und ich gerade mit geschlossenen Augen dasaß, vernahm ich plötzlich eine Stimme: »Mach eine Schale Wein heiß.«

Obwohl die Stimme leise war, kam sie mir doch vertraut vor. Aber als ich aufsah, war niemand da. Ich erhob mich und warf einen Blick nach draußen. Am unteren Teil des Tresens, der Türschwelle gegenüber, hockte Kong Yiji. Sein Gesicht war schwarz und eingefallen, es hatte bereits alle menschlichen Züge verloren. Die gefütterte Jacke, die er trug, war zerschlissen. Mit untergeschlagenen Beinen saß er auf einem Reisigbeutel, der mit einem Strohseil an seinen Schultern befestigt war.

Als er mich sah, sagte er noch einmal: »Mach eine Schale Wein heiß.«

Nun streckte auch der Wirt seinen Kopf heraus: »Kong Yiji? Du schuldest mir immer noch neunzehn Käsch!«

Kong Yiji schaute betrübt auf: »Das … lasst es mich das nächste Mal begleichen. Diesmal habe ich Bargeld, da muss der Wein gut sein.«

Wie immer wandte sich der Wirt lachend an Kong Yiji: »Kong Yiji, du hast ja schon wieder gestohlen!«

Aber diesmal versuchte sich Kong Yiji nicht zu rechtfertigen, er sagte nur einen Satz: »Mach dich nicht lustig über mich!«

»Ich und mich lustig machen? Wenn du nicht gestohlen hättest, warum wären dir dann die Beine zerschlagen worden?«

Mit leiser Stimme antwortete Kong Yiji: »Ich habe sie mir beim Fallen gebrochen, beim Fallen, beim Fallen …« Seine Blicke schienen den Wirt anzuflehen, von diesem Thema abzulassen. Inzwischen hatte sich eine Reihe von Gästen eingefunden, die ohne Unterschied in das laute Gelächter des Wirts einstimmten. Ich wärmte den Wein und stellte ihn, nachdem ich ihn hinausgetragen hatte, auf die Türschwelle.

Kong Yiji fingerte in einer zerschlissenen Jackentasche nach vier Käsch. Als er sie mir in die Hand gab, merkte ich, dass seine Hände über und über mit Dreck beschmutzt waren. Er benutzte sie also, um sich vorwärtszubewegen. Im Nu hatte er seinen Wein ausgetrunken, und während die Umstehenden erneut in Lachen ausbrachen, machte er sich im Sitzen mithilfe seiner Hände langsam davon.

Seitdem ist eine lange Zeit verstrichen, ohne dass ich Kong Yiji gesehen hätte. Als es aufs Jahresende zuging, nahm der Wirt die Tafel herunter und sagte: »Kong Yiji schuldet mir immer noch neunzehn Käsch!« Und als im nächsten Jahr das Drachenbootfest bevorstand, sagte er wieder: »Kong Yiji schuldet mir noch immer neunzehn Käsch!« Kurz vor dem Mittherbstfest sagte er jedoch nichts mehr, und auch als es erneut auf das Jahresende zuging, bekamen wir Kong Yiji nicht zu Gesicht.

Bis heute habe ich ihn nicht wiedergesehen. Wahrscheinlich ist Kong Yiji längst gestorben.

März 1919

Eine Bagatelle

Seit ich vom Land in die Hauptstadt gekommen bin, sind wie im Nu sechs Jahre vergangen. In dieser Zeit habe ich die sogenannten großen nationalen Wechselfälle teils selber miterlebt, teils von ihnen gehört und mir über sie so meine Gedanken gemacht, aber in meinem Herzen haben sie keine Spuren hinterlassen. Angenommen, ich müsste nach dem Einfluss forschen, den diese Wechselfälle der Geschichte auf mich ausgeübt haben, könnte ich nur sagen, dass sie mich in meiner Launenhaftigkeit bestärkt haben. Um es geradeheraus zu sagen: Sie haben mich gelehrt, die Menschen Tag für Tag mehr zu verachten.

Doch es gibt einen kleinen Zwischenfall, der für mich sehr wohl bedeutsam gewesen ist. Er hat mich aus meinen Launen herausgerissen und ist mir bis auf den heutigen Tag unvergesslich geblieben.

Es war an einem Wintertag im sechsten Jahr der Republik, als es von Norden her heftig stürmte. Um mir meinen Lebensunterhalt zu verdienen, musste ich mich schon in der Frühe auf die Beine machen. Auf der Straße begegnete ich kaum einer Menschenseele. Deshalb war es so leicht, eine Rikscha zu bekommen. Ich sagte dem Fahrer, er solle mich zum S-Tor bringen. Gleich darauf ließ der Nordwind ein wenig nach, und da die Straßen längst blank geputzt waren, war ein heller sauberer Fahrweg zurückgeblieben, auf dem der Rikschakuli noch schneller laufen konnte. Wir näherten uns eben dem S-Tor, als plötzlich die Deichsel jemanden aufgabelte und langsam zu Boden fallen ließ.

Es war eine Frau, die da umgeworfen worden war, mit schlohweißem Haar und in völlig zerschlissener Kleidung. Sie war unvermittelt vom Straßenrand her seitwärts auf die Rikscha zugekommen. Der Rikschakuli war ihr zwar ausgewichen, doch wegen eines Windstoßes verfing sich ihre zerschlissene Weste, die sie nicht zugeknöpft hatte, in der Deichsel. Zum Glück hatte der Rikschakuli seinen Schritt schon verlangsamt, sonst wäre es bestimmt übel ausgegangen, sie hätte mit dem Kopf blutig aufschlagen können. Sie lag mit dem Bauch auf dem Boden. Der Rikschakuli war inzwischen zum Stehen gekommen. Vermutlich war sie nicht verletzt. Außerdem hatte es niemand bemerkt. Er brauchte sich also weiter keine Gedanken zu machen. Wollte man hier einen Streit vom Zaune brechen, dann hätte dies nur aufgehalten.

Ich sagte zu ihm: »Es ist nichts weiter, fahr schon!«

Der Rikschakuli begriff nicht im Geringsten – oder hatte mich einfach nicht gehört –, jedenfalls stellte er die Rikscha ab, um der alten Frau sachte am Arm auf die Beine zu helfen.

»Ist alles in Ordnung?«

»Ich habe mir etwas gebrochen.«

Ich habe selber gesehen, wie langsam du gefallen bist, dachte ich bei mir, spiel dich doch nicht so auf, einfach widerlich. Und was den Rikschafahrer angeht, so hat er sich selber ohne Not etwas eingebrockt, nun soll er zusehen, wie er aus der Patsche kommt.

Bei ihren Worten hatte der Rikschakuli keinen Augenblick gezögert, sondern sie immer noch am Arm Schritt für Schritt geradeaus geführt. Ich war verblüfft und schaute eilig, was es da denn wohl gäbe. Es war ein Polizeirevier, vor dem kein Mensch zu sehen war, obwohl der Sturm sich gelegt hatte. Der Rikschakuli half der Frau unter dem Arm geradewegs auf die große Toreinfahrt zu.

Mir war plötzlich unbehaglich zumute. Sein staubbedeckter Rücken schien mir mit einem Male gewachsen zu sein, ja, mit jedem Schritt sogar noch größer zu werden, sodass ich zu ihm aufschauen musste. Zudem verwandelte er sich allmählich in eine geradezu bedrohliche Macht, als wolle er sogar alles »Kleinliche«, unter meinem Pelz gut gehütet, aus mir herauspressen.

Es war, als wäre in jenem Augenblick meine Tatkraft ins Stocken geraten. Ich blieb reglos und gedankenleer sitzen. Erst als ich einen Schutzmann aus dem Polizeirevier kommen sah, stieg ich aus der Rikscha.

Der Polizist trat näher und sagte: »Nehmen Sie sich eine andere Rikscha, er kann Sie nicht mehr fahren.«

Ohne weiter zu überlegen, klaubte ich aus der Außentasche eine Handvoll Kupfermünzen hervor und gab sie dem Schutzmann.

»Bitte geben Sie ihm das …«

Der Wind hatte sich inzwischen vollständig gelegt, auf den Straßen war es immer noch sehr ruhig. Unterwegs begann ich zu grübeln, hatte aber kaum den Mut, über mich selber nachzudenken. Der Zwischenfall von vorhin war zwar vorläufig überstanden, doch was bedeutete eine Handvoll Kupfermünzen? Eine Belohnung für den Rikschakuli? Oder wollte ich mich zum Richter über ihn erheben? Ich wusste mir keine Antwort.

Bis heute kommt mir diese Sache ständig in den Sinn. Sie hat mir immer wieder Schmerz bereitet, weil sie mich gezwungen hat, über mich selber nachzudenken. Die gewaltigen politischen und militärischen Wechselfälle der vergangenen Jahre sind wie das »Zi yue shi yun« aus meiner Kindheit: Nichts ist davon haften geblieben. Was mir jedoch immer vor Augen schwebt, ist diese Bagatelle. Manchmal tritt sie deutlich hervor, sie lehrt mich Scham, drängt mich zur Erneuerung, überdies stärkt sie meinen Mut und meine Hoffnung.

Juli 1920

Heimat

Der bitteren Kälte trotzend, hatte ich mich auf den Weg in meine Heimat gemacht, von der mich mehr als zweitausend Li und mehr als zwanzig Jahre trennten.

Es war mitten im Winter. Der Himmel wurde immer dunkler, je näher ich der Heimat kam. Ein kalter Wind blies heulend in die Schiffskajüte. Durch einen Spalt im Verdeck warf ich einen Blick nach draußen. Unter einem schmutzig gelben Himmel streckten sich nah und fern einige kümmerliche Dörfer, die ohne jedes Zeichen von Leben waren. Unwillkürlich begann mir das Herz schwer zu werden.

Das war doch nicht die Heimat, an die ich in den zwanzig Jahren so oft gedacht hatte?

Die Heimat, die ich in meiner Erinnerung trug, war vollkommen anders. Meine Heimat war sehr viel schöner. Aber wollte ich mir ihre Schönheit ins Gedächtnis rufen, ihren Zauber beschreiben, fehlte es mir an Vorstellungskraft und Worten. Sie war wohl doch nur so, wie ich sie jetzt vor Augen hatte. Eigentlich ist sie nie anders gewesen, suchte ich nach einer Erklärung. Und selbst wenn sie keinerlei Fortschritte aufzuweisen hatte, bestand doch kein Grund für meine Traurigkeit. Es lag wohl an meiner Stimmung. Sie war umgeschlagen, weil ich dieses Mal bei der Heimreise in keiner guten Verfassung war.

Ich war eigens gekommen, um von der Heimat Abschied zu nehmen. Das alte Haus, in dem wir so viele Jahre, Jung und Alt vereint, gelebt hatten, war bereits mit allem Drum und Dran an eine andere Familie verkauft worden. Der Tag der Übergabe sollte noch in diesem Jahr sein. Daher mussten wir uns beeilen.

Vor dem ersten Januar galt es, von dem vertrauten alten Gebäude für immer Abschied zu nehmen und die vertraute Heimat auf ewig zu verlassen, um dann an einen anderen Ort zu ziehen, wo ich meinen Lebensunterhalt verdiente.

In der Morgendämmerung des folgenden Tages war ich zu Hause angekommen. Zahlreiche geknickte Halme verdorrter Gräser, die zwischen den Ziegeln im Wind schwankten, machten nur allzu klar, warum dieses alte Haus den Besitzer wechseln musste. Einige Familienmitglieder waren wohl schon samt Anhang ausgezogen, daher war es so ruhig. Als ich den Teil des Anwesens erreichte, den meine Angehörigen bewohnten, war meine Mutter schon zur Begrüßung herausgeeilt. Hinter ihr kam mein siebenjähriger Neffe Honger herausgeflogen.

Meine Mutter war glücklich, konnte aber ihre tiefe Traurigkeit nicht verbergen. Sie bat mich, Platz zu nehmen und bei einer Tasse Tee zu entspannen. Auf den Umzug kam sie vorerst nicht zu sprechen. Honger hatte mich noch nie gesehen. Er blieb mir gegenüber auf Distanz und schaute mich nur an.

Schließlich sprachen wir doch über den Umzug. Ich sagte, ich hätte bereits anderweitig gemietet und auch schon Möbel gekauft. Um noch weiteren Hausrat anzuschaffen, sei es nötig, alle Möbel im Hause zu verkaufen. Mutter stimmte dem zu und sagte, das Gepäck sei fast vollständig zusammengetragen. Die zum Umzug ungeeigneten Möbel habe man zur Hälfte verkauft, nur bereite es Schwierigkeiten, das Geld einzutreiben.

»Ruh dich ein, zwei Tage aus, und wenn du die Verwandtschaft besucht hast, können wir aufbrechen«, meinte Mutter.

»Ja.«

»Du musst auch an Runtu denken. Jedes Mal wenn er bei uns vorbeikam, fragte er nach dir. Er würde dich gern einmal sehen. Das ungefähre Datum deiner Ankunft habe ich ihm bereits mitgeteilt. Er dürfte bald da sein.«

In diesem Moment leuchtete urplötzlich ein wunderbares Bild vor meinen Augen auf: Am tiefblauen Himmel hing ein goldgelber runder Mond, darunter breitete sich die sandige Meeresküste aus, so weit das Auge reichte, mit jadegrünen Wassermelonen bepflanzt. In der Mitte stand ein Junge von zehn oder elf Jahren. Um den Hals trug er eine silberne Kette, und in den Händen hielt er eine Heugabel, mit der er unter Aufbietung all seiner Kraft nach einer Dechse stach. Aber die Dechse entwischte ihm durch eine Körperdrehung zwischen den Beinen.

Dieser Junge war Runtu. Als ich ihn kennenlernte, war ich auch nur etwas mehr als zehn Jahre alt. Das liegt nun schon bald dreißig Jahre zurück. Damals lebte mein Vater noch, und auch der Familie ging es gut. Ich war ein junger Herr. In jenem Jahr war meine Familie für die Ahnenopfer zuständig, die nur alle dreißig Jahre einmal auf uns fielen und daher eine feierliche Angelegenheit waren. Im Januar wurden vor den Ahnenbildern Opfer dargebracht. Die Gaben waren reichlich, die Zahl der Teilnehmer gewaltig. Da jedoch die Opfergeräte sehr kostbar waren, mussten sie vor Diebstahl geschützt werden. Meine Familie hatte nur eine Aushilfskraft. (In der Gegend teilte man Arbeitskräfte in drei Gruppen ein: Wer das ganze Jahr über im Dienst einer bestimmten Familie stand, war eine volle Kraft; wer tageweise einer Arbeit nachging, gehörte zu den Tagelöhnern, und wer selbst sein Land bestellte und nur zu Neujahr, an bestimmten Festen und bei Pachtbeginn Dienste für einen bestimmten Herrn tat, hieß Aushilfskraft.) Unsere Aushilfskraft hatte viel zu tun, daher schlug der Betreffende meinem Vater seinen Sohn Runtu zur Bewachung der Opfergeräte vor.

Als mein Vater einwilligte, war ich außer mir vor Freude, weil ich Runtus Namen schon lange kannte und wusste, dass wir fast gleichaltrig waren. Runtu war im Schaltmonat (runyue) geboren, und da unter den fünf Elementen in seinem Horoskop das Element Erde (tu) fehlte, hatte ihm sein Vater den Namen Runtu gegeben. Runtu verstand sich darauf, Fallen aufzustellen und Vögel zu fangen.

Ich sehnte Tag für Tag das Neujahrsfest herbei. Mit dem neuen Jahr würde auch Runtu kommen. Wie endlos lange dauerte es doch, bis sich das Jahr dem Ende zuneigte! Als meine Mutter eines Tages sagte: »Runtu ist da!«, jagte ich aus dem Zimmer, um ihn mir anzusehen. Er befand sich gerade in der Küche. Er hatte ein rundes, purpurfarbenes Gesicht, auf dem Kopf trug er ein Filzkäppchen und um den Nacken eine funkelnde Silberkette, die zu erkennen gab, dass sein Vater ihn über alles liebte. Aus Furcht, Runtu könnte sterben, hatte dieser vor Buddha ein Gelübde abgelegt und Runtu die Kette als Talisman um den Hals gelegt. Anderen gegenüber empfand Runtu Scheu, nur vor mir hatte er keine Angst. Als wir allein waren, sprach er mit mir. Es dauerte nicht lange, da waren wir schon gute Freunde.

Worüber wir damals sprachen, weiß ich nicht mehr. Ich erinnere mich nur noch daran, dass er glücklich war und dass er sagte, er habe nach seiner Ankunft in dem Städtchen eine Unzahl von Dingen gesehen, die ihm bis dahin völlig unbekannt gewesen seien.

Am nächsten Tag forderte ich ihn auf, Vögel zu fangen.

»Das geht nicht«, sagte er. »Erst muss viel Schnee gefallen sein. Wenn es geschneit hat, fege ich auf dem hiesigen Sandboden ein Plätzchen frei. Mithilfe eines kurzen Stockes stelle ich dann einen großen Dreschkorb aus Bambus auf, und zwar so, dass die eine Seite schräg steht. Darunter verstreue ich Spreu. Und wenn dann die Vögel zum Aufpicken kommen, brauche ich nur einmal in einiger Entfernung an dem Strick zu ziehen, den ich an dem Stock befestigt habe, dann sind die Vögel wie in einem Käfig eingesperrt. Es gibt hier alle Sorten von Vögeln: Wildfasane, Waldschnepfen, Ringeltauben, Blaurücken …«

Daraufhin konnte ich es kaum noch erwarten, dass endlich Schnee fiel.

»Jetzt ist es zu kalt«, sagte Runtu. »Du musst im Sommer zu uns kommen. Tagsüber können wir dann am Meer Muscheln sammeln gehen. Es gibt rote und grüne, Teufelsschreckmuscheln und auch Buddhahände. Abends passe ich mit meinem Vater auf die Wassermelonen auf, und du kommst auch mit.«

»Passt ihr wegen der Diebe auf?«

»Nein. Wenn Vorübergehende, um den Durst zu stillen, Wassermelonen pflücken, ist das für uns hier kein Diebstahl. Worauf wir zu achten haben, sind Dachse, Igel und Dechsen. Das knabbernde Geräusch, das man bei Mondschein hört, kommt von den Dechsen, die an Wassermelonen nagen. Man schleicht sich dann leise mit der Heugabel heran ...«

Damals wusste ich überhaupt nicht, was für ein Tier eine Dechse ist. Ich habe es bis heute noch nicht in Erfahrung gebracht. Ich hatte nur irgendwie das Gefühl, dass es Ähnlichkeit mit einem kleinen Hund haben und sehr wild sein müsse.

»Beißt die Dechse Menschen?«

»Ich habe doch eine Heugabel. Wenn man sich herangeschlichen und die Dechse erblickt hat, dann sticht man zu. Es ist ein kluges Tier. Es kommt auf einen zugelaufen und schlüpft durch die Beine hindurch. Sein Fell ist glatt wie Öl ...«

Ich hatte überhaupt nicht gewusst, welche Vielzahl von Wunderdingen die Erde barg: Am Meeresstrand lagen zahllose Muscheln in allen erdenklichen Farben, und die Wassermelonen, von denen ich früher nur wusste, dass sie im Obstladen zum Verkauf angeboten wurden, hatten solch gefährliche Situationen durchzustehen.

»Wenn in dieser sandigen Gegend die Flut bevorsteht, dann springen all die Springfische wie wild. Sie haben zwei Füße, ähnlich wie die Frösche ...«

Ach, Runtus Herz war übervoll mit den seltsamsten Dingen, von denen meine sonstigen Spielgefährten keine Ahnung hatten. Während Runtu am Meer lebte, wussten sie von der übrigen Welt rein gar nichts, hatten wie ich nur den viereckigen Himmel vor Augen, den die hohen Hofmauern freigaben.

Zu meinem tiefen Bedauern ging der Januar vorbei, und

Runtu musste nach Hause zurück. Ich war so aufgebracht, dass ich laut weinte. Auch Runtu versteckte sich in der Küche und weigerte sich unter Tränen, das Haus zu verlassen, aber schließlich nahm ihn sein Vater mit. Später hat er seinem Vater ein Päckchen Muscheln und ein paar wunderschöne Vogelfedern für mich mitgegeben. Ich habe ihm auch ein-, zweimal etwas geschickt, aber seitdem haben wir uns nicht wiedergesehen.

Als Mutter jetzt auf ihn zu sprechen kam, erwachten urplötzlich und blitzartig diese Kindheitserinnerungen zu neuem Leben. Es war mir, als ob ich meine schöne alte Heimat erblickte.

»Das ist ja großartig, dass er kommt! Wie geht es ihm denn? ...«, wollte ich wissen.

»Ihm? ... seine Verhältnisse sind alles andere als rosig ...« Während Mutter das sagte, blickte sie nach draußen. »Da sind sie schon wieder. Sagen, dass sie Möbel kaufen wollen, und lassen bei der Gelegenheit einfach etwas mitgehen. Ich muss mal nach dem Rechten sehen.«

Mutter erhob sich und ging hinaus. Daraufhin wurden draußen ein paar Frauenstimmen laut. Ich rief Honger zu mir und begann, mit ihm zu plaudern. Ich fragte ihn, ob er schreiben könne und ob er sich freue, einmal rauszukommen.

»Fahren wir mit dem Zug?«

»Ja, wir fahren mit dem Zug.«

»Mit dem Schiff auch?«

»Ja, zuerst mit dem Schiff ...«

»Ach! So siehst du jetzt also aus! Mit so einem langen Bart!«, rief ganz plötzlich eine schrille Stimme.

Erschrocken blickte ich auf. Vor mir stand eine Frau um die fünfzig mit vorstehenden Wangenknochen und dünnen Lippen. Sie hatte ihre Hände in die Hüften gestemmt, und wie sie so ohne Schürze breitbeinig vor mir stand, hatte sie eine frappante Ähnlichkeit mit einem dünnbeinigen Zirkel aus einem Zirkelkasten.

Ich war verblüfft.

»Du kennst mich wohl nicht mehr? Dabei habe ich dich doch auf dem Arm gehabt!«

Ich war noch mehr verblüfft. Glücklicherweise kam meine Mutter herein und sagte von der Seite: »Er ist schon so viele Jahre von zu Hause fort, dass er alles vergessen hat. Daran hättest du denken können.« Und zu mir gewandt, sagte Mutter: »Das ist die Zweite Schwägerin Yang von schräg gegenüber … Sie führt einen Bohnenquarkladen.«

Ach ja, nun erinnerte ich mich.

Als ich ein Kind war, saß im Bohnenquarkladen schräg gegenüber mit tödlicher Sicherheit den ganzen lieben Tag lang eine Schwägerin Yang. Alle Welt nannte sie Bohnenquark-Aphrodite. Aber damals war sie weiß gepudert. Weder zeichneten sich ihre Wangenknochen so deutlich ab, noch waren ihre Lippen so dünn. Und da sie den ganzen Tag über saß, hatte ich sie auch niemals in dieser zirkelförmigen Haltung gesehen. Damals sagten die Leute: »Nur ihretwegen geht der Bohnenquarkladen so außerordentlich gut.« Aber wahrscheinlich hatte es mit dem Alter zu tun, dass sie auf mich nicht den geringsten Eindruck machte und ich sie schließlich vollständig vergaß. Doch sie ärgerte sich und machte eine verächtliche Miene. Als mache sie sich über einen Franzosen lustig, der noch nie etwas von Napoleon gehört hat, oder über einen Amerikaner, dem Washington unbekannt ist, sagte sie mit kaltem Lachen: »Hast mich wohl vergessen? Ja, vornehme Leute tragen den Kopf oben …«

»Aber nein … ich …« In meiner Verlegenheit suchte ich nach einer Erklärung, wobei ich mich erhob.

»Also, ich sag dir was. Bruder Xun, du bist zu Geld gekommen, und die Möbel sind für den Umzug nicht geeignet. Was willst du da noch mit diesem Gerümpel. Lass es mich fortschaffen. Wir armen Leute können es gebrauchen.«

»Ich bin überhaupt nicht reich. Ich muss diese Dinge verkaufen, um dafür neue …«

»Soso. Du wurdest doch als Landrat hierhergeschickt. Wie

kannst du da sagen, du seist nicht reich? Du hast jetzt drei Konkubinen, und wenn du außer Haus gehst, steht für dich eine große Sänfte mit acht Trägern bereit. Da sagst du, du seist nicht reich? Ha, mir kannst du nichts vormachen …«

Da ich wusste, dass es darauf nichts zu antworten gab, hielt ich meinen Mund und blieb schweigend stehen.

»Ja, ja, je mehr man hat, desto knickeriger wird man, und je knickeriger einer ist, desto mehr hat er …«, fuhr »Zirkelbein« geschwätzig fort und wandte sich wütend ab. Langsam schickte sie sich zum Fortgehen an und griff sich auf dem Weg noch ein Paar Handschuhe, die meiner Mutter gehörten. Sie stopfte sie in den Hosenbund, und weg war sie.

Danach suchten mich dann noch Familienangehörige und Verwandte aus der Nachbarschaft auf. Während ich einerseits Gäste empfing, nutzte ich andererseits die freien Minuten zwischen den Besuchen, um das Gepäck fertig zu machen. So vergingen drei bis vier Tage.

Eines Tages, wir hatten schon zu Mittag gegessen, und draußen war es empfindlich kalt, saß ich gerade beim Tee, als ich das Gefühl hatte, es sei Besuch da. Ich wandte mich herum, um nachzusehen. Und wie ich so schaute, durchfuhr mich unwillkürlich ein tiefes Erstaunen. Schnell erhob ich mich zur Begrüßung.

Es war Runtu. Obwohl ich auf den ersten Blick wusste, dass es Runtu war, war es doch nicht der Runtu meiner Erinnerung. Er hatte nun die doppelte Körpergröße. Sein früher purpurfarbenes rundes Gesicht war bereits fahlgelb und von tiefen Furchen durchzogen. Seine Augen glichen denen seines Vaters, die Ränder waren rot geschwollen, wie es bei Leuten der Fall zu sein pflegt, die am Meer auf den Feldern arbeiten und den ganzen Tag über den Wind im Gesicht haben. Auf dem Kopf trug er eine zerschlissene Filzkappe, und seine äußerst dünne wattierte Kleidung bot wenig Schutz gegen die Kälte. Er zitterte am ganzen Körper. In den Händen hielt er ein in Papier eingeschlagenes Päckchen und eine lange Pfeife. Seine Hände waren nicht die roten und pummeligen meiner Erinnerung, sondern sie waren rau, grobschlächtig und spröde wie die Rinde einer Kiefer.

Ich war in diesem Moment des Wiedersehens außer mir vor Freude, wusste aber nicht, was ich sagen sollte. So sagte ich nur: »Ach, Bruder Runtu. Bist du da? …«

Ich hätte dem so viel hinzufügen können, dass sich mir die Worte wie Perlen an einer Perlenkette aneinandergereiht hätten: Worte wie Waldschnepfe, Springfisch, Muschel, Dechse lagen mir auf der Zunge … Aber ich war wie gelähmt. So verharrte ich in Gedanken und brachte nichts heraus.

Während er so dastand, lag auf seinem Gesicht ein Ausdruck von inniger Freude und Traurigkeit. Er bewegte die Lippen, aber die Stimme versagte ihm. Schließlich nahm er eine respektvolle Haltung an und sagte klar und deutlich: »Ehrwürdiger Herr! …«

Ein Schauder schien sich meiner zu bemächtigen, denn nun war klar, zwischen uns stand bereits eine dicke Mauer, die uns so sehr voneinander trennte, dass man darüber in Schwermut hätte verfallen können. So sagte auch ich nichts.

Er wandte den Kopf und sagte: »Shuisheng, mach einen Diener vor Ehrwürden.« Daraufhin zog er hinter seinem Rücken ein Kind hervor, das sich dort versteckt hatte. Es war der Runtu von vor zwanzig Jahren, nur etwas blasser und ohne Silberkette um den Hals. »Das ist mein fünftes Kind. Es hat von dieser Welt noch nichts gesehen und ist sehr scheu …«

Mutter kam mit Honger vom oberen Stockwerk herunter. Sie hatten wahrscheinlich ebenfalls die Stimmen gehört.

»Gnädige Frau, ich habe den Brief schon früh erhalten. Ich war wirklich hocherfreut zu hören, dass der ehrwürdige Herr zurückkommt …«, sagte Runtu.

»Ach, warum so förmlich? Habt ihr euch früher nicht Brüder genannt? Mach es wie damals, sage Bruder Xun«, meinte Mutter fröhlich.

»Gnädige Frau, Sie sind wirklich … Aber das entspricht nicht dem Anstand. Damals war ich ein Kind, verstand von diesen Dingen nichts …« Während Runtu das sagte, veranlasste er Shuisheng, noch einmal hervorzutreten und seine Verbeugung zu machen. Aber das Kind klammerte sich ängstlich hinter seinem Vater fest.

»Ist das Shuisheng? Das fünfte?«, wollte Mutter wissen. »Wir sind doch alle fremd für ihn. Man kann ihm seine Scheu nicht übel nehmen. Am besten geht Honger mit ihm spielen.« Als Honger das gehört hatte, kam er herbei und machte Shuisheng ein Zeichen. Unbekümmert und gelassen folgte ihm Shuisheng nach draußen. Mutter forderte Runtu auf, Platz zu nehmen. Er zögerte zunächst, setzte sich schließlich aber doch. Nachdem er seine lange Pfeife an den Tischrand gelehnt hatte, reichte er mir das in Papier eingewickelte Päckchen mit den Worten: »Im Winter gibt es so gut wie gar nichts. Diese Bohnen haben wir selbst getrocknet. Wenn ich Sie, ehrwürdiger Herr, bitten darf …«

Als ich ihn nach seinen Lebensumständen fragte, schüttelte er nur den Kopf.

»Es sieht gar nicht gut aus. Zwar kann das sechste Kind nun auch mithelfen, aber wir haben nie genug zu essen … Die Zeiten sind unsicher … überall wird einem Geld abverlangt, ohne dass es dafür feste Bestimmungen gibt … und die Ernten sind schlecht. Man pflanzt etwas an, bringt es zum Verkauf und muss ständig doppelt und dreifach Steuern zahlen. Nichts als Verluste. Verkauft man nichts, verfault einem alles …«

Er schüttelte nur den Kopf. Sein Gesicht war tief zerfurcht, aber nicht eine seiner Falten bewegte sich. Man hätte denken können, es sei aus Stein. Er litt wohl schwer an dem, was er durchzumachen hatte, wollte oder konnte sich darüber aber offensichtlich nicht weiter äußern. Nachdem er eine Weile in tiefem Schweigen verharrt hatte, griff er nach seiner Pfeife und zündete sie an, ohne ein Wort zu sagen.

Mutter brachte durch weitere Fragen aus ihm heraus, dass er zu Hause viel zu tun hatte und morgen schon wieder zurückmusste. Da er noch nicht zu Mittag gegessen hatte, forderte sie ihn auf, in die Küche zu gehen und sich selbst gerösteten Reis zu machen.

Als er draußen war, beklagten Mutter und ich sein Los: viele Kinder, Hunger, gewaltige Steuern, Soldaten, Banditen, Großgrundbesitzer. Das alles machte ihm das Leben so bitter, dass er wie eine Marionette schien. Mutter meinte, wir sollten ihm all das überlassen, was wir beim Umzug entbehren könnten und wofür er Verwendung hätte.

Am Nachmittag suchte er sich ein paar Dinge aus: zwei lange Tische, vier Stühle, ein Weihrauchgefäß samt Kerzenständer und eine Waage. Er bat auch um die vorhandene Strohasche (wir kochten hier mit Reisstroh, dessen Asche sich als Düngemittel für die Sandböden verwenden lässt). Zum Zeitpunkt unseres Aufbruchs würde er sie mit dem Kahn abholen kommen.

Abends plauderten wir dann noch miteinander über belanglose Dinge. In der Frühe des nächsten Tages machte er sich mit Shuisheng auf den Heimweg.

Neun Tage später war der Zeitpunkt unseres Aufbruchs gekommen. Runtu war am Morgen eingetroffen, aber ohne Shuisheng. Er hatte nur seine vierjährige Tochter mitgebracht, die auf das Boot aufpasste. Den ganzen Tag über hatten wir alle Hände voll zu tun und fanden keine Zeit mehr für eine Plauderei. Es hatte sich auch eine beträchtliche Zahl von Besuchern eingefunden, sei es, um uns das Abschiedsgeleit zu geben, sei es, um Dinge fortzutragen oder beides miteinander zu verbinden. Als wir gegen Abend das Boot bestiegen, hatte man alles Gerümpel aus unserem Haus bereits weggeschafft.

Während unser Boot seinen Weg nahm, wurden die blauen Berge, die zu beiden Seiten des Flusses in die Dämmerung ragten, in tiefes Schwarz gehüllt, bis sie schließlich hinter dem Heck verschwanden.

Honger lehnte mit mir am Bootsfenster. Gemeinsam schauten wir in die Landschaft hinaus. Sie verschwamm in der Dunkelheit. Plötzlich fragte Honger: »Onkel! Wann werden wir zurückkehren?«

»Zurückkehren? Du bist doch noch gar nicht fort, wie kannst du da schon wieder an Rückkehr denken?«

»Aber ich habe mich doch mit Shuisheng verabredet. Wir wollen bei ihm zu Hause spielen …«, drückte er seine kindlichen Wünsche aus und schaute mich dabei mit weit aufgerissenen schwarzen Augen an.

Es gab da eine Sache, die sowohl Mutter als auch mir schwer auf dem Herzen lag. Daher kamen wir wieder auf Runtu zu sprechen. Mutter erzählte mir, Schwägerin Yang, besagte Bohnenquark-Aphrodite, sei regelmäßig jeden Tag bei uns aufgetaucht, seit die Familie mit dem Packen begonnen habe. Vorgestern habe sie aus dem Aschehaufen mehr als zehn Schalen und Teller herausgefischt. Zur Rede gestellt, behauptete sie steif und fest, Runtu habe sie dort vergraben, um sie beim Abtransport der Asche mitgehen zu lassen. Da Schwägerin Yang es sich als Verdienst anrechnete, diese Sache aufgedeckt zu haben, griff sie sich einen Futterkorb für Hühner und machte sich mit ihm auf und davon. (Bei uns heißen diese Futterkörbe »Hund-stirb-vor-Wut«. Es handelt sich dabei um einen mit einem Holzgitter überspannten Holzteller, der mit Futter gefüllt ist. Hühner können ihren Hals hineinstecken und das Futter aufpicken, nicht aber Hunde; ihnen bleibt nichts anderes übrig, als sich zu Tode zu ärgern.) Ein Wunder, wie schnell sie mit ihren kleinen Füßen und hohen Absätzen davonlaufen konnte.

Mich überkam keinerlei Wehmut, als mit dem alten Haus auch die heimatlichen Gefilde allmählich in der Ferne entschwanden. Beklommen empfand ich nur das Gefühl von hohen, unsichtbaren Mauern, die mich isoliert hielten. Das Bild des jungen Helden zwischen den Wassermelonen und mit der silbernen Kette um den Hals, das mir so deutlich vor Augen gestanden hatte, war mit einem Mal ganz verschwommen, sodass mich eine tiefe Traurigkeit befiel.

Mutter und Honger schliefen schon.

Im Liegen vernahm ich das Plätschern des Wassers unter dem Boot. Ich wusste, ich war auf meinem Weg. Ich dachte: Zwar sind Runtu und ich uns völlig fremd geworden, aber die Generation der Kinder versteht sich noch. Dachte nicht Honger voller Sehnsucht an Shuisheng? Ich hoffte, sie würden – anders als Runtu und ich – sich nicht fremd werden ... Aber ich wollte auch wieder nicht, dass ihr Leben vor Bitterkeit so unstet würde wie das meine, nur weil sie nach Gemeinsamkeit strebten. Ebenso wenig wollte ich, dass ihr Leben vor Bitterkeit so abgestumpft würde wie das von Runtu, und ich wollte auch nicht, dass ihr Leben vor Bitterkeit so haltlos würde wie das anderer. Ich wünschte ihnen ein neues Leben, das von uns noch niemals gelebt worden ist.

Dass ich wieder zu hoffen wagte, ließ mich plötzlich erschrecken. Als Runtu um das Weihrauchgefäß und den Kerzenhalter bat, hatte ich noch insgeheim über ihn gelacht, in der Meinung, er verehre immer noch Götzenbilder und käme für keinen Augenblick von ihnen los. War nicht, was ich jetzt Hoffnung nannte, ebenfalls ein Götzenbild, das ich selbst geschaffen hatte? Seine Wünsche bezogen sich lediglich auf nahe liegende Dinge, meine dagegen verloren sich im Unbestimmten.

Während ich in einen Halbschlaf zu versinken begann, erstand vor meinen Augen wieder der jadegrüne Meeresstrand, darüber erhob sich am tiefblauen Himmel ein goldgelber runder Mond. Es lässt sich nicht mit Bestimmtheit sagen, dachte ich, ob es schon immer Hoffnung gegeben hat oder nicht. Es verhält sich wie mit den Wegen auf der Erde, ursprünglich gab es keine, doch als immer mehr Menschen die Erde beschritten, entstanden auch Wege.

Januar 1921

Die wahre Geschichte des Herrn Jedermann

I

Schon lange wollte ich die wahre Geschichte des Herrn Jedermann niederschreiben, aber ich habe es mir immer wieder anders überlegt, was zeigen mag, dass ich nicht zu jenen gehöre, die sich durch Schreiben ein unvergängliches Denkmal zu setzen verstehen. Und da unvergängliche Pinselstriche stets nur unsterblichen Persönlichkeiten gewidmet wurden – wobei immer unklarer wurde, ob eigentlich der Dargestellte dank der Aufzeichnung fortlebt oder umgekehrt –, scheint auch an diesem Wunsche, die Geschichte des Herrn Jedermann zugänglich zu machen, letztendlich irgendetwas faul zu sein.

Greift man aber trotzdem zum Pinsel, um dieses nun alles andere als unsterbliche Werk zu verfassen, stellen sich einem sogleich unermessliche Schwierigkeiten in den Weg. Da ist zunächst der Titel: »Ist der Titel aus dem Lot, so fügt auch das Folgende sich nicht.« Dieser Ausspruch von Konfuzius sollte eigentlich in höchstem Maße beherzigt werden. Vergegenwärtigen wir uns doch allein die biografische Artenvielfalt: Da gibt es die biografischen Sammlungen der jeweiligen Dynastien, Autobiografien, Lebensbeschreibungen von Yogis und Unsterblichen, inoffizielle Biografien, biografische Nachträge, Familienbiografien und Kurzbiografien – nur passen sie leider alle nicht. Weder erscheint meine Geschichte des Herrn Jedermann gemeinsam mit Biografien namhafter Persönlichkeiten als Teil einer offiziellen Dynastiengeschichte. Noch passt »Autobiografie«, da ich nicht Herr Jedermann bin. »Inoffizielle Biografie« scheidet als Titel ebenso aus wie »Biografie ›unsterblicher Wesen‹« – Letzterer umso mehr, als bei Herrn Jedermann von »unsterblich« keine Rede sein kann. Und »Nachtrag zur Biografie des Herrn Jedermann«? Bisher hat unser Staatspräsident das Amt für Geschichtsschreibung noch nicht angewiesen, etwas Ähnliches wie die »Biografie des Herrn Jedermann« zu verfassen. Zwar hatte in England der Schriftsteller Conan Doyle einmal einen »biografischen Nachtrag zu Rodney Stone« verfasst, obgleich die offizielle englische Geschichtsschreibung noch keine »Biografie des Rodney Stone« kannte, aber das ist eben einem großen Dichter möglich, nicht meinesgleichen. Schließlich »Familienbiografien«. Weder ist mir bekannt, ob Herr Jedermann und ich derselben Sippe angehören, noch habe ich je einen entsprechenden Auftrag seitens seiner Nachkommen erhalten. Und »Kurzbiografie« passt nicht, da Herr Jedermann noch weniger eine »ausführliche Biografie« vorzuweisen hätte. Es handelt sich also schlicht um eine »Biografie«. Doch angesichts ihres schlechten literarischen Stils – sie wird im Jargon der Fuhrleute und Bohnenmushändler geschrieben – wäre auch dies als Titel vermessen. Deshalb bleibt mir nur, mich auf den gängigen Ruf »Nun Schluss mit dem Geschwätz, zurück zur wahren Geschichte!« der außerhalb jeglicher religiöser und philosophischer Gruppierung stehenden »Geschichtenerzähler« zu beziehen und hieraus die Worte »wahre Geschichte« für meinen Titel zu wählen. Zwar ergibt sich dann eine formale Übereinstimmung mit der »Wahren Geschichte der Kalligrafen«, einem Werk, das uns von unseren Vorfahren überliefert wurde, doch das muss mir dann egal sein.

Die zweite Schwierigkeit ergibt sich aus biografischen Gepflogenheiten. Man ist gehalten, etwa folgendermaßen zu beginnen: »Der Soundso, mit Beinamen Soundso, aus Soundso stammend …« Doch ich weiß nicht, wie Herr Jedermann mit Familiennamen hieß. Einmal schien mir, er heiße Zhao, doch am Tag darauf hatte ich bereits Zweifel. Als ich damals unter

Gongschlägen die Nachricht im Dorf verbreitete, der Sohn des ehrwürdigen Herrn Zhao habe die erste der drei kaiserlichen Prüfungen bestanden, gestikulierte Herr Jedermann – er hatte gerade zwei Schalen Reiswein getrunken –, auch ihm gereiche das zur Ehre, da er und der ehrenwerte Herr Zhao eigentlich zur selben Sippe gehörten. Und verfolge man seine Abstammung genau, so stehe er zum jungen Bakkalaureus wie Urgroßvater zu Urenkel. Tatsächlich empfanden damals einige Zuhörer so etwas wie feierlichen Respekt. Wer hätte gedacht, dass am folgenden Tag der Dorfpolizist Herrn Jedermann zum ehrenwerten Herrn Zhao bestellte!

»Jedermann, du elender Wicht! Du behauptest, ich gehöre zu deiner Sippe?«, donnerte der alte Herr mit zornesrotem Gesicht, kaum dass er seiner ansichtig geworden war. Herr Jedermann schwieg. Je länger der alte Herr ihn anblickte, desto mehr echauffierte er sich. »Wag bloß, solchen Unsinn zu verbreiten! Wie könnte ich einer Sippe wie der deinen angehören! Heißt du vielleicht Zhao?« Und er näherte sich ihm bedrohlich. Herr Jedermann schwieg. Er dachte an Rückzug. Doch der alte Herr war schneller und schlug ihm ins Gesicht.

»Wie könntest du Zhao heißen! Für diesen Namen kommst doch du überhaupt nicht infrage!«

Herr Jedermann beharrte nicht weiter darauf, wirklich Zhao zu heißen. Stattdessen rieb er sich seine linke Backe und verließ mit dem Dorfpolizisten den Hof. Draußen musste er sich, nach erfolgter polizeilicher Zurechtweisung, mit zweihundert Kupferlingen bei ihm bedanken.

Alle, die davon erfuhren, meinten, Herr Jedermann sei vermessen gewesen und habe sich die Prügel selbst zuzuschreiben. Wahrscheinlich heiße er doch nicht Zhao. Und selbst wenn – er hätte es nicht so daherreden dürfen, solange der ehrwürdige Herr Zhao im Dorfe wohnte.

Später sprach niemand mehr über Jedermanns Abstammung. Deshalb ist mir sein Familienname bis heute unbekannt.

Drittens weiß ich nicht, wie sich sein Vorname schreibt. Zu Lebzeiten riefen ihn alle »A Quei«, aber nach seinem Tode wurde sein Name nicht mehr erwähnt, von »Aufzeichnungen auf Bambus oder Seide« ganz zu schweigen. Da diese meine Niederschrift die erste »Aufzeichnung« zu diesem Thema darstellt, bin ich es, der als Erster mit diesem Problem konfrontiert wird. Ich hatte mir schon überlegt, ob »Quei« wohl für den »Kassiabaum« stehen mochte oder ob das Schriftzeichen für »Adel« damit gemeint sein könnte. Aber hieß A Q, Herr Jedermann, mit Beinamen etwa »Mondpavillon«? Oder war er im achten Monat des Mondkalenders geboren? Doch wohl nicht. (Und falls er einen Beinamen hatte, so kannte ihn niemand, und Geburtstagseinladungen hat er auch nie verschickt.) Es wäre also eigenmächtig entschieden, wollte ich seinen Namen mit dem Zeichen für Kassiabaum schreiben. Hätte er nun einen Bruder mit Vornamen »Reichtum«, schriebe A Q sich gewiss mit dem Zeichen für »Adel«. Aber er hatte keine Geschwister. So besteht auch für diese Schreibweise keine Rechtfertigung. Und andere, entlegenere Schriftzeichen mit der Aussprache »Quei« kamen noch weniger in Betracht.

Ich hatte einmal den jungen Bakkalaureus Zhao dazu befragt, aber überraschenderweise tappte auch dieser gelehrte Herr im Dunkeln. Seiner Meinung nach ging übrigens gerade die chinesische Kultur zugrunde, weil Chen Duxiu in seiner Zeitschrift »Neue Jugend« die Lateinschrift für das Chinesische propagierte – womit auch keine Möglichkeit bestand, dem gesuchten Schriftzeichen noch auf die Spur zu kommen. Als letzten Ausweg beauftragte ich einen Bekannten aus meinem Heimatort mit der Einsichtnahme der Polizeiakte des A Q. Acht Monate später erhielt ich seinen Antwortbrief, in dem er mir mitteilte, es sei dort niemand verzeichnet, dessen Name auch nur annähernd wie Quei laute. Damit konnte ich in dieser Sache nun auch nichts mehr tun, obwohl ich mir nicht sicher war, ob das die Wahrheit war oder ob er der Angelegenheit überhaupt nicht nachgegangen war. Da ich befürchten muss, dass unsere chinesischen Lautzeichen zur Angabe der Aussprache noch nicht allgemein bekannt sind, bleibt mir in diesem Fall nur, auf die ausländischen Buchstaben zurückzugreifen und seinen Namen in englischer Manier mit »A Quei« wiederzugeben oder kurz: A Q. Damit bin ich zwar beinahe ein Apologet der »Neuen Jugend«, wofür ich mich entschuldigen möchte, doch was soll ich tun, wenn sogar der junge Herr Bakkalaureus keine Lösung weiß!

Die vierte Schwierigkeit schließlich ist die Frage nach A Qs Herkunft. Hieße A Q mit Nachnamen Zhao, könnten wir die Tradition derer in Anspruch nehmen, die heute gern als »Edle Sippe derer von Soundso« firmieren, und den Eintragungen im »Herkunftsbuch der hundert Sippen« entnehmen, er stamme aus Tianshui in Longxi. Leider aber sind die Anhaltspunkte, die für diesen Namen sprechen, dürftig. Deshalb bleibt auch seine Herkunft im Dunkeln. A Q verbrachte zwar die meiste Zeit seines Lebens im Dorfe Weizhuang, aber er nächtigte auch schon mal außerhalb. Deshalb lässt sich nicht eigentlich behaupten, er stamme aus Weizhuang. Täte man es trotzdem, wäre dies ein Verstoß gegen die Methoden der Geschichtsschreibung.

Zu meinem Trost möchte ich jedoch bemerken, dass die Silbe »A« völlig korrekt ist. Sie wurde weder sinnentstellend verwendet noch falsch entlehnt. Ja, sie wird in ihrer Korrektheit vor den Gelehrten bestehen! Die vollständige Klärung all der übrigen fraglichen Punkte wird einem nur oberflächlich Gebildeten nicht möglich sein. Ich kann nur hoffen, dass vielleicht dereinst die Schüler des Herrn Hu Shi, dieses »Geschichtsnarren«, der meint, alles beweisen zu müssen, ein paar neue Gesichtspunkte in die Diskussion werden einbringen können. Doch fürchte ich, dass bis dahin meine »Wahre Geschichte des Herrn Jedermann« längst der Vernichtung anheimgefallen sein wird.

Dies gelte als Einleitung.

II

Von überlegenen Siegen

Nicht nur Herrn Jedermanns Familienname, Vorname und Herkunft sind ungewiss, auch sein Lebenslauf bleibt unklar. Die Leute von Weizhuang nahmen ihn nur wahr, wenn sie seine Hilfe benötigten oder sich über ihn lustig machen konnten. Für seine Vergangenheit zeigte niemand Interesse. Und Herr Jedermann selbst äußerte sich nicht dazu. Höchstens im Streit riss er die Augen auf und rief: »Früher waren wir viel mächtiger als du! Für wen hältst du dich eigentlich!«

Herr Jedermann besaß weder Familie noch Zuhause. Er wohnte im Tempel der Erdgottheit. Ohne feste Beschäftigung fristete er sein Leben mit Handlangerdiensten, half bei der Weizenernte, enthülste Reis im Mörser oder stakte Boote. Bei länger dauernden Arbeiten durfte er auch im Hause des jeweiligen Arbeitgebers wohnen, doch immer nur bis zum Ende der Saison. Deshalb erinnerten sich die Dorfbewohner an Herrn Jedermann, wenn es viel zu tun gab, doch sie erinnerten sich nur an seine Arbeitskraft, nicht an seine Geschichte. Hatten sie keine Arbeit, war er ihnen bald aus dem Gedächtnis entschwunden, von seinem Lebenslauf ganz zu schweigen.

Nur einmal hatte ein älterer Bauer lobend über ihn gesagt: »A Q kann wirklich zupacken!« Herr Jedermann stand damals gerade faul da, den schmächtigen Oberkörper entblößt, und die Umstehenden waren unschlüssig, ob der Ausspruch ernst oder spöttisch gemeint war. Er jedenfalls freute sich über dieses Lob.

Herr Jedermann hielt viel von sich. Keinen Einwohner von Weizhuang würdigte er eines Blickes. Selbst den zwei Prüfungsanwärtern des Ortes begegnete er mit einer Miene, als verdienten sie es nicht einmal, von ihm ausgelacht zu werden. Solch gelehrte Jünglinge werden später gar Bakkalaureus, dachte er. Nun genossen der ehrenwerte Herr Zhao und der ehrenwerte Herr Qian großen Respekt bei der Dorfbevölkerung, weil sie, abgesehen von ihrem Reichtum, die Väter der beiden »Gymnasiasten« waren. Doch für Herrn Jedermann war das kein Anlass zu besonderer Hochachtung. Mein Sohn wird einmal viel vermögender sein, dachte er. Außerdem war er schon öfter in der Stadt gewesen, weshalb er sich noch großartiger vorkam. Die Städter verachtete er allerdings nicht minder. So hieß zum Beispiel ein Hocker mit einem drei Zoll breiten und drei Fuß langen Brett in Weizhuang »Langhocker«, wie er selbst ja auch »Langhocker« sagte, aber die Städter redeten von einem »Längshocker«! Das ist falsch! Geradezu lächerlich ist das, dachte er. Oder der Bratfisch: In Weizhuang bereitete man ihn stets mit halblangem Lauch zu, in der Stadt dagegen mit klein gehacktem! Das ist ebenfalls falsch! Lächerlich!, dachte er. Trotzdem blieben die Leute von Weizhuang für ihn Dorftölpel ohne Ahnung von der großen Welt. Noch nie hatten sie einen Bratfisch gesehen, wie er in der Stadt zubereitet wurde.

Dass Herr Jedermann »früher vermögend war«, viel herumgekommen war und »wirklich zupacken« konnte, machte ihn fast schon zu einem »Menschen ohne Fehl«, doch leider wies er einige körperliche Mängel auf. Am auffallendsten waren die Narben von der Krätze auf seinem Schädel, wer weiß, seit wann er die schon hatte. Obwohl sie das eigene Haupt zierten, waren sie Herrn Jedermann doch nicht edel genug. So hatte er das Wort »Krätze« und ähnlich klingende Lautungen zum Tabu erklärt, das er im Laufe der Zeit noch auf Worte wie »blank« und »hell« erweiterte, bis selbst »Lampe« und »Kerze« darunterfielen. Verletzte jemand, sei es mit Absicht oder nicht, dieses Tabu, erlitt Herr Jedermann unweigerlich einen Wutanfall. Das heißt, er maß mit knallrot angelaufenen Krätzenarben kurz den jeweiligen Gegner und überschüttete den weniger Zungenfertigen mit Flüchen, während er den körperlich Schwächeren mit Fäusten bearbeitete.

Trotzdem zog Herr Jedermann meist unerklärlicherweise den Kürzeren. Deshalb änderte er sein Vorgehen und bediente sich immer häufiger des »strafenden Blicks«. Er hatte allerdings nicht bedacht, dass die Müßiggänger des Dorfes sich hiernach in steigendem Maße nun ihren Spaß mit ihm erlauben könnten. Erspähten sie ihn, stellten sie sich erstaunt und riefen: »Oh, es wird bald so hell!«

Herr Jedermann zürnte wie gewöhnlich, das heißt, er nahm Zuflucht zum strafenden Blick.

»Ah, das kommt von der Kerosinlampe da drüben!«

Man zeigte sich unerschrocken, und Herr Jedermann musste anderweitig nach Rache sinnen: »Ihr seid für mich nicht mal ...!« Da deuchte ihn bereits, sein Haupt ziere nicht irgendeine x-beliebige, sondern vielmehr eine erhabene und ruhmreiche Krätze. Nun hatten wir aber weiter oben erwähnt, dass Herr Jedermann zu denen zählte, die über eine gewisse Weltläufigkeit verfügten, und so war ihm sogleich klar, dass diese im Widerspruch zur Verfolgung gewisser Tabuverletzungen stand, und er ließ das Thema fallen.

Doch die Müßiggänger hatten noch nicht genug und zogen ihn so lange auf, bis es Prügel gab. Formal war Herr Jedermann dabei der Unterlegene: Man packte ihn an seinem dünnen Zopf, knallte ihn fünfmal mit dem Kopf gegen die nächste Mauer und zog völlig befriedigt und siegreich von dannen. Herr Jedermann verharrte einen Moment regungslos und dachte: Sie könnten meine Söhne sein und schlagen mich! Die heutige Welt steht wirklich kopf! Worauf auch er völlig befriedigt und siegreich davonging.

Was Herrn Jedermann da durch den Sinn ging, sprach er bei späteren Gelegenheiten auch laut aus. Daher erfuhr fast jeder, der sich seinen Spaß mit ihm erlaubte, von dieser Art des geistigen Siegens. Hielt er ihn das nächste Mal an seinem dünnen Zopf, kam er ihm gleich zuvor: »Jedermann, hier schlägt nicht ein Sohn seinen Alten, sondern ein Mensch ein Vieh. Sprich mir nach: Ein Mensch prügelt sein Vieh!«

»Schlägt ein Insekt, in Ordnung?« Herr Jedermann, den Kopf

schief, umklammerte mit beiden Händen seinen Zopf. »Ich bin ein Insekt! Lasst ihr mich jetzt laufen?«

Aber die Müßiggänger willigten noch nicht ein, obwohl er jetzt ein Insekt war. Sie stießen ihn erst fünfmal mit dem Kopf gegen den nächstbesten Gegenstand, bevor sie völlig befriedigt und siegreich davonzogen. Diesmal, so nahmen sie an, hatten sie Herrn Jedermann endgültig erledigt.

Doch noch keine zehn Sekunden waren vergangen, als auch Herr Jedermann völlig befriedigt und siegreich von dannen zog. Er glaubte nämlich, der »Erste unter den Selbstverächtern« zu sein. Und sah er von den »Selbstverächtern« einmal ab, so war er »der Erste«. Hieß nicht auch der Examenserste bei den höchsten Staatsprüfungen »der Erste«? Eben! Was glaubt ihr eigentlich, wer ihr seid!

Hatte nun Herr Jedermann mit derlei Wundermethoden seine Gegner besiegt, eilte er beschwingten Schritts zur Schenke, um sich ein paar Schalen Reiswein zu genehmigen. Nachdem er sich ordentlich amüsiert und gezankt hatte und wieder mal als Sieger hervorgegangen war, kehrte er fröhlich zurück zum Tempel der Erdgottheit und war bald eingeschlafen.

Hatte er Geld, beteiligte er sich am Glücksspiel. Man sah ihn mit schweißüberströmtem Gesicht zwischen den Spielern hocken. Es war seine Stimme, die am lautesten herübertönte: »Vierhundert auf den grünen Drachen!«

»Er-öff-ne«, sang der Spielführer, ebenfalls schweißüberströmt, und hob den Deckel.

»Himmlisches Tor ... Nichts auf die Ecke, Halle der menschlichen Harmonie ist noch frei ... Jedermann, her mit den Münzen!«

»Hundert auf die Halle ... hundertfünfzig!«

Unter derlei Singsang floss Herrn Jedermanns Geld allmählich in die Taschen anderer, ebenfalls schweißüberströmter Gesellen. Zu guter Letzt musste er sich aus dem Kreis hinauszwängen und weiter zuschauen, wobei er mit den anderen mitzitterte, bis endlich alle nach Hause gingen. Nur ungern kehrte er in den Tempel zurück. Am folgenden Morgen kam er mit verquollenen Augen zur Arbeit.

Doch nicht zu Unrecht sagt das Sprichwort: »Der Alte vom nördlichen Grenzland verlor seinen Hengst – wer weiß, wozu es gut war!« Als Herr Jedermann nämlich unglücklicherweise einmal gewonnen hatte, wurde daraus beinahe eine Niederlage.

Es war in Weizhuang am Abend des Götterfestes. Wieder einmal hatte man eine kleine Opernbühne aufgebaut, zu deren Linken, ebenfalls wie üblich, die Glücksspielstände warteten. Für Herrn Jedermann waren die Gongs und Trommeln auf der Bühne meilenweit entrückt. Nur dem Singsang der Spielführer galt sein Ohr. Er gewann und gewann. Aus Kupfermünzen wurden kleine Silbermünzen, aus kleinen Silbermünzen wurden große Silbermünzen, und die großen Silbermünzen begannen sich zu häufen. Herr Jedermann fühlte sich im siebten Himmel.

»Zwei Silberne auf Himmlisches Tor!«

Er bemerkte nicht, wie die Schlägerei begann, ein Durcheinander aus Flüchen, Tritten und Schlägen. Als er sich endlich hochrappelte, waren Spieltische und Mitspieler verschwunden. Ihm wollte scheinen, als schmerzten ihn einige Körperteile. Ihm war auch, als hätte er Faustschläge und Fußtritte empfangen. Überraschte Blicke der Umstehenden trafen ihn. Mit dem Gefühl, irgendetwas verloren zu haben, kehrte er in seinen Tempel zurück. Er musste erst einmal zur Ruhe kommen. Plötzlich bemerkte er, dass seine Silbermünzen verschwunden waren! Es war sinnlos, nach ihnen zu suchen, da die Spielleiter zu solchen Festen meist aus fremden Dörfern kamen. Ein Haufen blankes, glänzendes Silbergeld! Dazu noch seines! Und jetzt war es fort. Gut, hatten es ihm eben seine Söhne abgenommen. Aber er fand keinen Trost. Und wenn er ein Insekt wäre? Auch das konnte ihn nicht trösten. Zum ersten Mal kostete Herr Jedermann vom Schmerz der Niederlage. Doch er wusste diese sogleich in einen Sieg umzuwandeln. Er erhob seine Rechte und gab sich zwei schallende Ohrfeigen, Schmerz durchfuhr ihn. Er beruhigte sich. Ihm schien, er sei der Schlagende, der Geschlagene aber sei ein anderes Selbst. Bald schien ihm, er habe einen anderen geschlagen. So legte er sich denn, obwohl er noch etwas Hitze auf seiner Wange verspürte, völlig befriedigt und siegreich nieder – und war auch schon eingeschlummert.

III

Von weiteren überlegenen Siegen

Obwohl Herr Jedermann oft überlegen siegte, wurde er doch erst richtig berühmt durch die Ohrfeigen des ehrenwerten Herrn Zhao.

Er hatte sich, nachdem er dem Dorfpolizisten das Trinkgeld überlassen musste, empört im Tempel niedergelegt. Die heutige Welt!, dachte er. Es ist doch nicht zu fassen! Da schlägt der Sohn seinen Alten! Doch dann musste er an die Autorität und das Ansehen des ehrenwerten Herrn Zhao denken, der ja nun sein Sohn war, und er fühlte Stolz aufkommen. Er erhob sich und ging zur Weinstube. Unterwegs sang er ein Stück aus der Shaoxing-Oper »Die junge Witwe tritt ans Grab«. Zu diesem Zeitpunkt hielt er den ehrenwerten Herrn Zhao bereits für eine allen übrigen Bewohnern überlegene Persönlichkeit.

Es mag zwar eigenartig klingen, doch seit jenem Vorkommnis schien man ihm allseits mit größtem Respekt zu begegnen. Aus seiner Sicht mochte das daran liegen, dass er der Vater des ehrenwerten Herrn Zhao war. Aber das war nicht der wahre Grund. In Weizhuang hatte es noch nie Aufsehen erregt, wenn sich A Sieben mit A Acht schlug oder Li Vier den Zhang Drei verprügelte. Erst wenn ein Mann von Rang, wie der ehrenwerte Herr Zhao, in die Sache verwickelt war, durfte man damit rechnen, in aller Munde zu sein. Dann erlangten der Sieger wie auch der Geschlagene Berühmtheit, Letzterer deshalb, weil vom Ansehen des Siegers etwas auf ihn abfiel.

Dass die Schuld im vorliegenden Fall bei Herrn Jedermann lag, wurde übrigens ganz selbstverständlich vorausgesetzt. Der Grund? Nun, weil sie nicht beim ehrenwerten Herrn Zhao liegen konnte. Aber wie erklärt sich dann dieser außerordentliche Respekt, wenn Herr Jedermann der Schuldige war? Das ist in der Tat eine schwierige Frage. Eine Erklärung liefert hier vielleicht seine Behauptung, zur Sippe des ehrenwerten Herrn Zhao zu gehören, denn obwohl er für diese Behauptung Prügel bezogen hatte, fürchtete man doch, es könnte etwas Wahres dran sein. Es war deshalb sicherer, ihm für alle Fälle mit etwas mehr Ehrerbietung zu begegnen. Es wiederholte sich hier die Geschichte von den Opfertieren in den konfuzianischen Tempeln: Sie waren eigentlich Schlachtvieh wie Schwein und Schaf auch, und nur weil es dem heiligen Konfuzius einst beliebte, seine Essstäbchen in ein Rindvieh zu tauchen, begegneten seine Jünger dieser Gattung sogleich mit großer Ehrfurcht.

Auf jeden Fall verlebte Herr Jedermann nach diesen Ereignissen etliche zufriedene Jahre.

Da geschah es einmal im Frühling, dass er betrunken auf den Bärtigen Wang stieß, der mit bloßem Oberkörper an einer sonnenwarmen Mauer hockte und Läuse knackte. Sofort begann es auch bei Herrn Jedermann zu jucken. Der Bärtige Wang hatte die Krätze. Da er immer unrasiert war, hieß er bei allen der Bärtige Krätze-Wang. Herr Jedermann kürzte seinen Namen zwar um das Wort »Krätze«, verachtete ihn aber trotzdem über die Maßen. Krätze war aus seiner Sicht ja nichts Absonderliches, aber dieser Vollbart, der war nun wirklich zu eigenartig! Nicht zum Hinsehen! Er setzte sich neben den Bärtigen Wang. Zu anderen hätte er sich nicht ohne Weiteres gesetzt, aber was hatte er von dem schon zu befürchten! Ehrlich gesagt, seine Bereitschaft, sich zu ihm zu setzen, stellte bereits eine Aufwertung seines Gegenübers dar.

Herr Jedermann entledigte sich seiner zerschlissenen Joppe und durchsuchte die Innenseite. Aber auch nach längerem Bemühen hatte er erst vier Läuse gefunden. Vielleicht, weil er die Jacke neulich gewaschen hatte? Vielleicht hatte er nicht gründlich genug gesucht. Dagegen musste er feststellen, dass der Bärtige Wang eine Laus nach der anderen fing, gleich zwei oder drei auf einmal, und immer zwischen die Zähne steckte, dass es nur so knackte.

Die anfängliche Enttäuschung wich allmählich dem Gefühl, dass ihm Ungerechtigkeit widerfuhr. Es verstieß doch gegen alle guten Sitten, dass der gräusliche Bärtige Wang so viele Läuse fing und er nur so wenige! Wie gerne hätte er jetzt zwei richtig große Läuse gefangen, aber er fand einfach keine! Endlich, nach erheblichen Schwierigkeiten, konnte er einer mittelgroßen habhaft werden. Hasserfüllt schob er sie zwischen seine dicken Lippen und biss aus Leibeskräften. Doch es knackte nicht so schön wie beim Bärtigen Wang.

Herrn Jedermanns Krätzestellen färbten sich knallrot. Er schleuderte seine Jacke zu Boden und spuckte aus.

»Du haariger Wurm!«

»Räudige Töle, wen meinst du?« Der Bärtige Wang blickte verächtlich auf.

Herr Jedermann stand zwar weiterhin in der Achtung der Leute, was seinen Stolz beflügelte, doch vor den Müßiggängern, die ihn so gern vermöbelten, hatte er immer noch Angst. Nur dieses Mal fühlte er sich ungemein tapfer. So ein vollbärtiges Etwas wagte, unflätig über ihn herzuziehen?

»Ich meine den, der sich angesprochen fühlt!«, gab er zurück. Er stand auf und stemmte die Hände in die Seite.

»Juckts dich in den Knochen?« Der Bärtige Wang war ebenfalls aufgestanden und hängte sich seine Jacke über. In der Annahme, sein Gegenüber wolle sich davonmachen, sprang Herr Jedermann plötzlich auf ihn zu, um ihm einen Schlag zu versetzen. Aber der Bärtige Wang hatte seine Faust gepackt, noch ehe er überhaupt zuschlagen konnte, und ließ ihn ins Leere stolpern. Dann zerrte er ihn am Zopf zur Mauer, um ihn wie gewohnt ein paar Mal mit dem Kopf dagegen zu stoßen.

»Der Edle machts mit Köpfchen, nicht mit Gewalt«, meinte Herr Jedermann mit verdrehtem Hals. Doch der Bärtige Wang schien kein Edler zu sein, denn, anstatt auf ihn einzugehen, knallte er ihn fünfmal gegen die Mauer und ließ ihn anschließend meterweit ins Gelände stolpern. Dann ging er zufrieden davon.

Soweit sich Herr Jedermann erinnern konnte, war dies die erste Schmach seines Lebens. Denn bisher war Wang ihm immer unterlegen gewesen, der ja mit den Defekten des Vollbarts geschlagen war, und nie andersherum! Von tätlichen Übergriffen gar nicht zu reden! Und jetzt hatte der Bärtige Wang ihn angegriffen! Wer hätte das geahnt? Sollte der Kaiser wirklich, wie man sich in der Stadt erzählte, die staatlichen Prüfungen abgeschafft haben, im bewussten Verzicht auf Bakkalaureus und Magister, sodass auch das Ansehen des Hauses Zhao gelitten hatte, weshalb man schließlich ihn, Herrn Jedermann, nicht mehr respektierte?

Herr Jedermann wusste nicht, wohin er seine Schritte lenken sollte. Da näherte sich von der Ferne ein Mann. Schon wieder ein Gegner! Einer von denen, die er am meisten verabscheute: der älteste Spross des ehrenwerten Hauses Qian. Er war in die Stadt gezogen, um eine ausländische Schule zu besuchen. Dann war er – keiner wusste, wie er das geschafft hatte – auch noch nach Japan gefahren. Als er nach sechs Monaten zurückkehrte, hatte er keine krummen Bauernbeine mehr und keinen Zopf. Seine Mutter erlitt ein gutes Dutzend Weinkrämpfe, und seine Frau versuchte dreimal, sich in den Brunnen zu stürzen. Später wusste seine Mutter allerorten zu verbreiten, der Zopf sei ihm von Bösewichten abgeschnitten worden, die ihn zuvor betrunken gemacht hätten. Er sei ja eigentlich zum Staatsbeamten qualifiziert, aber jetzt müsse man warten, bis sein Haar wieder gewachsen sei. Herr Jedermann glaubte davon kein Wort und nannte ihn nun erst recht »Falscher Ausländer« und »Verräter« und versäumte nicht, ihm heimlich hinterherzufluchen, wenn er ihm begegnete.

Was er an ihm »ganz besonders strikt ablehnte und zutiefst verabscheute«, wie er sich ausdrückte, war der falsche Zopf. Trug jemand erst einen falschen Zopf, hatte er sich als Mensch disqualifiziert. Dass sein Eheweib nicht ein viertes Mal in den Brunnen sprang, war außerdem Beweis ihrer Minderwertigkeit.

Der Falsche Ausländer kam näher.

»Esel! Glatzkopf ...«

Herr Jedermann hatte insgeheim geflucht, aber diesmal waren ihm seine Worte vor Empörung und Rachedurst unversehens über die Lippen geschlüpft. Unerwartet kam der Glatzkopf mit seinem gelb lackierten Spazierstock – Herr Jedermann nannte ihn immer den Jammerknüppel – mit Riesenschritten auf ihn zu. Ihm war sofort klar, dass es Prügel setzen würde, und er wartete erstarrt, mit hochgezogenen Schultern. Da: zack!

Es wurde wohl in der Tat auf seinen Kopf geschlagen.

»Ich meine doch den da!«, verteidigte sich Herr Jedermann und deutete auf einen Jungen in der Nähe.

Zack! Zack! Zack!

Soweit sich Herr Jedermann entsinnen konnte, war das die zweite Schmach in seinem Leben. Glücklicherweise stellte sich, nachdem all die Schläge verklungen waren, das Gefühl ein, er habe nun eine wichtige Angelegenheit zu Ende gebracht. Diesem Gefühl folgte eine gewisse Erleichterung. Zudem begann das Vergessen – sein Erbvermächtnis – Wirkung zu zeigen, und bald hatte er sich davongetrollt. Am Eingang der Weinschenke befand er sich bereits wieder in, man könnte fast sagen, freudiger Verfassung.

Da tauchte aus entgegengesetzter Richtung die kleine Nonne vom Kloster »Zur stillen Vervollkommnung« auf. Schon unter normalen Umständen schimpfte und geiferte Herr Jedermann, wenn er ihr begegnete. Wie sollte es erst nach diesen schmählichen Niederlagen werden? Seine Erinnerung setzte wieder ein. Prompt wurde er feindselig. Warum ich heute nur so viel Pech habe? Jetzt weiß ichs! Weil du mir über den Weg gelaufen bist!, sinnierte er. Er trat ihr entgegen und rotzte ihr geräuschvoll vor die Füße.

Die kleine Nonne ging gesenkten Hauptes weiter, ohne ihn zu beachten. Plötzlich schnellte seine Hand vor und strich ihr über den frisch rasierten Schädel. Dazu bleckte er dämlich die Zähne: »Glatzi, lauf schnell nach Haus, dein Mönch wartet schon!«

»Was rührst du mich an!« Die Nonne wurde feuerrot und beeilte sich fortzukommen. Die Weinstube grölte.

Als Herr Jedermann bemerkte, dass seine Heldentat Anerkennung fand, spornte ihn das zu Größerem an: »He, he, dein Mönch darf dich anfassen und ich nicht?«, rief er und kniff ihr ausdauernd in die Backe. In der Schenke johlte alles. Herr Jedermann fand sich immer besser. Um seine »Gutachter« zufriedenzustellen, zwackte er noch einmal kräftig zu, bevor er endlich von ihr abließ. Über diesen Waffengang hatte Herr Jedermann längst den Bärtigen Wang vergessen. Und er hatte auch den Falschen Ausländer vergessen. Er hatte sich, so schien es, für all das Pech dieses Tages gerächt. Und eigenartig: Er fühlte sich noch entspannter als vorhin nach den Schlägen. So luftig und zufrieden, als wolle er im nächsten Moment davonschweben.

»Kinderlos sollst du bleiben, Jedermann!«, war da die kleine Nonne aus der Ferne zu hören, Tränen in der Stimme.

»Ha, ha, ha!«, lachte er. Er war vollauf befriedigt.

»Ha, ha, ha!«, lachten auch die Leute in der Schenke. Sie waren beinahe so befriedigt wie er.

IV

Tragödie einer Liebe

Manche behaupten ja, es gebe Menschen, die erst Adler und Tiger besiegen müssen, um die Freuden des Sieges auch genießen zu können; über Lämmer und Küken zu triumphieren bedeute ihnen nichts. Andere dagegen, so heißt es, spürten nach der Unterwerfung all ihrer Feinde gerade das Tragische ihres Sieges. Umgeben von Toten und Besiegten mit einem »Wir erzittern in Furcht und verdienen den Tod!« auf den Lippen, besitzen sie nicht Feind, nicht Gegner, noch Freund. Nur sie allein bleiben, ganz oben, einsam und verlassen. Doch unser Herr Jedermann war von solch einem Mangel unberührt, denn er war ewig zufrieden – möglicherweise ein Beweis für die globale Überlegenheit der geistigen Zivilisation Chinas.

Schaut, wie zufrieden er sich fühlte, zum Schweben luftig!

Doch nach diesem letzten Sieg wurde ihm ein wenig eigenartig zumute. Den lieben langen Tag war er so luftig umhergeflogen, schwebte nun in den Tempel der Erdgottheit ein und hätte sich eigentlich nach alter Gewohnheit niederlegen und schnarchen sollen. Doch wider Erwarten kostete es Herrn Jedermann an diesem Abend große Mühe, die Augen zu schließen.

Daumen und Zeigefinger kamen ihm nämlich merkwürdig vor: Sie erschienen ihm glatter als sonst. Verfügte das Nönnchen über irgendetwas Cremeartiges an ihrer Haut, das nun an seinen Fingern haftete, oder hatten sich seine Finger an ihrem Gesicht sozusagen glatt poliert?

Kinderlos sollst du bleiben!, hörte er sie noch rufen. Genau, dachte er, man sollte eine Frau haben. Wenn man kinderlos bleibt, bekommt man später keine Reisopfer … Man sollte eine Frau haben! Wie hieß es noch? »Drei Arten von Ungehorsam gibt es gegenüber den Eltern. Ohne Nachkommen zu bleiben gilt als die schlimmste!« Auch hinter der Sorge »Sonst hungern die toten Seelen der Sippe Ruo'ao« verbarg sich ja eine große menschliche Tragödie. Herrn Jedermanns Überlegungen deckten sich also mit den weisen Überlieferungen und heiligen Schriften. Nur war es ihm später leider nicht gegeben, »die einmal freigesetzten Energien wieder einzufangen«.

Frauen, Frauen, dachte er, die Mönche dürfen sie anfassen … Frauen, Frauen! … Frauen! Wir können nicht wissen, wann an diesem Abend Herr Jedermann zu schnarchen begann. Doch es war wohl seit dieser Zeit, dass sich seine Finger stets ein wenig glatt anfühlten und ihm immer etwas luftig zumute war. Frauen … dachte er.

Daraus können wir ersehen, dass Frauen etwas Schädliches sind. Die chinesischen Männer könnten im Grunde fast alle Heilige oder Weise sein, würden sie nicht – leider – sämtliche von den Frauen zugrunde gerichtet. So ging die Shang-Dynastie durch Daji unter, die Westliche Zhou-Dynastie durch Bao Si und die Qin-Dynastie … nun, obwohl die Geschichtsschreibung dazu schweigt, können wir annehmen, dass auch sie durch eine Frau … das wird schon nicht ganz falsch sein. Aber Dong Zhuo wurde wirklich wegen Diao Chan ermordet!

Herr Jedermann war ein Mann von korrekter Gesinnung. Obwohl wir nicht wissen, welcher große Meister ihn unterrichtet hat, hielt er sich stets sehr streng an die »Große Trennung der Geschlechter«. Seine korrekten Auffassungen waren völlig unvereinbar mit jenen von Ketzern wie der kleinen Nonne oder dem Falschen Ausländer. Nach seiner Sicht der Dinge hatten zweifelsohne alle Nonnen heimlichen Verkehr mit Mönchen. Erschien eine Frau auf der Straße, beabsichtigte sie, herumstreunende Männer zu verführen. Sprachen ein Mann und eine Frau miteinander, so wurden gewisse Absprachen getroffen. Um sie allesamt zu bestrafen, bediente sich Herr Jedermann des strafenden Blicks, oder er ereiferte sich lautstark zwecks »Bestrafung der bösen Absicht«. An abgelegeneren Stellen warf er schon mal einen kleinen Stein aus dem Hinterhalt.

Wer hätte gedacht, dass Herr Jedermann, der auf die dreißig

zuging, ein Alter, in dem man laut Konfuzius »Standvermögen« bekommt, derart von der jungen Nonne verhext würde, dass er nur noch schweben wollte! Dieses luftig-verhexte Gefühl war nach der Tugendlehre allerdings nicht gestattet – deshalb waren ja auch die Frauen verabscheuenswert. Wäre das Gesicht der kleinen Nonne nicht so cremig glatt gewesen, wäre Herr Jedermann nicht verführt worden. Und nehmen wir weiter an, ein Schleier hätte ihr Gesicht verdeckt, so wäre er ebenso wenig in Gefahr geraten. Vor fünf Jahren hatte er einmal im Gewühl vor der Dorfbühne einer Frau in den Schenkel gekniffen, doch hatte er sich danach nicht luftig gefühlt, denn der Stoff ihrer Hose hatte sich als zu hinderlich erwiesen. Aber die junge Nonne hatte nicht auf diese Weise vorgesorgt – woraus zur Genüge die Verabscheuungswürdigkeit von Ketzern zu ersehen ist.

Frauen, dachte Herr Jedermann.

Frauen, von denen er ja annahm, dass sie »beabsichtigen, herumstreunende Männer zu verführen«, beobachtete er immer sehr genau, aber er konnte nie feststellen, dass sie ihm zulächelten. Ebenso achtete er stets aufmerksam auf das, was Frauen ihm mitteilten, doch sie trafen nie irgendwelche Absprachen mit ihm. O ja, das gehörte zu ihrer Verabscheuungswürdigkeit! Sie spielten die Tugendhaften!

An diesem Tag hatte er auf dem Hof des ehrenwerten Herrn Zhao bis spät Reis enthülst. Nach dem Abendessen saß er in der Küche und rauchte. Bei anderen Familien hätte er nach dem Abendessen nach Hause gehen können. Bei den Zhaos wurde früh gegessen. In der Regel war der Gebrauch von Lampen nicht gestattet, und man legte sich gleich nach dem Abendbrot schlafen. Allerdings gab es auch Ausnahmen: Als der junge Herr Zhao sich auf das Bakkalaureat vorbereitete, durfte er bei Lampenlicht studieren. Und: Wenn Herr Jedermann zum Arbeiten kam, durfte er bei Lampenlicht Reis enthülsen. Aufgrund dieser Ausnahme saß er rauchend in der Küche, bevor er wieder an die Arbeit ging.

Die Wu – sie war das einzige weibliche Wesen unter den Bediensteten – hatte das Geschirr gespült und ließ sich auf einem Schemel nieder, um mit Herrn Jedermann zu schwatzen.

»Unsere Herrin hat seit zwei Tagen nichts mehr gegessen. Unser Herr möchte sich nämlich eine Nebenfrau kaufen …«

Frauen … die Wu … diese kleine Witwe …, dachte Herr Jedermann.

»Unsere junge Herrin wird im Oktober ihr Kind bekommen …«

Frauen … dachte er.

Er legte seine Pfeife beiseite und erhob sich.

Die Wu war noch lange nicht zu Ende: »Unsere junge Herrin …«

»Ich will mit dir schlafen!«, war Herr Jedermann mit einem Satz bei ihr und kniete nieder. Einen Augenblick herrschte lähmende Stille.

»Aaaaa …«

Wieder bei Sinnen, stürzte die Wu, von einem Schüttelanfall gepackt, schreiend aus der Küche. Draußen rannte sie kreischend weiter. Zu guter Letzt klang es wie ein Schluchzen.

Herr Jedermann kniete vor der Wand und glotzte verstört. Schließlich stützte er sich auf den leeren Schemel und erhob sich langsam. Er hatte das Gefühl, irgendetwas sei schiefgelaufen. Diesmal war er wirklich ein wenig aus dem Gleichgewicht geraten. Fahrig steckte er seine Pfeife in den Gürtel und wollte sich an die Arbeit machen, da – peng! – traf ihn ein harter Gegenstand am Kopf. Als er sich hastig umwandte, stand der junge Doktor vor ihm, einen Bambusknüppel in der Hand.

»Du probst hier den Aufstand? Du …«

Von Neuem sauste der Bambusknüppel auf ihn nieder: Herr Jedermann hatte seinen Kopf mit den Händen geschützt – zack! – traf der Hieb genau seine Fingerknöchel. Das schmerzte. Als er aus der Küchentür stürzte, war ihm, als treffe ihn noch ein Schlag auf den Rücken. »Schildkrötenei!«, fluchte ihm der junge Herr Bakkalaureus in seinem Beamten-Hochchinesisch nach.

Herr Jedermann rannte auf den Hof, wo der Reis enthülst wurde, blieb dort stehen, allein, die Finger schmerzten, das »Schildkrötenei« klang noch im Ohr. Die Bauern von Weizhuang benutzten dieses Wort nie. Sie hörten es nur die Mächtigen sagen, die in der Stadt bei den Beamten ein und aus gingen. Deshalb fürchtete er dieses Wort ganz außerordentlich, es hinterließ einen nicht zu unterschätzenden Eindruck bei ihm. Die »Frauen …« hatte er nun auch nicht mehr im Sinn. Nach den Schlägen und Flüchen war für ihn die Sache beendet. Unbeschwert machte er sich an die Arbeit, und als ihm nach einer Weile warm wurde, hielt er inne und zog sein Hemd aus.

Dann hörte er draußen Lärm. Herr Jedermann liebte nichts mehr, als dabei zu sein, wenn irgendwo etwas los war. Er lief aus dem Hof und folgte dem Lärm bis zum Wohnkomplex des ehrenwerten Herrn Zhao. Trotz der Dämmerung konnte er etliche Leute unterscheiden: Da war die gesamte Familie Zhao angetreten, einschließlich der seit zwei Tagen sich im Hungerstreik befindlichen alten Dame, auch die Siebte Schwägerin Zou von nebenan war da, und Zhao Weißauge und der Nachtwächter Zhao – beide gehörten wirklich zur Sippe der Zhao. Die Frau des jungen Bakkalaureus zog gerade die Wu aus ihrer Kammer: »Nicht immer drinnen hocken! Und bloß nicht an dumme Sachen denken!«

»Wir wissen doch alle, dass du anständig bist! Selbstmord kommt ja überhaupt nicht infrage!«, warf auch die Siebte Schwägerin Zou ein.

Die Wu heulte nur, unterbrochen durch einige Sätze, die aber unverständlich blieben. Herr Jedermann dachte, interessant, was die kleine Witwe wieder hat? Und er trat zum Nachtwächter Zhao, um sich zu erkundigen. Plötzlich sah er den jungen Bakkalaureus mit einem großen Bambusprügel in seine Richtung stürzen. Und es war der Anblick dieses Knüppels, der ihm klarmachte, dass die Schläge von vorhin und diese Szene irgendetwas miteinander zu tun haben mussten. Er wollte zurücklaufen, aber der Knüppel versperrte ihm den Weg. Also wandte er sich um und verließ das Anwesen wie selbstverständlich durch das Hintertor. Bald war er in seinem Tempel angelangt.

Dort saß er eine Weile. Eine Gänsehaut überkam ihn: Ihm war kalt geworden. Denn trotz des frühlingshaften Wetters waren die Nächte noch kühl. Es war noch nicht die Zeit, mit bloßem Oberkörper herumzusitzen. Ihm fiel ein, dass er sein Baumwollhemd bei den Zhaos hatte liegen lassen. Doch eine tiefsitzende Angst vor dem Bambusknüppel des jungen Herrn Bakkalaureus hinderte ihn, es zu holen.

Stattdessen erschien der Polizist.

»Verdammt … Jedermann! Selbst mit dem Gesinde der Zhaos treibst du es! Das ist Rebellion! Und mich bringst du um meinen Schlaf! Verdammt!« So und ähnlich stutzte er Herrn Jedermann zurecht.

Der wusste natürlich nichts zu entgegnen. Dem scheidenden Besuch musste er noch vierhundert Kupferlinge Trinkgeld entrichten – einhundert Prozent mehr, weil es schon Abend war. Da er gerade kein Bargeld hatte, nahm der Polizist seine Filzmütze als Pfand. Und er stellte fünf Bedingungen: Erstens: Herr Jedermann hatte sich am folgenden Tag mit zwei roten Kerzen (es mussten die ein Pfund schweren sein) sowie einer Packung Räucherstäbchen bei den Zhaos einzufinden, um sein Vergehen zu sühnen. Zweitens: Die Zhaos würden daoistische Mönche bitten, die Selbstmordgeister in ihrem Anwesen zu vertreiben. Die Kosten hatte Herr Jedermann zu tragen. Drittens: Es war Herrn Jedermann hinfort untersagt, das Anwesen der Zhaos zu betreten. Viertens: Sollte der Wu etwas zustoßen, war Herr Jedermann zur Verantwortung zu ziehen. Fünftens: Herr Jedermann durfte weder seinen Lohn noch das Baumwollhemd einfordern.

Selbstverständlich war Herr Jedermann mit allem einverstanden. Nur hatte er leider kein Geld. Ein Glück, dass schon Frühling war; auf die wattierte Steppdecke konnte er verzichten. Er verpfändete sie für zweitausend große Kupfermünzen, um seinen Verpflichtungen nachzukommen. Nachdem er mit nacktem Oberkörper vor dem Polizisten den Abschiedskotau vollzogen hatte, blieben ihm wider Erwarten noch ein paar Pfennige, die er aber nicht zur Einlösung seiner Filzmütze verwandte, sondern in Alkohol umsetzte. Die Zhaos dachten übrigens gar nicht daran, den Weihrauch und die Kerzen zu entzünden, sondern legten sie für später zurück. Wenn die ehrenwerte Herrin Zhao zu Buddha betete, würde sie alles gut gebrauchen können. Aus Herrn Jedermanns Baumwollhemd wurden Windeln für das Kind, das die junge Herrin im Oktober erwartete. Die Reste dienten als Schuhsohlen für die Wu.

V

Probleme des Lebensunterhalts

Nachdem Herr Jedermann die Zhaos um Vergebung gebeten hatte, kehrte er zum Tempel zurück. Die Sonne ging unter. Langsam kam er zu dem Schluss, etwas stimme nicht auf dieser Welt. Nach genauer Analyse hatte er die Ursache gefunden: sein nackter Oberkörper! Besaß er nicht noch eine alte gefütterte Jacke? Die hing er sich um. Dann legte er sich schlafen. Als sich seine Augen wieder öffneten, stand das Sonnenlicht bereits auf der Westwand. Verdammt, murmelte er und richtete sich auf. Später spazierte er wie eh und je auf der Dorfstraße umher. Und wieder verdichtete sich in ihm der Eindruck, etwas stimme nicht auf dieser Welt – wenn diesmal auch nicht so spürbar wie nach der Einbuße seines Hemdes. Es war ihm nämlich, als seien die Frauen und Mädchen des Dorfes über Nacht schüchtern geworden. Sie drückten sich in Türeingänge, wenn sie ihn sahen. Auch die Siebte Schwägerin Zou, die fast fünfzig Jahre alt war, ergriff mit den andern die Flucht und rief sogar ihre elfjährige Tochter ins Haus. Herrn Jedermann kam das recht eigenartig vor. Diese Weiber, dachte er, jetzt führen sie sich plötzlich wie Fräulein auf! Huren!

Etliche Zeit später spürte er noch deutlicher, etwas könne auf dieser Welt nicht in Ordnung sein. Erstens ließ man ihn in der Weinstube nicht mehr anschreiben, zweitens hatte der Alte vom Tempel der Erdgottheit auf ihn eingeredet, er solle doch woandershin gehen, und drittens hatte ihn – er hatte vergessen, seit wie viel Tagen, aber es war wirklich eine lange Zeit – niemand mehr zum Arbeiten bestellt. Dass er in der Schenke keinen Kredit mehr bekam, ließ sich verschmerzen. Und dass der Alte ihn hinauskomplimentieren wollte? Sollte er doch reden! Aber dass ihn keiner mehr zum Arbeiten bestellte, machte ihn hungrig. Das war wirklich eine ganz »verdammte« Geschichte! Herr Jedermann war gezwungen, bei seinen ehemaligen Arbeitgebern die Runde zu machen. Zu den Zhaos durfte er nicht. Und die Lage hatte sich überhaupt geändert. Immer kam ein männlicher Dienstbote heraus und versuchte, ihn mit abweisender Miene wie einen Bettler zu verscheuchen: »Hier gibts nichts. Nun verschwind schon!«

Herr Jedermann fand das sehr befremdlich. Diese Leute brauchen doch sonst immer Hilfe, dachte er, wieso haben die plötzlich nichts mehr für mich? Da muss was faul sein! Als er sich umhörte, erfuhr er, dass sie jetzt immer den jungen Don holten. Das war ein armer Wicht, der D, abgemagert und schwächlich, stand in seinen Augen noch unter dem Bärtigen Wang. Und diese armselige Kreatur hatte es auf seine Schale Reis abgesehen? Herrn Jedermanns Zorn war mit früheren Malen nicht zu vergleichen. »In der Faust die Peitsche von Stahl, werd ich dich strafen …«, hub er unvermittelt an zu singen, während er sich auf den Heimweg machte, und unterstrich sein Geschmettere mit allerhand Gesten.

Einige Tage darauf traf er vor dem Tor des Qianschen Anwesens auf D. Hier ließe sich der Spruch zitieren: »Zwei Feinde sich begegnen; entflammt gar ist das Aug.« So jedenfalls trat Herr Jedermann dem D entgegen. Beide blieben stehen.

»Scheißvieh!«, rief Herr Jedermann, dass ihm der Speichel aus dem Mundwinkel floss, und strafte ihn mit einem wütenden Blick.

»Bin ich ein Insekt, ja?«, versuchte es D, doch seine Bescheidenheit war Öl auf Herrn Jedermanns Feuer. Da er jedoch keine Stahlpeitsche dabeihatte, konnte er sich nur auf ihn stürzen und ihm – beinahe – den Zopf ausreißen. D schützte mit einer Hand seinen Zopf und zerrte mit der anderen am Zopf Herrn Jedermanns. Schnell schützte auch dieser mit seiner freien Hand den eigenen Zopf. Früher war D für ihn kein Gegner gewesen, aber er hatte in letzter Zeit gehungert, sodass er ebenso abgemagert und schwächlich war wie D. Zwischen den feindlichen Kräften herrschte ein ausgeglichenes Verhältnis. Vier Hände rissen an zwei Zöpfen. Beide standen vornübergebeugt. Wie ein bläulicher Regenbogen fiel ihr Schatten auf die weiß gekalkte Mauer des Qianschen Anwesens. So hielten sie sich eine halbe Stunde.

»Ist ja gut! Schon gut!«, meinten die Zuschauer vermittelnd. Und etwas später: »Gut, gut!« Man wusste schon nicht mehr, war es wohlgemeinter Rat, war es Lob oder gar Ermunterung? Aber die zwei hörten nichts. Rückte Herr Jedermann drei Schritt vor, wich D drei Schritt zurück. Und so standen sie dann. Ging D drei Schritt vor, wich Herr Jedermann drei Schritt zurück. Und wieder standen sie da. Das mochte eine halbe Stunde so gegangen sein. In Weizhuang gab es wenig Uhren, deshalb ist die Zeit schwer anzugeben. Vielleicht waren es auch nur zwanzig Minuten. Aus ihrem Haar stieg der Staub, von ihren Stirnen rann der Schweiß. Herrn Jedermanns Hand lockerte sich. Im selben Augenblick lockerte sich Ds Hand. Gleichzeitig richteten sie sich auf, traten zurück und zwängten sich durch die Menge.

»Dass dus dir merkst! Soll doch deine Mutter!«, rief Herr Jedermann über die Schulter zurück.

»Soll doch deine Mutter! Dass dus dir merkst!«, rief auch D über seine Schulter zurück.

In diesem Kampf zwischen Drache und Tiger hatte es wohl weder Sieg noch Niederlage gegeben. Ebenso unklar blieb auch, ob die Zuschauer auf ihre Kosten gekommen waren, niemand hatte sich geäußert. Aber Arbeit bot man Herrn Jedermann auch jetzt noch nicht an.

Eines Tages, es war mild und warm, und der leicht dahinstreichende Wind ließ bereits den nahen Sommer ahnen, fröstelte Herr Jedermann. Das war noch auszuhalten. Weit schlimmer war: Er hatte Hunger. Steppdecke, Filzmütze und Hemd waren längst dahin. Später hatte er auch seine gefütterte Jacke verkauft. Jetzt besaß er nur noch eine Hose, von der er sich unter keinen Umständen trennen durfte. Er hatte noch eine zweite Jacke, aber die bestand nur aus Fetzen. Vielleicht konnte sie noch für Schuhsohlen herhalten. Er hatte schon immer Geld auf der Straße finden wollen, doch bis jetzt war ihm das nicht widerfahren. Er malte sich auch aus, in seiner schäbigen Behausung plötzlich Geld zu entdecken, aber wenn er sich aufgeregt umschaute, war sie wie immer leer und ohne geheimnisvolle Ecken und Winkel.

Herr Jedermann beschloss, sich etwas zu essen zu besorgen. Er kam an der vertrauten Weinschenke vorbei mit ihren vertrauten Mantous und ging weiter. Er ging nicht nur weiter, nein, er *wollte* diese Dinge überhaupt nicht. Was er wollte, war nicht dies. Was er wollte, das wusste er selber nicht.

Weizhuang war nicht groß. Schnell war man hinausgelangt zu den Reisfeldern. Wohin das Auge blickte, sah man das zarte Grün der jungen Reissaat. Darin bewegten sich schwarze Punkte, das waren die Bauern bei der Feldarbeit. Herr Jedermann genoss die dörfliche Idylle mit keinem Blick. Er ging schnurstracks weiter, denn er wusste instinktiv, dass dies hier mit seiner »Essensbeschaffung« sehr wenig zu tun hatte, und erreichte schließlich die Umfriedungsmauer des Klosters »Zur Stillen Vervollkommnung«.

Auch dieses Kloster war von Reisfeldern umgeben, aus deren zartem Grün sich das Weiß der gekalkten Mauern besonders abhob. Eine niedrige Lehmmauer umgab den Gemüsegarten. Herr Jedermann zögerte. Er wollte sich überzeugen, dass niemand in der Nähe war, bevor er über die Mauer kletterte. Schlingpflanzen halfen ihm, sich emporzuziehen. Lehm bröckelte ab, seine zittrigen Füße fanden keinen festen Halt. Erst der Ast eines Maulbeerbaums half ihm, heil auf die andere Seite zu gelangen.

Im Gemüsegarten war es herrlich grün, aber es schien weder Reiswein, Mantous noch sonst etwas Essbares zu geben. Gegen Westen wuchs nahe der Mauer zwar Bambus mit zahlreichen jungen Sprösslingen, aber die waren leider noch nicht gar gekocht. Dann wuchs da noch Raps, der längst ins Kraut geschossen war, Senf, kurz vor der Blüte, und Weißkohl, der etwas ältlich aussah.

Herr Jedermann kam sich betrogen vor wie ein Schulkind, das man hatte durchfallen lassen. Kurz vor der Gartenpforte wurde er allerdings freudig überrascht: ein Rübenbeet, ganz zweifelsohne! Er hatte sich eben hingehockt, um ein paar Rüben herauszuziehen, als an der Pforte ein rundes Köpfchen auftauchte und gleich wieder verschwand. Das war doch die junge Nonne! Zwar hatte Herr Jedermann Leute wie sie nie höher eingestuft als das Gras am Wegesrand, trotzdem galt es, die Dinge besonnen anzugehen: Eilig riss er vier Rüben heraus, drehte die Blätter ab und verstaute das Gut in seiner Jacke.

»Bei Buddha!« Die alte Obernonne war nämlich erschienen. »Bei Buddha, Jedermann! Warum dringst du in unseren Garten ein und stiehlst Rüben? Weh, eine Untat! Weh, weh!«

»Wann sollte ich aus eurem Garten Rüben gestohlen haben?«, entgegnete ihr Herr Jedermann, während er den Rückzug antrat.

»Aber hier, du hast doch …«, und sie deutete auf seine Jacke.

»Das sind deine? Antworten sie dir denn, wenn du sie rufst?

Du …« Noch mitten im Satz sprang er davon. Die Verfolgung hatte ein schwarzer Riesenköter übernommen. Der gehörte eigentlich ans Vordertor, keine Ahnung, wie er hier in den Garten kam. Der Schwarze jagte knurrend hinter Herrn Jedermann her und wollte ihn gerade ins Bein beißen, als glücklicherweise eine Rübe aus der Jacke fiel. Der Schwarze hielt erschrocken inne. Derweil war Herr Jedermann auf den Maulbeerbaum geklettert, mit einem Satz auf die Lehmmauer gesprungen und samt seinen Rüben auf die andere Seite gelangt. Der schwarze Riesenhund schnüffelte noch am Maulbeerbaum, die alte Nonne betete zu Buddha.

Herr Jedermann klaubte die Rüben auf und machte sich davon, da er befürchtete, sie könnten den Hund noch einmal auf ihn loslassen. Unterwegs sammelte er noch ein paar Steine auf, warf sie aber fort, als er unbehelligt blieb. Hier gibts ja doch nichts Tolles mehr, dachte er, während er im Gehen seine Rüben aß, vielleicht sollte ichs mal in der Stadt versuchen.

Als er mit den drei Rüben fertig war, stand sein Entschluss fest.

VI
Aufstieg und Fall

Kurz nach dem Mittherbstfest tauchte Herr Jedermann wieder im Dorf auf. Erstaunt hörten die Bewohner von seiner Rückkehr und fragten sich, wohin er denn eigentlich entschwunden war. Bei früheren Stadtbesuchen hatte er sein Vorhaben meist freudig angekündigt, nicht jedoch dieses Mal. Deshalb war seine Abwesenheit auch niemandem aufgefallen. Hatte er es vielleicht dem alten Tempelwärter gesagt? Doch in Weizhuang galten seit jeher nur Unternehmungen der ehrenwerten Herren Zhao und Qian sowie des jungen Bakkalaureus als beachtenswert. Selbst der Falsche Ausländer zählte nicht dazu, wie dann erst Herr Jedermann! Deshalb hatte der alte Tempelwächter die Verbreitung der Nachricht wohl auch unterlassen. Man *konnte* in Weizhuang also gar nichts gewusst haben.

Herrn Jedermanns Rückkehr unterschied sich gewaltig von früheren Gelegenheiten. Man hatte allen Grund zu staunen:

Er erschien – es war schon fast dunkel – mit schläfrig verschwommenem Blick in der Tür der Weinschenke. Er kramte eine Handvoll Silber und Kupfer hervor, knallte sie auf den Tresen und rief: »Bares Geld! Her mit dem Wein!«

Er trug eine neue gefütterte Jacke. Von seiner Hüfte baumelte ein großer Beutel, der so schwer war, dass er den Gürtel wie ein »U« nach unten zog. In Weizhuang war es üblich, Persönlichkeiten, die irgendwie auffielen, eher zu respektieren als zu verspotten. Es war zwar allen klar, dass sie es hier mit Herrn Jedermann zu tun hatten, aber weil er anders aussah als der Herr Jedermann in der alten Jacke, zeigten sich Kellner, Wirt, Gäste und die gesamte Zuschauerschaft, wenn auch noch nicht vollends überzeugt, so doch von ihrer respektvollen Seite, denn bereits unsere Vorfahren hatten erkannt: »War einer drei Tage fort, sollst du ihn mit anderen Augen sehen.« Der Wirt nickte Herrn Jedermann zu, und es entspann sich folgende Unterhaltung:

»Jedermann, du bist zurück?«

»Ja.«

»Reich geworden! Du hast … du bist …«

»In der Stadt gewesen.«

Diese Nachricht verbreitete sich am folgenden Tag im ganzen Dorf. Alle wollten die Geschichte vom Aufstieg des Herrn Jedermann, seiner neuen wattierten Jacke und seinem Bargeld hören. In der Weinschenke, im Teehaus und unterm Tempelvordach erfuhren sie es dann nach und nach. Und so begannen sie auch wieder, Herrn Jedermann mit dem gehörigen, ein wenig ängstlichen Respekt zu begegnen.

Folgte man ihm, so hatte er im Hause des ehrenwerten Herrn Magister ausgeholfen. An dieser Stelle der Erzählung wurde den

Zuhörern ganz feierlich zumute. Der ehrenwerte Herr Magister hieß übrigens Bai, aber da es in der ganzen Stadt nur einen Mann seines Ranges gab, brauchte man seinen Namen gar nicht zu nennen. Wenn vom »ehrenwerten Herrn Magister« die Rede war, meinte man selbstverständlich ihn. In Weizhuang und im Umkreis von einhundert Li herum glaubten fast alle, das sei sein Name. Bei diesem Manne gearbeitet zu haben machte Herrn Jedermann natürlich zur Respektsperson. Folgte man ihm nun weiter, hatte er schließlich die Lust verloren, denn der ehrenwerte Herr Magister war ein wenig zu »verdammt«, wie Herr Jedermann es ausdrückte. An diesem Punkt der Erzählung seufzten die Zuhörer. Schließlich war es schade um eine solche Stellung. Gleichzeitig erfüllte sie diese Wendung aber auch mit Befriedigung, da Herr Jedermann eben nicht dazu geschaffen war, im Hause des ehrenwerten Herrn Magister zu dienen. Nach seinen Worten war die Rückkehr aber auch auf seine Unzufriedenheit mit den Städtern zurückzuführen. Sie nannten eine Langbank »Längsbank« und bereiteten ihren Bratfisch mit klein gehacktem Lauch zu! Dazu kam als Ergebnis jüngster Beobachtungen, dass die Städterinnen sich, soweit es ihren Hüftschwung betraf, noch nicht besonders gut fortzubewegen verstanden. Allerdings gab es auch Bemerkenswertes: Schon die Gassenburschen spielten Mah-Jongg wie die Alten, während die Dörfler bloß Zhupai mit zweiunddreißig Karten spielten. Hier konnte nur der Falsche Ausländer Mah-Jongg (Herr Jedermann sagte dazu immer »Sesamsoße«, weil die beiden Worte so ähnlich klingen), aber der sollte mal den städtischen Halbstarken in die Hände fallen. Er würde dastehen wie das »Teufelchen vorm Höllenfürsten«! Da schauten die Zuhörer betreten.

»Habt ihr schon mal eine Hinrichtung gesehen?«, fragte Herr Jedermann. »Ha, das sieht toll aus, so eine Hinrichtung! Hinrichtung von Revolutionären! Ich sage euch, das sieht irre aus!« Weil er dabei den Kopf schüttelte, flog sein Sabber dem Nachtwächter Zhao ins Gesicht, der direkt vor ihm stand. Nun wurden die Zuhörer ernst. Herr Jedermann sah in die Runde, hob urplötzlich seine Rechte und ließ sie auf des Bärtigen Wangs weit vorgestreckten Nacken sausen.

»Tschack!«

Wang, der wie weggetreten gelauscht hatte, machte vor Schreck einen Satz und zog blitzartig seinen Kopf ein. Die Zuhörer waren entsetzt – nicht allerdings ohne eine Portion Schadenfreude. Noch viele Tage später lief der Bärtige Wang herum, als sei mit seinem Kopf etwas nicht in Ordnung. Und er mied Herrn Jedermanns Nähe. Den anderen ging es nicht besser.

Es wäre vermessen zu behaupten, Herrn Jedermanns Ansehen habe damals das des ehrenwerten Herrn Zhao übertroffen, doch zu sagen, es habe nicht viel dazu gefehlt, dürfte nicht ganz falsch sein. So dauerte es nicht lange, bis sich sein Ruf auch in den Frauengemächern verbreitete. In Weizhuang besaßen zwar nur die Qians und die Zhaos Frauengemächer, während alle Übrigen sich mit kleinen Kämmerchen zufriedengeben mussten, aber ein Frauengemach ist immerhin ein Frauengemach, und deshalb darf man es schon als Wunder bezeichnen, dass sich alles überhaupt so weit entwickelte.

Trafen sich jetzt die Frauen, kamen sie unweigerlich auf den blauen Satinrock zu sprechen, den die Siebte Schwägerin Zou von Herrn Jedermann erstanden hatte. Natürlich war er aus zweiter Hand, aber sie hatte nur neun Groschen dafür bezahlt. Außerdem hatte Zhao Weißauges Mutter – oder war es die von Nachtwächter Zhao, das muss ich noch nachprüfen – ein knallrotes Kinderhemd aus dünnem, maschinell gewebtem Material gekauft, das noch wie neu war. Bloß 300 große Kupfermünzen hatte sie dafür bezahlt, die 100-Münzen-Schnur zu nur zweiundneunzig Münzen! Die Frauen wünschten sich nichts sehnlicher, als Herrn Jedermann zu treffen. Die einen wollten von ihm einen Satinrock, die anderen ein maschinell gewebtes Hemd. Statt davonzurennen, folgten sie ihm sogar und sprachen ihn an: »Jedermann, hast du noch einen Satinrock? Was, nicht mehr? Ich könnte auch ein maschinell gewebtes Hemd brauchen, hast du noch eins?«

Dass die Kunde davon endlich auch die großen abgeschirmten Frauengemächer erreichte, war der Siebten Schwägerin Zou zu danken, die den Satinrock in ihrer Begeisterung gleich von der Herrin Zhao begutachten ließ. Die verständigte ihren Gatten und beeilte sich, ihm Schmeichelhaftes zu sagen. Dieser wiederum diskutierte beim Abendbrot mit seinem Sohn über die Angelegenheit, wobei er die Ansicht vertrat, mit Herrn Jedermann habe es eine besondere Bewandtnis, und man möge ein wachsames Auge auf Tür und Fenster haben. Dennoch sei nicht auszuschließen, dass das eine oder andere von seiner Ware noch zu haben sei, und möglicherweise fände sich sogar etwas Passables darunter.

Da traf es sich gut, dass die alte Herrin Zhao gerade nach einer eleganten und doch preisgünstigen Pelzweste Ausschau hielt. So beschloss der Familienrat, die Siebte Schwägerin Zou habe auf der Stelle Herrn Jedermann herbeizuholen, und schuf zu diesem Zwecke die dritte Ausnahmeregelung: Aus besonderem Anlass durfte an diesem Abend – vorübergehend – die Öllampe entzündet werden.

Die Lampe brannte schon eine gute Weile, aber von Herrn Jedermann war noch keine Spur zu sehen. Die versammelte Verwandtschaft wurde ungeduldig. Man gähnte, zeigte sich ungehalten über Jedermanns unstete Lebensweise und beschuldigte die Siebte Schwägerin Zou, die Suche nicht energisch genug voranzutreiben. Die alte Herrin hegte die Befürchtung, Herr Jedermann wage möglicherweise aufgrund der Bedingungen, die man ihm im Frühling auferlegt hatte, nicht zu erscheinen, aber der alte Herr konnte darin keinen Anlass zur Sorge erkennen, hatte doch »er persönlich« ihn rufen lassen. Und tatsächlich erwies sich der alte Herr als der Erfahrenere, denn Herr Jedermann traf endlich im Schlepptau der Siebten Schwägerin ein.

»Er hat immer gesagt: ›Nichts mehr da, nichts mehr da‹, hat

er gesagt, aber ich hab gesagt: ›Sags ihnen doch selbst!‹, hab ich gesagt, aber er wollte wieder was sagen, da hab ich ihm gesagt …«, berichtete atemlos die Siebte Schwägerin Zou, bevor sie sich gesetzt hatte.

»Herr!«, grüßte Herr Jedermann, noch unter dem Vordach stehend, und man konnte nicht sagen, ob er dabei lächelte.

Der ehrenwerte Herr Zhao näherte sich ihm gemessen und musterte ihn von oben bis unten.

»Ich habe vernommen, du bist draußen wohlhabend geworden, sehr gut! Ausgezeichnet! Und diese, ich habe gehört, du hast da einige gebrauchte Sachen, die könntest du uns doch einmal, ich meine nur, weil nämlich, ich wollte …«

»Ich habe der Siebten Schwägerin Zou schon gesagt, ich habe nichts mehr.«

»Nichts mehr?«, entfuhr es dem alten Herrn. »Aber warum hast du jetzt schon nichts mehr?«

»Ich habe die Sachen nur von einem Freund, es war sowieso nicht viel, und dann haben die Leute so viel gekauft …«

»Aber ein bisschen muss doch noch da sein!«

»Im Augenblick habe ich nur noch einen Türvorhang.«

»Zeig her, den Vorhang!«, rief die alte Herrin hastig.

»Warte, den kannst du morgen vorbeibringen.« Der ehrenwerte Herr Zhao schien nicht so begeistert. »Wenn du in Zukunft wieder etwas hast, zeigst du es aber uns zuerst!«

»Wir werden auch nicht weniger zahlen als die andern!«, betonte der junge Herr Bakkalaureus, und seine Frau warf einen kurzen Blick auf Herrn Jedermann, ob er wohl gerührt sei.

»Ich will eine Pelzweste!«, sagte die alte Herrin noch.

Herr Jedermann nickte. Aber er ging eher lustlos davon, und es blieb unklar, ob er sich der Angelegenheit überhaupt annehmen werde. Der ehrenwerte Herr Zhao war enttäuscht, besorgt und so erbost, dass er sogar das Gähnen einstellte. Auch der junge Herr Bakkalaureus zeigte sich über Herrn Jedermanns Verhalten wenig erbaut. Er erklärte, man müsse sich hüten vor diesem Schildkrötenei, vielleicht sollte man ihn überhaupt vom Polizisten aus dem Dorf entfernen lassen. Der alte Herr hielt dagegen, das würde nur Herrn Jedermanns Zorn auf sie ziehen. Normalerweise beschmutzten Leute, die solch einer Beschäftigung nachgingen, nicht das eigene Nest. Man brauche sich in Weizhuang keine Sorgen zu machen. Solange man nachts etwas aufmerksamer sei, werde schon nichts passieren. Der junge Herr Bakkalaureus stimmte den »väterlichen Belehrungen« vorbehaltlos zu und zog seinen Vorschlag auf der Stelle zurück. Der Siebten Schwägerin Zou schärfte er noch ein, nichts weiterzusagen.

Am darauffolgenden Morgen verließ die Siebte Schwägerin Zou das Haus, um ihren neuen blauen Rock schwarz färben zu lassen. Sie versäumte nicht, sich bei dieser Gelegenheit über die Verdachtsmomente gegen Herrn Jedermann zu verbreiten. Dass der junge Herr ihn aus dem Dorf werfen lassen wollte, behielt sie dagegen tatsächlich für sich. Doch das Gesagte genügte bereits, Herrn Jedermann in eine schwierige Lage zu bringen. Erstens erschien der Polizist und nahm ihm den Vorhang weg. Sein Einwurf, er müsse ihn der ehrenwerten Herrin Zhao zeigen, vermochte auch nichts. Stattdessen musste er sich mit dem Polizisten über die Höhe einer sogenannten monatlichen Abgabe einigen. Zweitens ging es mit dem »ängstlichen Respekt« der Dörfler bergab. Sie nahmen sich ihm gegenüber zwar noch nichts heraus, doch sie begannen, ihm von ferne aus dem Weg zu gehen, und zwar anders als früher, als sie sich vor seinem »Tschackl« in Acht nehmen mussten – es sah eher schon nach »respektvoller Meidung« aus.

Nur die Müßiggänger ließen nicht locker und wollten alle Einzelheiten aus ihm herausbekommen. Herr Jedermann dachte auch gar nicht daran, irgendetwas zu verheimlichen oder zu beschönigen. So berichtete er stolz von seinen Erfahrungen.

Und sie begriffen, dass er nur eine unbedeutende Nebenrolle gespielt hatte: Weder konnte er über Mauern klettern noch irgendwo einsteigen. Stand nur draußen und wartete auf die Beute! Einmal, es war nachts, hatte er gerade ein Bündel entgegengenommen, und die anderen waren wieder eingestiegen, als er von drinnen Tumult hörte. Er rannte los, stieg noch in derselben Nacht über die Stadtmauer und floh zurück nach Weizhuang. Seitdem hatte ihn der Mut zu derartigen Unternehmungen verlassen.

Diese Episode schadete Herrn Jedermann noch mehr. Hatte man ihn »aus Respekt gemieden«, weil man fürchtete, sich seinen Zorn zuzuziehen, »bestand jetzt kein Grund mehr zur Scheu«. Herr Jedermann war ja nur ein Dieb, zu feige zum Stehlen! Wer hätte das gedacht.

VII
Revolution

Am vierzehnten Tag des neunten Monats im dritten Regierungsjahr des Kaisers Xuantong – also an dem Tag, an dem Herr Jedermann seinen Hüftbeutel Zhao Weißauge verkaufte – legte nachts eine große schwarze Barke am Kanalufer vor dem Zhaoschen Anwesen an. Sie war aus dem Dunkel herangeglitten, ohne dass die Dorfbewohner in ihrem tiefen Schlaf etwas bemerkt hätten. Als sie kurz vor Morgengrauen wieder ablegte, wurde sie von einigen gesehen. Man steckte gründlich die Köpfe zusammen und fand heraus, dass es das Boot des ehrenwerten Herrn Magister gewesen war.

Dieses Boot brachte große Unruhe nach Weizhuang. Die Sonne zeigte noch nicht Mittag, da pochten bereits aller Herzen. Die Zhaos hüllten sich über den Auftrag des Schiffes in geheimnisvolles Schweigen, doch in Teestube und Weinschenke wusste man zu berichten, die Revolutionäre stünden vor der Stadt, und der ehrenwerte Herr Magister habe sich in Weizhuang in Sicherheit gebracht. Nur seine Siebte Schwägerin Zou war anderer Meinung: Der ehrenwerte Herr Magister wolle ein paar alte Kleidertruhen deponieren, jedoch habe der alte Herr Zhao die Annahme verweigert. Es war nämlich so: Der ehrenwerte Herr Magister und der junge Herr Bakkalaureus kamen nicht sonderlich miteinander aus, und eine »Notfreundschaft« durfte ausgeschlossen werden. Außerdem wohnte die Siebte Schwägerin Zou direkt neben den Zhaos, weshalb ihre Erkenntnisse der Wahrheit wohl auch am nächsten kamen. Trotzdem, die Gerüchte schossen ins Kraut. Der ehrenwerte Herr Magister, hieß es da, sei zwar nicht persönlich gekommen, habe aber ein längeres Schreiben überbringen lassen, in dem er sich auf seine entfernte Verwandtschaft mit den Zhaos berufe, worauf der alte Herr nach reiflicher Überlegung zu dem Schluss gekommen sei, ihm dürfte aus der Angelegenheit kein Schaden erwachsen, und die Truhen doch bei sich behalten habe, sie befänden sich jetzt unter dem Bett der Herrin Zhao. Die Revolutionäre, hieß es auch, seien genau in dieser Nacht in die Stadt einmarschiert, angetan mit weißglänzender Rüstung und weißen Helmen, als Zeichen der Trauer für Chongzheng, den letzten Kaiser der Ming.

Den Ausdruck »Revolutionäre« kannte Herr Jedermann von früher. Außerdem hatte er noch in diesem Jahr der Hinrichtung von Revolutionären beigewohnt. Allerdings waren seiner Meinung nach – keiner weiß, woher sie rührt – Revolutionäre immer Aufrührer, und Aufruhr konnte nur zu seinem Schaden sein. Deshalb hatte er Revolutionäre schon immer »striktest abgelehnt und zutiefst verabscheut«. Nie hätte er jedoch für möglich gehalten, dass sie den in hundert Li Umkreis geachteten ehrenwerten Herrn Magister in Angst und Schrecken versetzen könnten. Herr Jedermann fühlte sich unweigerlich ein wenig zu ihnen hingezogen. Und die Männlein und Weiblein unten im Dorf, wie sie aufgeregt hin und her rannten! Seine Stimmung hob sich.

Revolution, soll mir auch recht sein, dachte er, machen wir

eben Revolution mit diesem verdammten Haufen. Verabscheuenswerte! Hassenswerte! Und ich, ja, ich will mich ihnen auch ergeben!

Er hatte in letzter Zeit viel durchlitten, er war wohl etwas aus dem Gleichgewicht geraten. Und mittags hatte er Wein getrunken, auf leeren Magen, was ihn noch schneller betrunken machte als sonst. Er grübelte noch, als plötzlich dieses luftige Gefühl wieder Besitz von ihm ergriff. Er spürte – keiner wusste, wie es über ihn gekommen war –, wie die Revolutionäre sich in seiner Person verkörperten, und das Dorfvolk allesamt Kriegsgefangene! Das befriedigte ihn außerordentlich.

»Aufruhr!«, plärrte er unwillkürlich.

Das Dorf starrte ihn erschrocken an. Derartig mitleidige Blicke hatte er noch nie gesehen. Herr Jedermann wurde so fröhlich, als hätte man ihm im Hochsommer Eiswasser kredenzt.

»Was ich will, das nehm ich mir! Wen ich will, den hol ich mir!«, rief er im Weitergehen und:

»Tamm, tamm, tschang, tschang,
es sollt nicht sein, vom Wein betrunken, köpft
ich fälschlich Brüderchen Zheng,
es sollt nicht sein, ja, ja, ja …
tamm, tamm, tschang, tschang!
Tamm, tschang ling tschang!
In der Faust die Peitsch' von Stahl,
werd ich dich strafen …«

Vater und Sohn Zhao sowie Zhao Weißauge und der Nachtwächter Zhao standen gerade vor dem Tor und sprachen über die Revolution, als Herr Jedermann erhobenen Hauptes an ihnen vorbeischmetterte. Er hatte sie nicht bemerkt.

»Tamm, tamm!«

»Ehrenwerter Jedermann«, artikulierte der ehrenwerte Herr Zhao mit gesenkter Stimme und wollte, etwas ängstlich, auf ihn zutreten.

»Tschang, tschang!«

Herr Jedermann konnte ja nicht ahnen, dass man seinen Namen mit einem Wort des Respekts garnierte. Er brachte den Zuruf mit seiner Person gar nicht in Verbindung.

»Tamm, tschang! Tschang ling tschang, tschang!«

»Ehrenwerter Jedermann!«

»Es sollt nicht sein …«

»Herr Jedermann!« Der junge Herr Bakkalaureus sah keine andere Wahl und verzichtete auf den Zusatz.

Herr Jedermann blieb stehen und legte den Kopf schief: »Was?«

»Ehrenwerter Jedermann, du bist …«, der ehrenwerte Herr Zhao wusste nicht weiter. »Du bist jetzt … reich geworden?«

»Reich? Natürlich! Was ich will, das nehm ich mir …«

»Herr – ich meine, Bruder Jedermann, arme Freunde wie uns wirst du doch verschonen?«, erkundigte sich Zhao Weißauge bange. Er wollte feststellen, woher bei einem Revolutionär der Wind wehe.

»Arme Freunde? Du bist doch sowieso reicher als ich!«, rief Herr Jedermann und ließ sie stehen. Die vier waren stumm vor Enttäuschung. Vater und Sohn Zhao kehrten ins Haus zurück und besprachen sich, bis es »Lampenzeit« wurde. Auch Zhao Weißauge ging heim. Er nahm den Geldbeutel vom Gürtel und beauftragte seine Frau, ihn zuunterst in der Truhe zu verstecken.

Als Herr Jedermann genug geschwebt und zum Tempel zurückgekehrt war, hatte sich sein Rausch gelegt. Am Abend bat ihn der alte Tempelwärter freundlich zu einer Tasse Tee. Herr Jedermann verlangte noch zwei Stück Gebäck und, nachdem er alles aufgegessen hatte, eine von den gebrauchten Kerzen zu vier Liang, komplett mit Ständer. Dann legte er sich bei Kerzenschein in seine kleine Kammer. Es war ein völlig neues, unaussprechliches Gefühl. Er war sehr glücklich. Die Flamme tanzte flackernd, wie beim Laternenfest.

Auch seine Gedanken begannen zu tanzen.

Rebellieren? Das macht Spaß! Da würde eine Abteilung Revolutionäre kommen in weißen Rüstungen und weißen Helmen, mit breiten Schwertern, Stahlpeitschen, Bomben, Kanonen, doppelschneidigen und dreigezackten Hellebarden und vielem mehr, und sie würden am Tempel der Erdgottheit vorbeiziehen und rufen: Herr Jedermann, komm mit uns. Und er würde mit ihnen gehen … Und dann die gackernde Schar der Dörfler, zum Lachen! Auf die Knie würden sie sich werfen und flehen: Herr Jedermann, lass uns am Leben! Aber wen würde das kümmern? Als Erste müssten D und der alte Zhao dran glauben, dann der junge Bakkalaureus, der Falsche Ausländer … jemanden am Leben lassen? Den Bärtigen Wang könnte man sich sparen. Ach nein, der müsste auch weg …

Die Sachen! Hinein! Die Truhen aufgemacht! Silberbarren, Silbergeld, maschinengewebte Stoffe … das große Ningbo-Bett der Frau des jungen Bakkalaureus käme erst mal in seinen Tempel, dazu würde er Tische und Stühle der Qians stellen – oder vielleicht doch der Zhaos. Er selbst würde keinen Handstreich tun, müsste alles D machen, aber sputen müsste er sich, sonst setzte es was …

… die junge Schwester vom Nachtwächter Zhao … zu hässlich, die Tochter der Siebten Schwägerin Zou, na ja, noch ein paar Jährchen, und die Alte vom Falschen Ausländer? Die schlief doch mit einem zopflosen Mann, pfui Spinne! Die taugte nichts! Und die vom Bakkalaureus hatte eine Narbe am Augenlid … tja, die Wu hatte er lange nicht mehr gesehen, keine Ahnung, wo die überhaupt steckte. Aber schade, sie hatte zu große Füße … Noch bevor Herr Jedermann zu einem Schluss gekommen war, schnarchte er. Die Kerze zu vier Liang war erst einen halben Zoll heruntergebrannt. Ihr rötliches Licht fiel auf seinen offenen Mund. »Hoho!«, fuhr er plötzlich auf, blickte hastig um sich. Als er die Kerze sah, schlief er wieder ein.

Am nächsten Tag erhob sich Herr Jedermann sehr spät. Auf der Straße war alles beim Alten. Auch hungrig war er wie eh und je. Alles Grübeln blieb ergebnislos. Doch plötzlich schien ihn eine Idee zu überkommen. Er begann auszuschreiten. Wie zufällig gelangte er zum Kloster der »Stillen Vervollkommnung«.

Die Gebäude lagen noch genauso friedlich da wie im Frühling. Nichts hatte sich verändert: die weiße Mauer, das schwarz lackierte Tor ... Er überlegte kurz, dann ging er zum Tor. Drinnen bellte der Hund. Schnell hob er einen zerbrochenen Ziegel auf. Er klopfte damit kräftig gegen das Tor. Erst nach einer Reihe von Kratzern näherten sich Schritte. Er packte den Ziegel fester, spreizte die Beine und wappnete sich für die Schlacht mit dem schwarzen Hund. Das Klostertor öffnete sich nur einen Spalt – kein schwarzer Hund. Es war bloß die alte Nonne.

»Was willst du denn schon wieder!« Sie war erschrocken.

»Revolution! Weißt du noch nicht ...« Herr Jedermann tat sehr geheimnisvoll.

»Revolution, Revolution, schon wieder Revolution! Wohin wollt ihr uns denn noch revolutionieren?« Die alte Nonne hatte ganz rote Augen.

»Wie?« Herr Jedermann war bestürzt.

»Weißt du denn nicht? Sie haben hier schon Revolution gemacht!«

»Wer?« Herr Jedermann war noch bestürzter.

»Der Bakkalaureus und der Ausländer!«

Das übertraf seine Vorstellungskraft – allerdings genau im unpassenden Moment, denn die alte Nonne, die bemerkte, dass der Entgeisterte an Forschheit verlor, schloss blitzschnell das Tor. Bis er sich dagegenstemmen konnte, hatte sie es längst verriegelt. Auf sein neuerliches Klopfen rührte sich nichts mehr.

Noch im Laufe des Vormittags hatte sich alles zugetragen: Der junge Herr Bakkalaureus Zhao, der stets als einer der Ersten informiert war, hatte eben vom Einzug der Revolutionäre in die Stadt erfahren, als er schon den Zopf hochsteckte und, es war noch früh am Morgen, den »Ausländer« Qian aufsuchte, mit dem er sich bisher nie verstanden hatte. Da im Lande aber gerade »Reform« herrschte, verlief ihre Unterredung in völliger Harmonie. Sie wurden im Handumdrehen die besten Genossen und verabredeten, Revolution zu machen. Lange mussten sie nachdenken, bis ihnen einfiel, dass im Kloster »Zur stillen Vervollkommnung« eine kaiserliche Tafel mit der Aufschrift »Lang lebe der Kaiser« stand. Die musste wegrevolutioniert werden! So begaben sie sich denn zum Kloster, um Revolution zu machen. Weil die alte Nonne aber allerlei einzuwenden hatte und sie gar von ihrem Vorhaben abzuhalten suchte, verabreichten sie ihr als Vertreterin der Mandschu-Regierung noch ein paar Stockhiebe und Kopfnüsse, bevor sie abzogen. Als die Nonne wieder zu sich gefunden hatte, fand sie das kaiserliche Tableau, wie konnte es anders sein, zertrümmert auf der Erde. Auch vor dem Thron der Göttin der Barmherzigkeit fehlte ein kleiner kupferner Weihrauchkessel aus der Zeit des Ming-Kaisers Xuande.

All dies erfuhr Herr Jedermann erst später.

Er bereute zutiefst, so lange geschlafen zu haben. Trotzdem nahm er es den beiden sehr übel, dass sie ihn nicht dazugeholt hatten. Wie war das möglich? Überdachte er alles noch einmal, wussten die denn nicht, dass ich mich schon den Revolutionären ergeben hatte?

VIII

Revolution verboten

Die Dorfbevölkerung beruhigte sich. Die Revolutionäre seien zwar in der Stadt, hieß es, aber bisher sei nichts Aufsehenerregendes passiert. Der Herr Kreisvorsteher war immer noch Kreisvorsteher. Allerdings nannte er sich jetzt anders. Der ehrenwerte Herr Magister hatte irgendeinen Posten angenommen – mit den Titeln kannte man sich in Weizhuang nicht so gut aus. Auch die Soldaten hörten noch auf denselben Kommandeur. Nur eines war beängstigend: Am zweiten Tag hatten ein paar schlechte Revolutionäre als Unruhestifter damit begonnen, den Leuten die Zöpfe abzuschneiden. Es hieß, den Schiffer Siebenpfund vom Nachbardorf habe es so schwer erwischt, dass er kaum noch als Mensch zu erkennen sei. Von Panik konnte allerdings deswegen in Weizhuang noch keine Rede sein. Man ging sowieso selten in die Stadt, und wer es für die nächste Zeit vorhatte, verwarf den Plan, um derlei Gefahren aus dem Wege zu gehen. Auch Herr Jedermann hatte sich vorgenommen, seine alten Freunde in der Stadt zu besuchen, aber als er von der Zopfabschneiderei hörte, verzichtete er lieber.

Dass Weizhuang von Reformen völlig unberührt geblieben wäre, konnte man indes nicht behaupten. Schon nach wenigen Tagen tauchten immer mehr Leute auf, die ihren Zopf hochgesteckt trugen. Den Anfang hatte selbstverständlich der junge Herr Bakkalaureus gemacht, wie wir bereits erwähnten. Es folgten der Nachtwächter Zhao und Zhao Weißauge. Dann kam Herr Jedermann.

Im Sommer hätte das niemand ungewöhnlich gefunden. Doch jetzt, in der kühleren Jahreszeit, musste dieses »herbstliche Befolgen sommerlicher Gebote« den also Handelnden als immerhin heroischer Entschluss angerechnet werden. Man konnte in Weizhuang also nicht behaupten, all das hätte mit Reformen nichts zu tun.

Als der Nachtwächter Zhao mit völlig »kahlem« Hinterhaupt daherkam, zeterte jeder, der ihn sah: »Hilfe! Ein Revolutionär!«

Herr Jedermann, der das hörte, wurde neidisch. Er hatte zwar längst die bedeutende Nachricht vom aufgesteckten Zopf des jungen Herrn Bakkalaureus vernommen, aber nie daran gedacht, es ihm gleichzutun. Dieser Gedanke kam ihm erst beim Anblick des Nachtwächters Zhao, und entschlossen machte er sich ans Werk: Mithilfe eines Bambusstäbchens steckte er seinen Zopf hoch auf dem Kopfe fest. Dann – er hatte lange gezögert – nahm er all seinen Mut zusammen und trat ins Freie. Die Leute schauten ihm nach, aber niemand sagte etwas. Herr

Jedermann reagierte darauf anfangs ungehalten, dann mit zunehmender Wut – in letzter Zeit bekam er überhaupt leicht Wutanfälle, obwohl es ihm nicht schlechter ging als früher, die Leute behandelten ihn höflich, und im Laden erhielt er Kredit. Trotzdem fühlte er sich unzufrieden. Wenn schon Revolution, dann doch nicht so!

Außerdem begegnete er D, was ihn vor Wut fast platzen ließ. D hatte seinen Zopf nämlich ebenfalls hochgesteckt! Und ausgerechnet hatte auch er dazu ein Bambusstäbchen benutzt! Nie und nimmer hätte er sich träumen lassen, dass auch D den Mut zu solchem Tun aufbrächte. Das musste er ihm strengstens verbieten! Was bildete sich der eigentlich ein? Am liebsten hätte er ihn gepackt, sein Bambusstäbchen zerbrochen und ihm dann noch ein paar runtergehauen. D hatte gewagt, ebenfalls Revolutionär zu werden, und damit seine Grenzen überschritten. Das musste bestraft werden! Schließlich ließ ihn Herr Jedermann aber doch laufen. Er sandte ihm nur einen seiner Strafblicke und spuckte ihm vor die Füße.

Als Einziger war der Falsche Ausländer in die Stadt gegangen. Der junge Herr Bakkalaureus wollte, anknüpfend an die zu Hause deponierten Truhen, dem ehrenwerten Herrn Magister seine Aufwartung machen, hatte den Plan aber fallen lassen, damit ihm sein Zopf nicht abhandenkäme. So verfasste er nur ein äußerst schmeichelhaftes Schreiben, das er dem Falschen Ausländer mitgab. Im gleichen Atemzug bat er, ihn bei der Liberalen Partei zu empfehlen. Am Tag seiner Rückkehr erstattete ihm der Bakkalaureus vier Silbertaler und trug fortan ein silbernes Abzeichen in Form eines Pfirsichs am Revers. Die Dörfler staunten nicht schlecht und stellten ehrfürchtig fest, er sei nun Boss der Kakifeigenölpartei und könne es sogar mit einem Gelehrten der allhöchstkaiserlichen Hanlin-Akademie aufnehmen.

Davon profitierte auch sein Vater, der ehrenwerte Herr Zhao – viel mehr übrigens als damals anlässlich des glanzvollen Bakkalaureats seines Filius –, und fühlte sich über alles und jeden erhaben. Begegnete er Herrn Jedermann, tat er, als nehme er ihn gar nicht wahr.

Herr Jedermann, der schon ungehalten war, fühlte sich auf Schritt und Tritt vernachlässigt. Als er von der Geschichte um das silberne Pfirsichabzeichen erfuhr, wurden ihm die Zusammenhänge schließlich klar: Wollte man die Revolution, war es nicht damit getan, sich zu unterwerfen. Es reichte auch nicht, sich den Zopf hochzustecken. Es galt vielmehr, mit den Revolutionären Verbindung aufzunehmen! Nun hatte er aber seinen Lebtag nur zwei Revolutionäre gesehen. Der eine war in der Stadt – tschack! – enthauptet worden. Also blieb nur der Falsche Ausländer. In der Tat, es galt, mit dem Falschen Ausländer in Verhandlungen einzutreten!

Das Tor des Qianschen Anwesens stand offen. Herr Jedermann schlich sich furchtsam hinein und erschrak heftig: Da stand ja der Falsche Ausländer mitten im Hof! Er war ganz in Schwarz gekleidet – wahrscheinlich ausländisch – und trug ein silbernes Pfirsichabzeichen am Rock. In der Hand hielt er jenen Stock, dem Herr Jedermann schon manche Belehrung zu verdanken hatte. Seinen Zopf, der bereits wieder an Länge gewonnen hatte, trug er offen, sodass ihm sein Haar wie dem Daoisten Lui Hai wirr über Stirn und Schulter fiel. Vor ihm hing ein stocksteifer Zhao Weißauge in Begleitung dreier Müßiggänger andächtig an seinen Lippen. Herr Jedermann postierte sich lautlos hinter Zhao Weißauge. Das Problem war nur, wie sollte er sich dem Falschen Ausländer bemerkbar machen? Er konnte ihn ja nicht mit »Falscher Ausländer« ansprechen. »Ausländer« ging auch nicht und »Revolutionär« ebenfalls nicht. Vielleicht sollte er ihn »Herr Ausländer« nennen.

Der Herr Ausländer konnte ihn aber gar nicht bemerken, weil er gerade mit verdrehten Augen eine spannende Begebenheit zum Besten gab: »Nun bin ich ja ein hitziger Charakter, und deshalb sagte ich auf unserem Treffen immer zu Bruder Hong: Es muss losgehen! Aber er antwortete immer: No! – Das könnt ihr nicht verstehen, das ist ausländisch. Jedenfalls wären wir sonst längst erfolgreich gewesen. Aber in diesem Punkt war er eben sehr vorsichtig. Er bat mich dann immer wieder, doch nach Hubei zu kommen. Aber ich habe ihm da noch nicht zugesagt. Wer will schon in einer kleinen Kreisstadt arbeiten ...«

»Äh ... die ...«, sagte Herr Jedermann.

Er hatte nämlich gewartet, bis der Herr Ausländer Luft holen würde, und dann unter Aufbietung allen Mutes zu seiner Rede angesetzt. Aber aus irgendeinem Grunde war ihm der »Herr Ausländer« im Halse stecken geblieben. Erstaunt wandte die Zuhörerschaft die Köpfe. Jetzt gewahrte ihn auch der Herr Ausländer.

»Was?«

»Ich ...«

»Fort!«

»Ich wollte mich gern unterw...«

»Bist du noch nicht weg!« Der Herr Ausländer hob bereits seinen Jammerknüppel.

Auch Zhao Weißauge und die anderen bellten ihn an: »Der Herr hat doch gesagt, du sollst verschwinden! Kannst du nicht hören?«

Herr Jedermann schützte seinen Kopf mit beiden Händen und rettete sich instinktiv auf die Straße. Der Herr Ausländer kam aber nicht hinterher.

Er war etwa zwanzig Schritte gerannt, ehe er wieder zu seinem normalen Gang zurückfand. Sein Herz füllte sich mit Kummer: Der Herr Ausländer hatte ihm die Revolution verboten! Es war seine letzte Möglichkeit gewesen. Vorbei die Hoffnung auf Männer in weißen Rüstungen und weißen Helmen, die ihn rufen kämen. All sein Wollen, sein Streben, Hoffen und seine Zukunft waren mit einem Schlag zunichte. Dass die Müßiggänger den Vorfall ausposaunen und ihn Ds Witzeleien, dem Bärtigen Wang und den anderen ausliefern würden, fiel schon gar nicht mehr ins Gewicht.

Wohl nie im Leben hatte Herr Jedermann ein solches Gefühl existenzieller Sinnlosigkeit erlebt. Wie sinnlos, ja verachtenswert, war sein hochgesteckter Zopf! Aus Rache hätte er ihn am liebsten gleich heruntergelassen, was er jedoch unterließ.

Er strich umher, bis es Nacht wurde. Erst nach zwei Schalen Wein, die er anschreiben lassen musste, hob sich seine Laune, und die weißen Helme und Rüstungen tauchten bruchstückhaft wieder auf.

Eines Tages hatte er sich wieder bis tief in die Nacht herumgetrieben. Erst als die Schenke schloss, trottete er langsam in Richtung Tempel.

»Peng! Peng!«, hörte er da ein eigenartiges Geräusch, aber es waren keine Knaller. Weil Herr Jedermann immer gern dabei war, wenn etwas passierte, und es liebte, seine Nase in fremde Dinge zu stecken, folgte er dem Geräusch, so gut die Dunkelheit es erlaubte. Waren da nicht Schritte? Er lauschte. Plötzlich rannte jemand vorbei, wahrscheinlich auf der Flucht, und er schloss sich sofort an. Als der andere um eine Ecke flitzte, tat er es ihm gleich, doch da war der Flüchtende schon stehen geblieben. Auch er blieb stehen. Hinter ihnen war alles still.

»Was?«, entfuhr es Herrn Jedermann, denn er hatte entdeckt, dass der Mann vor ihm niemand anders war als D. Herr Jedermann wurde zornig.

»Die Zhaos! Die Zhaos sind ausgeraubt worden!«, keuchte D.

Herrn Jedermanns Herz begann wild zu schlagen. D war schon entschwunden, als er noch immer hin- und hergerissen dastand. Immerhin hatte er »so etwas« schon gemacht. In seinem Mut schlich er um eine Ecke und lauschte angestrengt. War da nicht Lärm und Geschrei? Als er genauer hinsah, schien ihm, als schleppten Weißgerüstete und Weißbehelmte ununterbrochen Truhen, Kisten und Gerätschaften heraus, auch das Ningbo-Bett der Frau des Bakkalaureus war dabei! Er wollte noch näher heran, um der besseren Sicht willen, aber seine Beine verweigerten den Dienst.

Die Nacht war mondlos. Still lag das Dorf in der Dunkelheit. Es war ein solcher Friede, dass man sich in die Urzeiten eines Kaisers Fu Xi zurückversetzt fühlen konnte. Herr Jedermann wurde des Ausharrens müde. Das Bild schien sich zu wiederholen: Ununterbrochen schleppten sie Truhen und Gerätschaften, selbst das Ningbo-Bett der Frau Bakkalaureus … Er konnte schon den eigenen Augen nicht mehr trauen. Er versagte sich das Verlangen, noch näher heranzugehen, und kehrte zurück in den Tempel.

Dort war es noch dunkler. Er verschloss das Tor und tastete sich in seine Kammer. Lange musste er liegen, bis er sich beruhigt hatte. Er dachte über sich nach. Die Weißgerüsteten und Weißbehelmten waren zweifellos gekommen, doch statt ihm Bescheid zu sagen, trugen sie eine Menge guter Sachen davon, ohne ihm etwas abzugeben. Alles nur wegen dieses abscheulichen Falschen Ausländers, der ihn nicht rebellieren lassen wollte! Weshalb sonst musste er leer ausgehen? Je länger er darüber nachdachte, desto wütender wurde er. Unwillkürlich steigerte er sich in einen großen Hass. »Du lässt mich nicht rebellieren? Nur du darfst rebellieren? Verfluchter Falscher Ausländer!« Hasserfüllt nickte er. »Also gut, dann rebelliere du! Auf Rebellion steht die Todesstrafe. Ich werde dich anzeigen und zusehen, wie sie dich zur Hinrichtung in die Stadt schleifen! Alle Kopf ab! Ausrotten! Stumpf und Stiel! Tschack! Tschaaack!«

IX

Das große Happy End

Nach dem Überfall auf die Zhaos beschlich die meisten eine Mischung aus Bestürzung und Schadenfreude. Herrn Jedermann erging es nicht anders. Vier Tage später jedoch, um Mitternacht, wurde er überraschend verhaftet und in die Stadt gebracht.

Es war eine mondlose Nacht gewesen. Eine Abteilung Soldaten, eine Abteilung Grundbesitzermiliz, eine Abteilung Polizisten und fünf vom Geheimdienst schlichen ins Dorf, umstellten im Schutze der Dunkelheit den Tempel und richteten ein Maschinengewehr auf das Tor. Doch kein Herr Jedermann kam herausgestürmt. Als sich immer noch nichts tat, wurde der Kommandeur nervös. Er musste allerdings erst eine Belohnung von 20000 in Aussicht stellen, ehe sich zwei Milizangehörige bereitfanden, jedes erdenkliche Risiko auf sich zu nehmen und über die Mauer zu klettern. Das hieß Kooperation: eins, zwei, drei hineingestürmt und Herrn Jedermann herausgeschleppt! Dieser wachte erst auf, als sie ihn schon vor dem Maschinengewehr hatten.

Gegen Mittag erreichten sie die Stadt. Herr Jedermann sah sich in ein verrottetes Gerichtsgebäude gebracht, um sechs Ecken geführt und in einen kleinen Raum gestoßen. Noch im Stolpern schlug ihm die Zellentür gegen die Fersen – sie war aus kompletten Rundhölzern gezimmert. Bei genauerem Hinsehen saßen noch zwei Menschen in der Ecke. Ansonsten war die Zelle leer. Herr Jedermann fühlte sich zwar beunruhigt, aber nicht bedrückt, denn seine Schlafkammer im Tempel der Erdgottheit war auch nicht besser. Die zwei schienen auch vom Land zu kommen. Mit der Zeit schütteten sie ihm ihr Herz aus: Den einen wollte der ehrenwerte Herr Magister zur Zahlung einer noch ausstehenden Pacht seines Großvaters zwingen, der andere wusste nicht, weshalb er hier war.

Als sie Herrn Jedermann fragten, antwortete er ohne Umschweife: »Ich wollte rebellieren.«

Nachmittags wurde er in die Gerichtshalle geführt. Zuoberst saß ein Alter mit kahl rasiertem Schädel. Herr Jedermann vermutete zunächst, es handle sich um einen Mönch. Dann entdeckte er, dass ein paar von den Soldaten, die unterhalb des Glatzkopfs standen, und einige der langgewandeten Personen zu beiden Seiten ebenfalls kahl rasiert waren. Andere ließen ihr Haar wie der Falsche Ausländer offen über die Schultern fallen.

Alle schnitten wilde Gesichter und starrten ihn wütend an. Herr Jedermann begriff, dass der Glatzkopf kein Unbedeutender sein konnte, und sackte sofort mit weichen Knien zusammen.

»Wirst du wohl aufstehen! Hier wird nicht gekniet!«, brüllten ihn die Langgewandeten an. Obwohl Herr Jedermann allem Anschein nach verstand, glaubte er, sich doch nicht aufrecht halten zu können. Unwillkürlich ging er deshalb in die Hocke, aus der er bei passender Gelegenheit wieder zur knienden Stellung fand.

»Sklavischer Charakter das!«, fauchten die Langgewandeten erneut, forderten ihn jedoch nicht mehr auf, sich zu erheben.

»Gestehe die Wahrheit, sonst geht es dir schlecht! Ich bin bereits informiert. Wenn du gestehst, lassen wir dich laufen!«, sagte der alte Glatzkopf ruhig und deutlich. Während er sprach, fixierte er Herrn Jedermann.

»Gestehe!«, zischten die Langgewandeten.

»Ich wollte eigentlich … ich wollte mich unterw…«, brachte er stockend hervor, nachdem er in seiner Verwirrung lange überlegt hatte.

»Und warum bist du dann nicht gekommen?«, erkundigte sich der Alte freundlich.

»Der Falsche Ausländer hat mich nicht gelassen!«

»Unsinn! Selbst wenn es wahr wäre, für so ein Geständnis ist es jetzt zu spät! Wo sind deine Komplizen?«

»Was?«

»Die Leute, die an dem Abend die Zhaos ausgeplündert haben.«

»Sie haben mich ja nicht geholt. Sie haben die Sachen selbst weggetragen!« Herr Jedermann wurde wütend.

»Und wohin? Wenn du es sagst, lassen wir dich laufen.« Der Alte wurde noch freundlicher.

»Das weiß ich nicht. Sie haben mich doch nicht geholt …«

Auf einen Wink des Alten wurde Herr Jedermann in die Zelle gebracht.

Das zweite Mal holten sie ihn am nächsten Vormittag. In der Halle hatte sich nichts geändert. Zuoberst saß noch immer der alte Glatzkopf. Herr Jedermann kniete auch diesmal nieder.

»Möchtest du noch etwas sagen?«, fragte ihn der Alte freundlich.

Herr Jedermann gelangte zu dem Schluss, es gebe nichts, was er noch zu sagen hätte, und so antwortete er: »Nein.«

Ein Langgewandeter mit Papier und Schreibzeug trat heran und wollte ihm einen Pinsel in die Hand drücken. Herr Jedermann erschrak über die Maßen. Fast wären ihm die Sinne geschwunden. Denn es war das erste Mal, dass seine Hand mit einem Pinsel in Berührung kam. Er war sich noch im Unklaren, wie er ihn halten sollte, als der andere bereits auf eine bestimmte Stelle deutete und ihn aufforderte zu unterschreiben.

»Ich, ich kann nicht schreiben.« Herr Jedermann, den Pinsel in der Faust, war bestürzt und beschämt.

»Wir sind ja nicht so. Mal einen Kreis!«

Er nahm sich vor, einen Kreis zu malen. Aber die Hand, die da den Pinsel umkrampfte, zitterte unaufhörlich. Der Langgewandete breitete das Papier auf dem Boden aus. Herr Jedermann beugte sich vor und nahm alle Kraft seines Lebens zusammen, um den Kreis zu malen. Er war fest entschlossen, den Kreis rund zu malen, denn er hatte Angst, verlacht zu werden. Aber dieser grässliche Pinsel war nicht nur schwer, er ging auch seine eigenen Wege! Herr Jedermann vollendete eben zittrig den Kreis, als ihm der Pinsel wegrutschte. Jetzt sah das Ganze aus wie ein Melonenkern. Er schämte sich sehr, dass er den Kreis nicht rund gemalt hatte, aber der Langgewandete nahm ihm Papier und Pinsel ohne den geringsten Vorwurf ab, und er wurde in die Zelle zurückgeführt.

Es bereitete Herrn Jedermann kein Kopfzerbrechen, dass man ihn schon wieder hierherbrachte. Er war der Meinung, auf dieser Welt geschehe es einfach von Zeit zu Zeit, dass man abgeführt und eingesperrt wird oder dass man einen Kreis auf ein

Papier zu malen hat. Nur dass er seinen Kreis nicht so schön rund gemalt hatte, empfand er als Schande. Aber dieses Problem bewegte ihn nicht allzu lange, denn er dachte sich, das Malen kreisrunder Kreise überlasse ich anderen. Leuten, die im Grunde meine Enkel sein könnten. Dann schlief er ein.

Es geschah in ebendieser Nacht, dass der ehrenwerte Herr Magister keinen Schlaf fand, denn er hatte sich mit dem Militärkommandeur entzweit. Der ehrenwerte Herr Magister vertrat die Auffassung, es gelte zuvörderst, das Diebesgut wieder aufzutreiben, während der Militärkommandeur meinte, das Wichtigste sei, für die Massen ein Exempel zu statuieren. Der Militärkommandeur trat in letzter Zeit dem ehrenwerten Herrn Magister gegenüber ziemlich überheblich auf. Während er redete, schlug er mit der Faust auf Tisch und Bänke: »Jawohl, ein abschreckendes Beispiel muss her! Sie wissen selbst: In den zwanzig Tagen, die ich jetzt Revolutionär bin, kam es zu einem Dutzend Raubüberfällen, von denen noch kein einziger aufgeklärt ist! Wo bleibt mein Ruf? Jetzt, wo wir gerade einen Fall abschließen, kommen Sie und bringen alles durcheinander! Das kommt nicht infrage! In diesem Fall bestimme ich!«

Der ehrenwerte Herr Staatsbeamte befand sich in einer äußerst prekären Lage, aber er gab nicht auf: Falls man nicht mit allen Mitteln versuche, das Diebesgut zu requirieren, werde er umgehend von seinem Posten in der republikanischen Verwaltung zurücktreten. Worauf der Militärkommandeur jedoch antwortete: »Bitte, wie Sie belieben!«

So kam es, dass der ehrenwerte Herr Magister in dieser Nacht keinen Schlaf fand. Glücklicherweise gab er am nächsten Tag seinen Posten doch nicht auf.

Am Vormittag nach der schlaflosen Nacht des ehrenwerten Herrn Magister wurde Herr Jedermann zum dritten Mal aus der Zelle geholt. Zuoberst saß, wie gehabt, der alte Glatzkopf. Herr Jedermann kniete auch diesmal nieder.

»Möchtest du noch etwas sagen?«, fragte ihn der Alte sehr

freundlich. Er überlegte, und als er fand, es gebe nichts, was er noch zu sagen hätte, antwortete er: »Nein.«

Lang- und Kurzgewandete zogen ihm darauf unversehens einen weißen ärmellosen Kittel über, auf den irgendwelche schwarze Zeichen gepinselt waren. Herr Jedermann zeigte sich verärgert. Das sah doch aus wie Unglück verheißende Trauerkleidung! Gleichzeitig wurden ihm die Hände auf den Rücken gebunden. So schleppte man ihn vor das Gebäude. Er wurde auf einen offenen Wagen gehoben, ein paar Kurzgewandete stiegen hinzu, und der Wagen setzte sich in Bewegung.

Vorneweg marschierte eine Abteilung Milizionäre und Soldaten mit ausländischen Gewehren, zu beiden Seiten wartete eine gaffende Menge. Was hinter ihm war, konnte er nicht sehen. Gings hier nicht zur Hinrichtung?, dämmerte ihm plötzlich, und ihm wurde schwarz vor Augen. Das Ohrensausen war wie bei einem Schwindelanfall. Aber er fiel nicht in Ohnmacht. Er schwebte zwischen Aufregung und völliger Ruhe. In dieser Welt, so schien ihm, war es eben nicht zu vermeiden, auch einmal hingerichtet zu werden.

Er wunderte sich – er kannte ja noch den Weg. Weshalb fuhr man nicht zum Richtplatz? Er konnte nicht ahnen, dass man mit ihm einen Paradezug durch die Stadt veranstaltete. Aber selbst wenn, er hätte wohl gedacht, auf dieser Welt sei es eben nicht zu vermeiden, auch einmal durch die Straßen geführt und der Menge gezeigt zu werden. Schließlich begriff er: Man hatte nur einen Umweg gewählt. Ganz zweifellos ging es hier – tschack! – zur Hinrichtung.

Herr Jedermann blickte verloren nach links und rechts. Es wimmelte in seinem Gefolge. Sahen sie nicht aus wie die Ameisen? Zufällig erkannte er die Wu in der Menge. Ja, lange wars her! Jetzt arbeitete sie also in der Stadt. Plötzlich schämte er sich seiner Willenlosigkeit, er hatte ja noch keine Arie angestimmt! Wie ein Wirbelwind schossen ihm die Titel durch den Kopf: »Die junge Witwe tritt ans Grab« war nicht imposant genug, »Es sollt nicht sein« aus dem »Kampf zwischen Drache und Tiger« zu schwach. Dann schon lieber »In der Faust die Peitsch' von Stahl, werd ich dich strafen«. Er wollte schon seine Hand hochreißen, da fiel ihm ein, dass man sie ihm ja auf den Rücken gebunden hatte. So sang er auch die »Peitsch' von Stahl« nicht mehr.

»In zwanzig Herbsten wird der Nächste kommen!«, schrie Herr Jedermann in seiner Not plötzlich jenen Satz, den er noch nie gesprochen und den ihm niemand beigebracht hatte.

»Braaavo!«, schlug es aus der Menge zurück wie tolles Wolfsgebrüll. Der Karren fuhr ohne Halt. Im grölenden Applaus der Gaffer verdrehte er sich die Augen nach der Wu, aber sie schien ihn gar nicht bemerkt zu haben. Sie starrte nur auf die ausländischen Gewehre der Soldaten.

Er sah noch einmal in die grölende Menge.

Noch einmal schossen ihm die Gedanken wie ein Wirbelwind durch den Kopf. Vor vier Jahren war er einmal in den Bergen einem hungrigen Wolf begegnet, der ihm unablässig folgte, nicht zu nah und nicht zu fern. Der hatte es auf sein Fleisch abgesehen. Er stand damals Todesängste aus. Zum Glück hatte er sein Buschmesser dabei. Das machte ihm Mut, und er hielt durch bis Weizhuang. Nie würde er die Augen dieses Wolfes vergessen. Sie blickten grausam und ängstlich, flackerten zwei kleinen Irrlichtern gleich, als wollten sie ihn aus der Ferne durchbohren. Doch die Augen, die er jetzt sah, waren noch furchterregender. Augen, wie er sie noch nie gesehen hatte. Sie blickten stumpf und doch schneidend. Sie zermalmten nicht nur seinen Schrei, seine Haut, sein Fleisch, nein – sie gierten nach etwas anderem! Unablässig folgten sie ihm, nicht zu nah und nicht zu fern.

All diese Augen rotteten sich zusammen und schnappten mit ihren Rachen nach seiner Seele.

Hilfe …

Doch Herr Jedermann rief nicht.

Längst war ihm schwarz vor Augen. In seinen Ohren brüllte es. Es war, als hätte sich sein Körper in Staub aufgelöst.

Betrachten wir die Auswirkungen der damaligen Ereignisse auf die Betroffenen, so hatte der ehrenwerte Herr Magister die wohl schwerste Last zu tragen, da ihm genommen war, das Diebesgut aufzubringen. Also zeterte und heulte er mitsamt seiner ganzen Familie. Nächstschwer waren die Zhaos betroffen: Dem jungen Herrn Bakkalaureus war nicht nur in der Stadt, wo er ja die Anzeige erstattet hatte, von schlechten Revolutionären der Zopf abgeschnitten worden, er hatte obendrein die 20 000 für die Belohnung hinblättern müssen. Deshalb zeterte und heulte auch seine gesamte Familie und gebärdete sich von Stund an als einzig Überlebende einer untergegangenen Welt.

Und die öffentliche Meinung? In Weizhuang war man sich völlig einig, dass, natürlich, Herr Jedermann schuldig war. Dass man ihn erschossen hatte, war der Beweis. Denn wäre es im Falle seiner Unschuld wohl zur Hinrichtung gekommen? In der Stadt ließ die öffentliche Meinung dagegen zu wünschen übrig. Die meisten äußerten sich unzufrieden, denn Erschießen sieht bei Weitem nicht so schön aus wie Köpfen. Und was war das für ein lächerlicher Delinquent! Wurde so lange durch die Straßen gekarrt und hat nicht mal ein Stück aus der Oper geschmettert!

Man war umsonst mitgelaufen.

Dezember 1921

Ein heller Glanz

Chen Shicheng hatte sich die Liste mit den Ergebnissen der Beamtenprüfungen auf Kreisebene angeschaut. Als er nach Hause kam, war es schon Nachmittag. Er war in aller Herrgottsfrühe aufgebrochen und hatte, sobald er vor der Bekanntmachung stand, sogleich nach dem Zeichen für »Chen« gesucht. Da waren jedoch eine ganze Menge »Chen«; die Zeichen sprangen ihm alle ins Auge, als beeilten sie sich, die ersten zu sein, doch keines hatte die beiden Zeichen für »Shicheng« als Nachhut. Schließlich durchforschte er noch einmal sorgfältig die Aufstellung aus zwölf Kolonnen. Die Leute, die sich ebenfalls die Listen angeschaut hatten, waren alle bereits weggegangen, doch trotzdem war der Name Chen Shicheng bis zuletzt nicht zu entdecken, und er stand alleine vor der Schutzmauer hinter dem Eingang zur Prüfungshalle.

Zwar fuhr ihm ein kühler Wind durchs kurz geschnittene graue Haar, doch schien die Frühwintersonne noch sehr warm. Aber wie wenn ihm von den Sonnenstrahlen schwindlig geworden wäre, wurde er immer blasser, aus seinen vor Überanstrengung geröteten Augen blitzte es seltsam. Wahrhaftig konnte er nun kein einziges Zeichen mehr an der Wand vor ihm erkennen, sondern sah nur eine Menge schwarzer Kreise flüchtig an seinem Auge vorbeiziehen.

Nach der ehrenvollen Beförderung zu einem Bakkalaureus würde er in der Provinz aufsteigen, die Prüfungen auf Bezirksebene ablegen und dann mit größter Leichtigkeit weiter von Sieg zu Sieg fortschreiten … Die Landedelleute würden herbeikommen und ihn um jeden Preis zum Schwiegersohn haben wollen. Die Leute würden ihm so ehrfürchtig wie einer Gottheit begegnen und ihre einstige Missachtung zutiefst bedauern; es wurde ihm ganz schwindlig … er würde die verschiedenen Familien wegschicken, die sich in seiner Bruchbude eingemietet hatten – nein, die Mühe lohnte sich gar nicht, er würde selber umziehen – in ein völlig neues Haus, mit Stange und Wimpel und einem Sinnspruch am Eingang. Erhaben über Fehl und Tadel, könnte er sogar Beamter in der Hauptstadt werden. Und wenn nicht – ein Amt in der Provinz wäre auch gut … Die Karriere, die er sich für gewöhnlich ausgemalt hatte, war nun, wie ein Zuckerhut von einer Flutwelle überspült, auf einmal in sich zusammengefallen, nur noch Bruchstücke waren zurückgeblieben. Ohne es zu merken, drehte er sich im Kreise und machte sich dann mit einem Gefühl körperlicher Erschöpfung niedergeschlagen auf den Heimweg.

Er stand kaum in der Tür seiner Behausung, als sich die Kehlen von sieben Schülern gleichzeitig öffneten und murmelnd zu rezitieren begannen. Er erschrak heftig, denn ihm schien, als vernähme er an seinem Ohr den Schlag von einem Klangstein. Sieben Zöpfchen kreisten vor seinen Augen, kreisten durch den ganzen Raum, schwarze Ringe mischten sich tanzend dazu. Er setzte sich hin; sie waren gekommen, um ihre Hausarbeiten abzuliefern. In den Gesichtern standen verächtliche Mienen.

Er zögerte einen kurzen Augenblick, bevor er mit weinerlicher Stimme sagte: »Geht nach Hause.« Mit großem Hallo suchten sie ihre Sachen zusammen und stoben mit ihren Mappen unter dem Arm auf und davon.

Chen Shicheng sah immer noch zahllose kleine Köpfe, begleitet von schwarzen Kreisen, vor seinen Augen tanzen, bald wild durcheinander, bald in eigenartigen Schlachtformationen, doch nach und nach begannen sie sich zu verflüchtigen.

»Wieder gefehlt!«

Er erschrak heftig und sprang auf. Deutlich war es an seinem Ohr zu hören gewesen. Er wandte sich um, aber es war niemand da. Noch einmal war ihm, als höre er ein Klirren, wie wenn ein Klangstein angeschlagen würde. Nun formten auch seine eigenen Lippen die Worte.

»Wieder gefehlt!«

Plötzlich hob er die Hand und begann, nachdenklich an den Fingern abzuzählen: elf- … dreizehnmal, mit diesem Jahr waren es bereits sechzehn Male, dass die Prüfungsbeamten seinen Aufsatz nicht zu würdigen gewusst hatten. Sie mussten blind gewesen sein, ihr Problem. Es verschlug ihm das Lachen, eine große Wut bemächtigte sich seiner, unvermittelt zog er den »achtfüßigen Aufsatz« und das Examensgedicht, beides in fein säuberlicher Kopie, aus seiner Mappe hervor und ging damit hinaus. Kaum hatte er die Tür durchschritten, blendete ihn grelles Licht. Als sogar eine Hühnerschar ihn auszulachen schien, begann sein Herz wie wild zu hämmern, sodass er sich wieder ins Haus zurückziehen musste. Nachdem er sich wieder hingesetzt hatte, funkelte es außergewöhnlich in seinen Augen. Vieles sah er, doch blieb es sehr verschwommen – vor ihm lag seine Karriere, zunächst aufgelöst wie ein Zuckerhut, dann immer riesenhafter, bis sie schließlich all seine Wege versperrte.

Bald schon stieg kein Rauch mehr aus den Küchenkaminen in der Nachbarschaft, alle hatten ihre Schalen und Essstäbchen abgewaschen, aber Chen Shicheng machte sich immer noch nichts zu essen. Die Familien bei ihm im Haus hatten sich daran gewöhnt, dass in Zeiten der Prüfungen auf Kreisebene, sobald die Listen mit den erfolgreichen Kandidaten öffentlich angeschlagen waren, seine Augen so zu glänzen begannen. So zogen sie es vor, zeitig ihre Türen zu verriegeln, weil sie nichts damit zu tun haben wollten. Zuerst verstummten die Stimmen, dann erlosch eine Lampe nach der andern, bis nur noch das Mondlicht langsam den Himmel in kalter Herbstnacht auszufüllen begann.

Der nächtliche Himmel nahm die dunkelgrüne Farbe des Meeres an. Nur ein paar vorbeiziehende Wölkchen leuchteten am Firmament auf, wie wenn jemand Kreide in einem Gefäß zur Säuberung von Pinseln ausgewaschen hätte. Der Mond warf sein kaltes Licht auf Chen Shicheng. Anfänglich war er nur wie ein frisch polierter Metallspiegel, doch dieser Spiegel schien auf wunderbare Weise durch Chen Shicheng hindurch, sodass dessen Körper den metallischen Schein widerspiegelte.

Er ging immer noch unruhig im kleinen Hof vor seiner Behausung auf und ab. In seinen Augen lag eine tiefe Ruhe, und auch ringsum war es still. Doch auf einmal geriet dieser Friede ohne jeden Grund aus dem Gleichgewicht. Es war kein Zweifel möglich, an seinem Ohr war wieder eine Stimme, deutlich war ihr dringlicher und tiefer Ton zu hören: »Beug dich nach links, beug dich nach rechts …«

Er erschrak heftig, und noch während er seine Ohren spitzte, wiederholte die Stimme noch etwas lauter: »Beug dich nach rechts!«

Jetzt erinnerte er sich. Als seine Familie noch nicht so heruntergekommen war, hatte er in diesem Hof nachts, wenn der Sommer gekommen war, zusammen mit der Großmutter die Kühle genossen. Damals war er kaum mehr als neun Jahre alt. Er lag auf der Bambuspritsche, seine Großmutter saß dann daneben und erzählte ihm aufregende Geschichten. Sie berichtete, dass sie früher von Urgroßmutter gehört hatte, die Ahnen der Chen seien einmal unermesslich reich gewesen. Wo heute das Haus stehe, habe sich einst ein Ahnengrab befunden, dort hätten ihre Vorfahren große Mengen Silber vergraben. Ein Nachkomme, mit dem das Schicksal es gut meine, werde es einmal finden, doch bis heute sei ein solcher noch nicht aufgetaucht. Was den genauen Ort betreffe, so sei er in einem Rätsel verborgen: »Beuge dich nach links, beuge dich nach rechts, geh vor und geh zurück, so viel Gold und so viel Silber, dass du es nicht in Dou messen kannst.«

Über die Bedeutung des geheimnisvollen Rätselspruchs hatte Chen Shicheng früher oft schon Mutmaßungen angestellt. Aber leider hatte er jedes Mal, wenn er glaubte, sie erfasst zu haben, plötzlich wieder den Eindruck danebenzuliegen. Einmal war er jedoch sicher, der Ort läge unter den Räumen, die er an die Familie Tang vermietet hatte, doch fand er nicht den Mut, dort zu graben; ein Weilchen später meinte er wiederum, es sei doch zu unwahrscheinlich. Auch in seinen eigenen Zimmern fanden sich Spuren von mehreren Grabungsversuchen. Sie alle waren Bemühungen, die er jeweils in Angstzuständen nach Fehlschlägen im Examen unternommen hatte. Später empfand er sie als schändlich und schmachvoll, sobald sein Blick darauf fiel.

Aber heute war Chen Shicheng von einem metallischen Glanz übergossen, der ihn sowohl sanft ermutigte und ihm in Augenblicken der Unschlüssigkeit unumstößliche Beweise lieferte als auch die Macht der Finsternis verstärkte, sodass er den Blick zu seiner Behausung wenden musste.

Dort schwankte ein heller Glanz, einem runden weißen Fächer gleich, flackernd auf und ab.

»Womöglich ist es hier!«

Noch während er sprach, rannte er rasch wie ein Löwe ins Haus, doch als er eintrat, war keine Spur mehr vom hellen Glanz zu sehen, sondern ein finsterer alter Raum mit einigen verwahrlosten Bücherregalen, aufgesogen von der Dunkelheit. Er blieb unschlüssig stehen, ganz langsam gewöhnten sich seine Augen an die Dunkelheit, und der helle Glanz erschien wieder deutlich. Diesmal war er noch reiner als brennender Schwefel und zarter als Frühnebel; er breitete sich genau unter dem Schreibtisch an der Wand gegen Osten aus.

Wie ein Löwe sprang Chen Shicheng hinter die Tür und griff dort nach einer Hacke, stieß dabei jedoch auf einen länglichen schwarzen Schatten. Er vermochte nicht zu sagen, warum, aber Furcht befiel ihn. Er zündete angsterfüllt eine Lampe an, sah aber nur die Hacke in der Ecke lehnen. Er rückte den Tisch zur Seite und schlug in einem Zug vier große Ziegelsteine aus dem

Boden, kauerte sich nieder, fand aber bei näherem Hinsehen, wie sonst auch, nichts als feinen hellgelben Sand. Er krempelte die Ärmel hoch und wühlte den feinen Sand durch, aber es kam nur die dunkle Erde darunter zum Vorschein. Er ging bei jeder Schaufelbewegung überaus vorsichtig und leise zu Werke, doch da die Nacht nun schon so still war, war der dumpfe Ton nicht zu überhören, wenn das spitze Eisen mit der Erde in Berührung kam.

Die Grube war inzwischen über zwei Zoll tief, doch ein Erfolg hatte sich nicht eingestellt. Chen Shicheng wurde bange zumute, als er plötzlich einen hellen Klang vernahm. Sein Handgelenk durchzuckte ein heftiger Schmerz, er war auf einen spitzen und harten Gegenstand gestoßen. Er schleuderte den Spaten weg. Als er mit der Hand nachfasste, fand er aber nur einen großen Ziegelstein. Sein Herz hämmerte, er nahm all seine Sinne zusammen und grub den Ziegelstein aus, aber wie zuvor war darunter nichts als schwarze Erde. Wie viel Erde er auch aufwühlte, sie schien immer noch unerschöpflich. Doch plötzlich stieß er ein weiteres Mal auf einen kleinen harten Gegenstand, etwas Rundes, vermutlich eine Kupfermünze, außerdem auf ein paar Porzellanscherben.

Chen Shicheng fühlte sich ganz leer. Von Kopf bis Fuß rann ihm der Schweiß, fiebrig wühlte er weiter und weiter. Dabei tat sein Herz einen Sprung, als er noch einmal auf ein seltsames kleines Etwas stieß. Diesmal schien es die Form eines Hufeisens zu haben, doch fühlte es sich sehr spröde an. Wieder grub er in höchster Konzentration den Gegenstand aus und umfasste ihn vorsichtig mit beiden Händen. Als er ihn dann im Licht der Lampe sorgfältig untersuchte, erwies dieser sich als ein verfleckter morscher Knochen mit einer lückenhaften Reihe verfaulter Zähne. Er begriff, es war wohl ein Unterkiefer, was da, kaum in die Hände gelangt, sich zu bewegen und mit einem hämischen Grinsen zu sprechen begann.

»Wieder gefehlt!«

Ein Frösteln durchzog ihn, gleichzeitig ließ er die Hand fahren, sodass der Knochen in die Grube zurückkollerte. Kurz darauf eilte er in den Hof hinaus. Als er einen verstohlenen Blick ins Zimmer warf, schien das Lampenlicht so seltsam zu funkeln und der Unterkiefer auf eine Art zu grinsen, dass ihm angst wurde und er nicht mehr hinzuschauen wagte. Er wich in den Schatten eines weiter weg gelegenen Dachvorsprungs zurück, wo er ruhiger zu werden begann. Doch plötzlich vernahm er inmitten der Stille ganz heimlichtuerisch eine tiefe Stimme an seinem Ohr.

»Hier ist nichts … geh in die Berge …«

Chen Shicheng glaubte sich zu erinnern, dieselben Worte schon einmal am helllichten Tage auf der Straße gehört zu haben. Schlagartig war ihm alles klar, noch bevor die Stimme verklungen war. Unvermittelt wandte er seinen Blick auf zum Himmel, wo der Mond bereits hinter den hohen Berggipfeln im Westen verschwand. Die fünfunddreißig Li von der Stadt entfernten hohen Gipfel im Westen dünkten ihm dicht vor Augen. Mit ihrem düsteren Antlitz erhoben sie sich, in einen reinen und schimmernden Glanz getaucht, stramm wie schmale Täfelchen vor ihm. Wenn auch in weiter Ferne, so zeichnete sich der Glanz doch direkt vor ihm ab.

»Ja, in die Berge!«

Er dachte entschlossen nach und eilte dann schweren Herzens hinaus. Die Türen schlugen beim Öffnen, von drinnen war sonst kein Laut mehr zu hören. Die Lampe flackerte hell auf und leuchtete den leeren Raum und die Grube aus. Ihre Flamme knisterte ein paar Mal, ehe sie allmählich kleiner wurde und dann erlosch, weil das Öl aufgebraucht war.

»Mach das Tor auf! …«

In der traurigen Stimme schwangen Hoffnung und Schrecken. Sie erklang als furchtsamer Schrei, getragen wie Fäden im Wind, frühmorgens vor dem Westtor.

Als am nächsten Tag im Wanlin-See, fünfzehn Li außerhalb des Westtores, eine auf dem Wasser treibende Leiche entdeckt wurde, verbreitete sich die Nachricht in Windeseile. Als es schließlich der Ortswehr zu Ohren kam, befahl diese der Landbevölkerung, den Leichnam aus dem Wasser zu holen. Es war eine männliche Person, etwas über fünfzig Jahre alt, »von mittlerem Wuchs, mit heller Gesichtshaut und bartlos«, die völlig unbekleidet war. Mit anderen Worten: Es war Chen Shicheng. Aber die Nachbarn waren zu faul, um ihn zu identifizieren; auch gab es keine Angehörigen des Verstorbenen, die Ansprüche auf den Leichnam erhoben, sodass der Beamte des Kreisausschusses schließlich nach sorgfältiger Prüfung zum Schlusse kam, am besten sei es, ihn durch die Ortswehr begraben zu lassen. Die Todesursache war selbstverständlich nicht Gegenstand der Diskussion. Dass Leichen unbekleidet waren, kam durchaus häufig vor, denn Leichenfledderei war üblich und reichte aus, um den Verdacht auf einen Mord nicht weiterzuverfolgen. Zudem lieferte der Fall selber einen Beweis dafür, dass die Person noch lebend im Wasser versunken war und auf dem Grund offensichtlich um ihr Leben gekämpft hatte, befand sich doch unter den Nägeln aller zehn Finger Lehm vom Boden des Gewässers.

Juni 1922

Die Ewige Lampe

An einem wolkenverhangenen Frühlingsnachmittag herrschte im einzigen Teehaus des Dorfes »Zum Glück verheißenden Licht« wieder einmal eine gespannte Atmosphäre. Noch immer schien den Leuten die dünne, doch eindringliche Stimme im Ohr zu klingen: »Löscht sie aus!«

Natürlich empfanden das nicht alle Dorfbewohner als Sakrileg. Indes waren die meisten selten aus dem Dorf herausgekommen. Selbst vor einem kleinen Ausflug pflegten sie den kaiserlichen Kalender zu befragen, ob es an diesem Tag ungünstig sei auszugehen. Auch wenn sie keine solche Warnung fanden, so mussten sie sich vor dem Aufbruch doch noch den Segen des Glücksgottes holen.

Im Teehaus saßen zwar auch einige junge Leute, die sich nicht um Traditionen kümmerten und die alten Sitten und Gebräuche nicht achteten, doch in den Augen der älteren Dorfbewohner waren sie Taugenichtse und ungeratene Söhne, die ihren Familien nichts als Schande machten.

Die Atmosphäre im Teehaus war also ein wenig gespannt.

»Ist das immer noch so?«, fragte Dreiecksgesicht und hob seine Teeschale.

»Ja, so hab ich es gehört«, antwortete Quadratschädel. »Er drängt immer noch: ›Löscht sie aus, löscht sie aus!‹, und seine Augen funkeln noch stärker als früher. Hol ihn der Teufel! Für unser Dorf ist das wirklich schlimm. Denkt ja nicht, das sei eine Lappalie. Wir müssen uns überlegen, wie wir ihn beseitigen können!«

»Ihn beseitigen? Was soll das! Er ist doch bloß ein … ach,

was weiß ich! Seine Vorfahren haben für den Tempelbau Geld gespendet, aber er will jetzt die Ewige Lampe darin ausblasen. Er bringt Schande über seine Ahnen. Lasst uns zur Kreisverwaltung gehen und ihn wegen pietätlosen Verhaltens anklagen!«, ereiferte sich Kuo Ting und schlug so kräftig mit der Faust auf den Tisch, dass sich der Deckel auf einer Teeschale klirrend umdrehte.

»Das geht doch nicht. Wegen pietätlosen Verhaltens kann man doch nur von den Eltern oder von einem Onkel mütterlicherseits angeklagt werden …«, gab Quadratschädel zu bedenken.

»Leider hat er nur einen Onkel väterlicherseits …«, warf Kuo Ting resigniert ein.

»Kuo Ting!«, schrie Quadratschädel plötzlich. »Hast du gestern Glück im Spiel gehabt?«

Kuo Ting starrte ihn an, antwortete aber nicht gleich. Zhuang Qiguang mit seinem Vollmondgesicht schrie lauthals: »Wenn die Ewige Lampe gelöscht wird, was soll dann noch der Name unseres Dorfes? Ist dann nicht alles aus? Sagen die Alten nicht, die Lampe sei von Kaiser Wu der Liang-Dynastie, vor über 1400 Jahren, angezündet worden, habe seither die ganze Zeit gebrannt und sei nicht ein einziges Mal gelöscht worden, nicht einmal während des Aufstands der Langhaarigen, der Taiping? … schaut sie euch an, ihre Flamme leuchtet wie grüne Jade. Alle Fremden, die durch unser Dorf kommen, verlangen die Lampe zu sehen, und alle bewundern sie … Das ist doch schön … Und jetzt macht er so ein Theater, wozu?«

»Er muss einfach verrückt sein, merkt ihr das nicht?«, fragte Quadratschädel verächtlich.

»Ha, du bist aber schlau!« Zhuang Qiguang machte ein ernstes Gesicht.

»Ich meine, wir sollten ihn überlisten, mit der alten Methode«, mischte sich Tante Huiwa ein, die zugleich Besitzerin und Kellnerin des Teehauses war. Bis dahin hatte sie nur zugehört, doch als man von dem Thema, das sie so brennend interessierte, abkam, wollte sie die Debatte rasch wieder auf diesen wichtigen Fall lenken.

»Was für eine alte Methode denn?«, fragte Zhuang Qiguang erstaunt.

»Er hatte doch früher schon einmal solche Anfälle. Aber damals lebte sein Vater noch, der hat ihn überlistet. Und so kam alles in Ordnung.«

»Wie überlistet, wieso weiß ich nichts davon?«, fragte Zhuang Qiguang noch erstaunter.

»Woher solltest du das auch wissen? Damals wart ihr ja alle noch kleine Gören und konntet nur nuckeln und Pipi machen. Selbst ich – ich sah damals auch anders aus als heute. Ach, was für Hände ich damals hatte, so weich und zart ...«

»Heute bist du auch noch weich und zart ...«, sagte Quadratschädel.

»Du kannst mich mal kreuzweise ...« Tante Huiwa lachte, aber ihre Augen blitzten böse. »Lass den Quatsch! Reden wir doch vernünftig. Damals war auch er noch jung, und sein Alter war auch nicht ganz richtig im Oberstübchen. Ich hab gehört, dass sein Großvater ihn eines Tages in den Tempel des Erdgottes mitnahm und ihm befahl, sich vor dem Erdgott, dem Gott der Krankheiten und dem Herrscher über die Dämonen, zu verbeugen. Er bekam aber Angst, weigerte sich und rannte hinaus. Seither ist er ein bisschen komisch. Damals war es genau wie jetzt. Mit jedem, den er traf, sprach er über das Auslöschen der Ewigen Lampe in der Haupthalle des Tempels. Er sagte, wenn die Lampe erst einmal gelöscht sei, könne es nie wieder Heuschrecken und Seuchen geben. Das schien ihm ungeheuer wichtig zu sein. Vielleicht ist ein böser Geist in ihn gefahren, der das Gute fürchtet? Aber wir – haben wir denn Angst vor dem Erdgott? Ist euer Tee kalt geworden? Soll ich ein bisschen heißes Wasser nachgießen? – So. Später drang er sogar dort ein und versuchte, die Lampe zu löschen. Aber weil sein

Alter ihn abgöttisch liebte, brachte er es nicht übers Herz, ihn einzusperren. Ach, war damals nicht das ganze Dorf in Aufruhr und beschimpfte seinen Alten? Aber da war nichts zu machen. – Zum Glück lebte damals noch mein Mann, der alte Teufel, und der hatte eine Idee: Die Ewige Lampe wurde mit einer dicken Baumwolldecke verhüllt, dass es ganz dunkel war, und dann führte man ihn dorthin und sagte, sie sei bereits gelöscht worden.«

»Das ist ein Ding! Auf so eine Idee konnte auch nur er kommen«, seufzte Dreiecksgesicht bewegt und voll Bewunderung.

»Warum sollen wir uns so viel Mühe machen?«, fragte Kuo Ting aufgebracht. »So was muss man totschlagen, und damit hat es sich!«

»Das geht doch nicht!« Sie sah ihn erschrocken an und winkte hastig ab. »Das geht wirklich nicht! Sein Großvater war schließlich ein hoher Beamter!«

Kuo Ting und die anderen sahen einander ratlos an. Sie fühlten, dass ihnen kein anderer Weg einfallen würde, als den Dreh des »alten Teufels« zu wiederholen.

»Danach war alles wieder in Ordnung!« Sie wischte sich den Speichel aus dem Mundwinkel und fuhr noch rascher fort: »Danach war alles vollkommen in Ordnung! Er ging nicht mehr in den Tempel und hat auch jahrelang nicht mehr davon gesprochen. Ich weiß nicht, wieso er jetzt, ein paar Tage nachdem er beim Tempelfest war, wieder durchgedreht ist. Genau wie damals. Heute kam er gleich nach der Mittagszeit hier vorbei. Bestimmt ist er wieder zum Tempel gelaufen. Geht doch zum Ehrenwerten Herrn Si, und besprecht mit ihm, ob man ihn nicht wieder überlisten kann. Schließlich ist die Lampe von Kaiser Wu der Liang-Dynastie angezündet worden. Heißt es nicht: Sobald sie gelöscht ist, verwandelt sich alles hier in ein Meer, und wir alle werden zu Schlammfischen? Geht rasch zum Ehrenwerten Herrn Si und besprecht die Sache mit ihm, sonst ...«

»Vorher wollen wir noch einmal zum Tempel gehen und nachsehen«, sagte Quadratschädel und stolzierte zur Tür hinaus. Kuo Ting und Zhuang Qiguang folgten ihm, Dreiecksgesicht ging als Letzter. An der Tür wandte er sich um und sagte: »Schreib diesmal die ganze Zeche bei mir an! So ein Mist! ...«

Tante Huiwa nickte, ging zur Ostwand und fügte mit einem Stück Holzkohle zu den vielen feinen, kurzen Strichen unter einem kleinen Dreieck an der Mauer noch zwei weitere hinzu.

Als sich die Männer dem Dorftempel näherten, sahen sie dort tatsächlich einige Leute: *ihn*, zwei Schaulustige und drei Kinder. Das Tempeltor aber war fest verschlossen.

»Was für ein Glück! Das Tor ist noch zu«, sagte Kuo Ting erfreut. Als sie herangekommen waren, fassten auch die Kinder Mut und umringten ihn. Er stand mit dem Gesicht zum Tor, doch jetzt wandte er den Kopf.

Er sah aus wie immer – mit seinem gelblichen, kantigen Gesicht, dem zerschlissenen blauen Baumwollgewand. Nur die großen schräg gestellten Augen unter den buschigen Brauen funkelten seltsam und starrten die vielen Menschen unbewegt an. Aus ihnen sprachen wie immer Trauer, Zorn, Skepsis und Angst. In seinem kurzen Haar steckten zwei Reishalme. Die Kinder mussten sie ihm heimlich von hinten hineingesteckt haben, denn wenn sie ihn ansahen, zogen sie die Schultern hoch, kicherten und steckten ihm rasch die Zunge heraus.

Alle standen da und schauten einander an.

»Was machst du hier?«, herrschte Dreiecksgesicht ihn schließlich an und tat einen Schritt auf ihn zu.

»Ich habe Lao Hei gebeten, das Tor zu öffnen«, sagte er leise und freundlich. »Weil doch die Lampe ausgelöscht werden muss. Seht doch, alle Götter müssen ausgelöscht werden, die blaugesichtigen mit den drei Köpfen und sechs Armen, die dreiäugigen, die mit den langen Hüten, die halbköpfigen, die stierköpfigen und die mit den Eberzähnen ... müssen ausgelöscht werden, ausgelöscht werden. Dann wird es auch keine Heuschreckenplage mehr geben und auch keine Schweinemaulseuche …«

»Haha, so ein Quatsch!« Kuo Ting lachte verächtlich. »Wenn du die Lampe auslöschst, wird es noch mehr Heuschrecken geben, und du wirst selber von der Maulseuche befallen werden.«

»Haha!« Auch Zhuang Qiguang lachte.

Ein kleiner Junge mit bloßem Oberkörper hob sein Schilfrohr, mit dem er gespielt hatte, zielte auf ihn und machte mit seinem kirschförmigen Mündchen: »Päng!«

»Geh jetzt besser nach Haus, sonst bricht dir dein Onkel die Knochen. Und die Lampe, die blase ich für dich aus. Wirst es schon sehen, wenn du in ein paar Tagen wiederkommst«, sagte Kuo Ting mit erhobener Stimme. Seine Augen funkelten noch stärker, sie schienen Kuo Ting zu durchbohren und zwangen ihn, seinen Blick abzuwenden.

»Du löschst sie aus?« Er lächelte höhnisch, fuhr aber gleich entschlossen fort: »Das geht nicht, ich möchte nicht, dass ihr es tut. Ich lösche sie selbst, und zwar sofort!«

Kuo Ting fühlte sich so kraftlos, als wäre er nach einem Rausch wieder nüchtern geworden. Quadratschädel trat einen Schritt an ihn heran und sagte langsam: »Du warst doch sonst immer so vernünftig. Was ist denn jetzt mit dir los? Lass es mich erklären, vielleicht verstehst du es dann. Bleibt nicht alles so, wie es ist, selbst wenn du die Lampe auslöschst? Sei doch kein Narr. Geh lieber heim und leg dich schlafen!«

»Ich weiß, dass alles so bleibt, selbst wenn ich sie lösche.« Plötzlich blitzte ein listiges Lächeln auf, verschwand aber gleich wieder. Leise und eindringlich fuhr er fort: »Vorläufig kann ich nur dies tun. Es ist einfacher für mich, dies zuerst zu tun. Ich muss sie unbedingt auslöschen, muss sie selbst auslöschen.« Mit diesen Worten drehte er sich um und pochte kräftig an das Tempeltor.

»He, du!« Kuo Ting wurde wütend. »Du bist doch auch von

hier! Willst du, dass wir alle in Schlammfische verwandelt werden? Geh jetzt! Du kriegst das Tor nicht auf. Das schaffst du nicht. Du kannst sie nicht ausblasen. Geh lieber nach Hause.«

»Ich gehe nicht nach Hause, ich muss sie auslöschen!«

»Das schaffst du nicht! Du kriegst das Tor nicht auf!«

»...«

»Du kriegst es nicht auf!«

»Dann werde ich es anders versuchen«, sagte er gelassen und wandte sich zu ihnen um.

»Ha, das werden wir ja sehen!«

»...«

»Das werden wir ja sehen!«

»Dann leg ich eben Feuer.«

»Was?« Kuo Ting glaubte nicht richtig gehört zu haben.

»Dann leg ich eben Feuer!«

Tiefes Schweigen trat ein. Es wirkte wie ein Glockenschlag, dessen Klang sich langsam verliert und alles Leben ringsum erstarren lässt. Dann aber steckten einige die Köpfe zusammen, flüsterten miteinander und rückten wieder auseinander; zwei oder drei blieben in einiger Entfernung stehen. Vom Hintereingang des Tempels her hörte man Zhuang Qiguang schreien: »Lao Hei! Pass auf! Sperr das Tor fest zu. Hörst du, Lao Hei? Fest zusperren! Wir gehen und überlegen, was wir tun können, dann kommen wir zurück.«

Er aber schien sich nicht darum zu kümmern, Wahnsinn flackerte in seinen Augen. Sein Blick irrte über den Boden, über den Himmel, über die Menschen hinweg, als suche er einen zündenden Funken.

Quadratschädel und Kuo Ting rannten von Haus zu Haus. Das ganze Dorf geriet in Aufruhr. Vielen dröhnten die Ohren von diesem schrecklichen Ruf: Feuer legen! Aber es gab natürlich auch ein paar Eigenbrötler, denen die Ohren nicht dröhnten oder die sich einfach nicht darum kümmerten. Trotzdem herrschte im

Dorf eine gespannte Atmosphäre. Unruhe bemächtigte sich der Menschen, die dafür empfänglich waren; ihnen war zumute, als würden sie gleich in Schlammfische verwandelt und als ginge die ganze Welt jetzt zugrunde. Sie wussten durchaus, dass nur das Dorf »Zum Glück verheißenden Licht« vernichtet würde, aber für sie war dieses Dorf die Welt.

Wenig später war die Empfangshalle des Ehrenwerten Herrn Si zum Mittelpunkt der Ereignisse geworden. Auf dem Ehrenplatz saß der hochbetagte und tugendsame Guo Laowa, dessen Gesicht schon verrunzelt war wie eine ausgedörrte Mandarine. Er strich sich unablässig den spärlichen weißen Bart, als wolle er ihn ausreißen.

»Heute Vormittag«, sprach er bedächtig und ließ von seinem Bart ab, »im Westen des Dorfes … der Schlaganfall des Lao Fu … sein Sohn … er meint … der Grund hierfür sei … dass der Ahnherr unruhig ist. Wenn dem so ist … dann wird es in Zukunft … wenn es Unruhe gibt … unvermeidlich sein … dass alle … ja, alle zu ihm, dem Ehrenwerten Herrn Si, kommen … und ihn in solcher Angelegenheit belästigen.«

»Tatsächlich?« Der Ehrenwerte Herr Si strich über seinen dünnen grauen Welsbart. Er war so ausgelassen, als ginge ihn all das überhaupt nichts an. Er fuhr fort: »Jetzt rächen sich die Sünden seines Vaters an ihm. Als der noch lebte, hat er doch nicht an Buddha geglaubt, nicht wahr? Damals teilte ich seine Ansichten nicht, konnte ihn indes nicht überzeugen. Und nun, was kann ich denn jetzt noch tun?«

»Ich glaube … es gibt … nur einen Weg … jaja, nur einen. Man muss ihn morgen … gefesselt in die Stadt bringen … und ihn dort eine Nacht in dem … in dem Tempel des Schutzgottes der Stadt lassen … ja, ihn eine Nacht dort lassen … das wird ihm den bösen Geist … schon austreiben.«

Kuo Ting und Quadratschädel war es wegen ihrer Verdienste um den Schutz des Dorfes – nicht zum ersten Mal – erlaubt worden, die Empfangshalle zu betreten, deren Zugang ihnen sonst verwehrt war. Sie durften sogar zwischen Laowa und dem Ehrenwerten Herrn Si sitzen und darüber hinaus Tee trinken. Sie waren Laowa in die Halle gefolgt und hatten Bericht erstattet, dann Tee getrunken und anschließend schweigend zugehört. Doch jetzt meldete sich Kuo Ting plötzlich zu Wort: »Das kostet zu viel Zeit! Zwei passen noch auf ihn auf. Das Allerwichtigste ist doch, sofort etwas zu unternehmen. Wenn es nun wirklich zu einem Brand kommt ...«

Guo Laowa fuhr erschrocken auf, sein Kinn zitterte.

»Wenn es wirklich zu einem Brand kommt ...«, fuhr Quadratschädel dazwischen.

»Dann«, rief Kuo Ting, »dann ist alles aus!«

Ein Mädchen mit braunen Haaren kam herbei und schenkte Tee nach. Kuo Ting brach ab, griff hastig nach der Schale und nahm einen Schluck. Er zuckte zusammen und setzte sie gleich wieder ab. Seine Zunge fuhr über die Lippen. Dann hob er den Deckel seiner Teeschale und begann zu blasen.

»Es ist wirklich unerträglich!« Der Ehrenwerte Herr Si schlug mit der flachen Hand leicht auf den Tisch. »Ein solcher Nachkomme hat wirklich den Tod verdient! Ach!«

»Genau! Er verdient den Tod!« Kuo Ting hob den Kopf. »Im Dorf Lian'gezhuang haben sie letztes Jahr so einen erschlagen, so einen Nachkommen. Alle waren sich einig und fielen gleichzeitig über ihn her. Keiner weiß, wer zuerst zugeschlagen hat. Und so hatte es auch keine Folgen.«

»Aber dies ist ein anderer Fall«, warf Quadratschädel ein. »Jetzt passen sie ja auf ihn auf. Wir müssen schnell eine Lösung finden. Ich meine ...«

Laowa und der Ehrenwerte Herr Si sahen ihn ernst an.

»Ich meine, wir sollten ihn am besten vorübergehend einsperren.«

»Ja, das wäre wohl das Sicherste.« Der Ehrenwerte Herr Si nickte zustimmend.

»Ja, das Sicherste!«, sagte Kuo Ting.

»Das ist … wirklich … das Sicherste«, kam das Echo des Laowa. »Wir … schleppen ihn … jetzt … hierher in Euer Haus. Macht geschwind … ein Zimmer … frei … und … legt ein Schloss … bereit.«

»Ein Zimmer?« Der Ehrenwerte Herr Si hob nachdenklich den Kopf. »In meinem bescheidenen Haus ist kein geeignetes Zimmer frei. Und es ist auch schwer zu sagen, wann es mit ihm besser wird …«

»Dann … sperren wir … ihn eben … in seinem eigenen Zimmer … ein«, schlug Laowa vor.

»Unser Liushun soll im Herbst heiraten«, sagte der Ehrenwerte Herr Si plötzlich, er sprach ernst und traurig. »*Er* ist doch schon so alt, hat aber nur dumme Gedanken im Kopf. Er wollte nie eine Familie gründen. Mein jüngerer Bruder hat auch schon einiges hinter sich. Obwohl sein Lebenswandel nicht gerade solide ist, so sollte er doch einen Nachkommen haben, der später für ihn und seine Ahnen die Räucherstäbchen anzündet …«

»Selbstverständlich!«, antworteten die anderen wie aus einem Munde.

»Wenn Liushun Söhne geboren werden, könnte man ihm ja den zweiten zur Adoption übergeben. Aber – Söhne anderer Leute bekommt man ja wohl nicht umsonst.«

»Selbstverständlich nicht!«, antworteten die anderen wie aus einem Mund.

»Dieses armselige Zimmer geht mich nichts an, auch Liushun macht sich deswegen keine Gedanken. Aber wenn man die eigenen Kinder anderen Menschen zur Adoption überlässt, wie kann man da auf eine finanzielle Entschädigung für den Schrecken der Geburt verzichten?«

»Selbstverständlich!«, antworteten die anderen wie aus einem Munde.

Der Ehrenwerte Herr Si schwieg. Die anderen sahen ihn an.

»Tag für Tag hoffe ich, dass *er* wieder gesund wird«, fuhr

der Ehrenwerte Herr Si nach kurzem Schweigen langsam fort. »Aber es wird nicht besser mit ihm. Nicht, dass er nicht gesund werden könnte, er will es einfach nicht. Es bleibt uns nichts anderes übrig, als ihn, wie vorgeschlagen, einzusperren. Er richtet sonst Schaden an und bringt Schande über seinen Vater. Vielleicht kann man auf diese Weise die Ehre seines Vaters wahren …«

»Selbstverständlich«, antwortete Kuo Ting bewegt. »Aber – das Zimmer …«

»Gibt es denn im Tempel kein freies Zimmer …?«, fragte der Ehrenwerte Herr Si bedächtig.

»Doch!« Kuo Ting kam plötzlich ein Gedanke. »Doch! Wenn man den Tempel betritt, so ist gleich hinter der Tür auf der westlichen Seite eine leere Kammer. Sie hat nur ein kleines Fenster mit einem hölzernen Gitter davor. Das kann er auf keinen Fall aufbrechen. Ausgezeichnet!«

Laowa und Quadratschädel strahlten. Kuo Ting atmete erleichtert auf und schlürfte seinen Tee.

Noch ehe die Dämmerung hereinbrach, war die Welt wieder in Ordnung. Vielleicht war auch alles längst wieder vergessen. Den Menschen war jedenfalls keine Anspannung mehr, aber auch keine Erleichterung anzusehen. Vor dem Tempel gab es natürlich mehr Besucher als gewöhnlich, doch bald wurden es schon weniger. Da das Tor einige Tage lang geschlossen gewesen war und die Kinder nicht zum Spielen hineingedurft hatten, fanden sie es an diesem Tag besonders vergnüglich, im Hof herumzutollen. Einige liefen sogar nach dem Abendessen wieder dorthin, spielten und lösten Rätsel.

»Ratet mal«, sagte der Älteste. »Ich sag es noch einmal:
Ein Boot mit weißem Dach und roten Rudern
treibt zum anderen Ufer hinüber,
ruht dort aus und isst ein wenig,
und schließlich singts ein Lied.«

»Was kann denn das sein? Mit roten Rudern!«, fragte ein Mädchen.

»Ich sags euch, es ist …«

»Moment!«, rief einer, der am Kopf Krätze hatte. »Ich habs. Es ist eine Dschunke.«

»Eine Dschunke!«, wiederholte der Junge mit dem bloßen Oberkörper.

»Ha, eine Dschunke?«, rief der Älteste. »Eine Dschunke wird doch mit einem Heckruder gesteuert. Und kann sie Lieder singen? Ihr ratet es doch nicht. Ich sag es euch …«

»Moment!«, rief wieder der mit der Krätze.

»Ach, du rätst es doch nicht. Ich sags euch: Es ist eine Gans.«

»Eine Gans!«, kicherte das Mädchen. »Mit roten Rudern.«

»Wieso denn ein Boot mit einem weißen Dach?«, fragte der mit dem bloßen Oberkörper.

»Ich lege Feuer!«

Die Kinder schraken zusammen, sofort erinnerten sie sich wieder an *ihn.* Alle blickten gespannt zum Westflügel. Sie sahen eine Hand, die das rohe Holzgitter umklammerte, und eine andere, welche die Rinde von den Stäben riss. Dazwischen funkelten zwei Augen. Einen Augenblick herrschte tiefe Stille, dann stieß der mit der Krätze plötzlich einen Schrei aus und rannte davon. Lachend und lärmend liefen die anderen hinterher. Der Junge mit dem bloßen Oberkörper zielte noch mit dem Schilfrohr nach hinten, und sein kirschförmiges Mündchen machte »Päng«.

Dann wurde es still. Die Abenddämmerung sank herab, und der grünliche Schein der Ewigen Lampe leuchtete stärker aus der Opfernische in der Seelenhalle hinaus in den Hof und in das Dunkel hinter dem Holzgitter.

Die Kinder waren vor dem Tempeltor stehen geblieben. Sie fassten sich an den Händen und schlenderten langsam heim. Lachend sangen sie im Chor, was ihnen gerade in den Sinn kam:

»Ein Boot mit weißem Dach treibt ans andere Ufer.

Ich lösche sie sofort, ich lösche sie selbst.
Wir singen ein Lied,
ich lege Feuer, hahaha!
Feuer, Feuer, Feuer, es isst ein wenig,
wir singen ein Lied.
… … … …
… …
…«

1. März 1925

Ein Gelehrter namens Gao

An diesem Tag verbrachte er weit über den Morgen hinaus all seine Zeit damit, in den Spiegel zu schauen und im »Lehrbuch der chinesischen Geschichte« oder in der »Chronik des Yuan Liaofan« zu lesen. Bei dem Vers »Lesen und Schreiben sind der Beginn allen Leidens« hielt er inne, denn ihm wurde bewusst, dass er sich mit der Welt nicht im Einklang befand. Eine solche Empfindung hatte er früher niemals verspürt.

Zunächst ging ihm durch den Sinn, dass Eltern sich gewöhnlich überhaupt keine Gedanken um ihre Kinder machen. Als kleiner Junge war er am liebsten auf Maulbeerbäume geklettert, um heimlich von den Beeren zu naschen. Seine Eltern hatten sich jedoch nicht im Geringsten darum gekümmert. Als er einmal vom Baum gefallen war und sich den Kopf aufgeschlagen hatte, sorgten sie auch nicht dafür, dass die Wunde ärztlich gut behandelt wurde. Bis zum heutigen Tag hatte er deshalb über der linken Augenbraue eine spitze keilförmige Narbe, die nie wieder verschwinden würde. Das Haar trug er jetzt zwar ungewöhnlich lang, scheitelte es in der Mitte und kämmte es in die Stirn, um die Narbe wenigstens einigermaßen zu verdecken, aber die Spitze des Keils war trotzdem noch zu sehen. Überdies galt die Narbe als Schönheitsfehler. Wenn die Schülerinnen sie zufällig einmal zu sehen bekämen, würden sie ihn bestimmt verachten. Er legte den Spiegel nieder und seufzte verbittert auf.

Außerdem hatte der Verfasser des »Lehrbuchs der chinesischen Geschichte« überhaupt nicht an die Lehrer gedacht. Zwar stimmte sein Lehrbuch mit der »Chronik des Yuan Liaofan« an einigen Stellen überein, doch stand es größtenteils im Widerspruch dazu. Es gab so viele Abweichungen, dass man nicht wusste, wie man im Unterricht alles auf einen Nenner bringen sollte. Als er den Papierstreifen erblickte, der im Lehrbuch steckte, ärgerte er sich über den Geschichtslehrer, der mitten im Semester gekündigt hatte. Auf dem Papierstreifen stand nämlich: »Mit Kapitel acht, ›Aufstieg und Niedergang der Östlichen Jin-Dynastie‹, anfangen.«

Hätte sein Vorgänger die Begebenheiten der Drei Reiche nicht schon abgeschlossen, wären seine eigenen Vorbereitungen nicht so mühsam gewesen. Mit den Episoden aus den Drei Reichen war er nämlich bestens vertraut, wie zum Beispiel mit den Geschichten »Die drei Verschworenen im Pfirsichgarten«, »Kong Ming leiht sich Pfeile«, »Zhou Yu wird dreimal erzürnt«, »Huang Zhong erobert Junshan und enthauptet Xia Haiyuan« und verschiedenen anderen. Er wusste so viel darüber, dass er das Thema in einem Semester wahrscheinlich gar nicht hätte abhandeln können. In der Tang-Zeit gab es dann Geschichten wie »General Qin Qiong verkauft sein Schlachtross«. Auch darin kannte er sich noch recht gut aus. Wer hätte gedacht, dass es unglücklicherweise gerade die Östliche Jin-Dynastie sein würde. Verärgert stieß er erneut einen Seufzer aus und nahm wieder die »Chronik des Yuan Liaofan« zur Hand.

»He! Reicht es dir nicht, das Äußere zu betrachten, musst du jetzt auch noch ins Innere vordringen?«

Im selben Augenblick streckte sich von hinten eine Hand über seine Schulter und packte ihn am Kinn. Er rührte sich jedoch nicht, denn an Stimme und Geste hatte er sofort Huang San, seinen alten Freund und Partner im Mah-Jongg-Spiel, erkannt, der heimlich hereingehinkt war. Zwar hatten sie vor einer Woche noch zusammen getrunken und Frauen nachgestellt, aber seit er in der Tageszeitung »Da Zhong« den hochgelobten und bekannten Artikel »Über die Pflicht des chinesischen Staatsbürgers, die Landesgeschichte richtigzustellen« veröffentlicht und anschließend das Berufungsschreiben der »Xianliang«-Mädchenschule erhalten hatte, hielt er diesen Huang San für unfähig und etwas ordinär. Deshalb drehte er sich nicht einmal um, sondern entgegnete würdevoll: »Red keinen Unsinn! Ich bin gerade dabei, meinen Unterricht vorzubereiten …«

»Aber hast du nicht selbst zu Lao Bo gesagt, du wolltest versuchen, eine Stelle als Lehrer zu bekommen, damit du dich an den Schülerinnen sattsehen kannst?«

»Du darfst doch dem Geschwafel von Lao Bo nicht glauben!«

Huang San setzte sich zu ihm an den Tisch. Als sein Blick auf die Tischplatte fiel, entdeckte er zwischen dem Spiegel und einem unordentlichen Bücherstapel das Berufungsschreiben aus tiefrotem Papier. Mit einem Griff riss er es an sich und las begierig Wort für Wort:

»Hiermit bitte ich den Gelehrten Gao Erchu, an unserer Schule als Geschichtslehrer wöchentlich vier Stunden Unterricht zu erteilen. Das Honorar beträgt einen Silberyuan und dreißig Fen pro Stunde. Dies ist Ihr Vertrag.

Mit vorzüglicher Hochachtung
He Wangshu
Leiterin der ›Xianliang‹-Mädchenschule
1. September, im 13. Jahr der Republik China«

»Gelehrter Gao Erchu? Wer ist denn das? Du etwa? Hast du deinen Namen geändert?« Huang San platzte vor Neugier, als er zu Ende gelesen hatte.

Aber der Gelehrte Gao lächelte nur hochmütig. Er hatte tatsächlich seinen Namen geändert. Huang San konnte nur Mah-Jongg spielen und hatte sich bis jetzt weder für moderne Literatur noch für moderne Bildung interessiert. Und da er deshalb ja nicht wusste, dass es einen russischen Schriftsteller namens Gorki gab, wie konnte man ihm da die weitreichende und tief greifende Bedeutung dieser Namensänderung verständlich machen? Gao lachte daher nur hochmütig auf und gab keine Antwort.

»He, he! Lao Gan, hör auf mit diesen dummen Scherzen!«, sagte Huang San und legte das Berufungsschreiben wieder hin. »Wir haben hier eine Knabenschule. Die Sitten sind schon schlecht genug, und jetzt wollen sie auch noch eine Mädchenschule eröffnen! Ich weiß wirklich nicht, wo das in Zukunft noch enden soll. Wie kannst du dich nur darauf einlassen, es lohnt sich doch nicht …«

»Das glaube ich nicht. Außerdem wollte Frau He mich unbedingt einstellen. Ich konnte unmöglich ablehnen …« Es ärgerte ihn, dass Huang San die modernen Schulen schlechtmachte. Und er wurde unruhig, als er sah, dass es auf seiner Armbanduhr schon halb drei war und ihm bis zum Unterricht nur noch eine halbe Stunde blieb.

»Na gut! Lassen wir das.« Geschickt wechselte Huang San das Thema. »Sprechen wir doch von wichtigeren Dingen. Wir spielen heute Abend Mah-Jongg. Der älteste Sohn von Mao Zifu aus dem Dorf Maojia ist hier. Er will einen Geomanten beauftragen, eine geeignete Grabstätte zu erkunden, und hat jetzt zweihundert Silberyuan bei sich. Wir haben uns für den Abend zu einer Partie verabredet. Ich, Lao Bo und du. Du musst unbedingt kommen, du darfst das auf keinen Fall versäumen. Wir drei werden ihn kräftig schröpfen!«

Lao Gan – der Gelehrte Gao – ließ sich die Sache schweigend durch den Kopf gehen.

»Du musst kommen, unbedingt! Die Partie findet bei mir zu Hause statt. Ich muss mich noch mit Lao Bo in Verbindung setzen. Dieser Grünschnabel ist ein blutiger Anfänger, wir werden ihn bestimmt gehörig ausnehmen! Gib mir doch bitte dein Mah-Jongg-Spiel, das mit den schön geschnitzten Steinen!«

Der Gelehrte Gao stand langsam auf, zog unter dem Kopfende seines Bettes die Schachtel mit den Mah-Jongg-Steinen heraus und reichte sie ihm. Als er auf die Uhr sah, war es schon zwanzig vor drei. Huang San ist zwar tüchtig, dachte er, aber obwohl er genau weiß, dass ich Lehrer geworden bin, schimpft er in meiner Gegenwart auf die modernen Schulen und stört mich bei der Vorbereitung meines Unterrichts. Das geht doch nun wirklich nicht! Mit kühler Zurückhaltung sagte er schließlich: »Lass uns am Abend noch mal darüber sprechen. Ich muss jetzt zum Unterricht.«

Während er sprach, warf er hastig noch einen Blick auf die »Chronik des Yuan Liaofan«, nahm das Lehrbuch, packte es in die neue Aktentasche, setzte ganz vorsichtig den neuen Hut auf und verließ zusammen mit Huang San das Haus. Sobald er auf der Straße war, beschleunigte er seine Schritte, wobei er die Schultern vor- und zurückschob. Es dauerte nicht lange, da hatte Huang San ihn aus den Augen verloren.

In der Schule angekommen, überreichte der Gelehrte Gao dem buckligen alten Pförtner sogleich seine neue gedruckte Visitenkarte. Nach einer Weile vernahm er ein »Bitte!«. Er folgte daraufhin dem Buckligen um zwei Ecken und erreichte das Lehrerzimmer, das zugleich als Empfangsraum diente. Da die Schulleiterin, Frau He, nicht anwesend war, wurde er von dem graubärtigen Leiter für Unterrichtsangelegenheiten empfangen. Es war der berühmte Wan Yaopu mit dem Spitznamen »Zeremonienmeister für den Räucheraltar des himmlischen Kaisers«. Erst kürzlich hatte er in der Tageszeitung »Da Zhong« die Gedichtsammlung »Lyrische Gesänge vor dem Feenaltar« veröffentlicht. Es handelte sich um ein Zwiegespräch mit himmlischen Feen in Gedichtform.

»Ah! Verehrter Chu! Ich freue mich, Sie kennenzulernen! Ich habe schon viel von Ihnen gehört! …« Der Leiter grüßte mehrmals mit ineinandergelegten Händen und verbeugte sich fünf- bis sechsmal hintereinander, so als wolle er niederknien.

»Ah! Verehrter Yao! Ich freue mich, Ihre Bekanntschaft zu machen! Ich habe ebenfalls schon viel von Ihnen gehört!«, sagte der verehrte Chu. Die Aktentasche unter den Arm geklemmt, ahmte er die Gesten des anderen nach.

Schließlich setzten sie sich. Ein Schuldiener, der mehr tot als lebendig schien, servierte zwei Gläser mit abgekochtem Wasser. Der Gelehrte Gao warf einen Blick auf die Uhr an der Wand gegenüber; es war immer noch zwanzig vor drei. Seine Armbanduhr ging anscheinend eine halbe Stunde vor.

»Oh, Ihr bedeutendes Werk, verehrter Chu, richtig, die ›Abhandlung über die Verpflichtung des chinesischen Geistes‹ ist wirklich so kurz und treffend, dass man sie hundertmal lesen kann, ohne ihrer überdrüssig zu werden! Sie ist in der Tat ein vorbildliches Werk für die Jugend, wirklich ganz vorbildlich! Auch ich liebe die Literatur, schreibe aber nur zum Vergnügen. Wie könnte ich mich mit Ihnen vergleichen, verehrter Chu!« Er legte erneut die Hände zum Gruß zusammen und sprach leise: »An unserem ›Wahrsagealtar der blühenden Tugend‹ wird täglich die Fee angefleht. Auch ich halte dort oft Zwiesprache. Vielleicht erweisen Sie uns später einmal die Ehre Ihrer Anwesenheit. Die wahrsagende Fee ist nämlich die Blütenfee. Nach der Art, wie sie spricht, scheint sie eine zur Strafe auf die Erde verbannte Blumengöttin zu sein. Sie unterhält sich gern mit berühmten Persönlichkeiten. Auch ist sie den modernen Strömungen sehr zugetan. Einen Gelehrten wie Sie, verehrter Chu, wird sie bestimmt noch höher achten!« Er lachte gekünstelt.

Der Gelehrte Gao war jedoch nicht in der Lage, irgendwelche herausragenden Theorien und klingenden Kommentare abzugeben, denn er hatte sich zum Thema »Aufstieg und Niedergang der Östlichen Jin-Dynastie« nur ungenügend vorbereitet, und einiges davon war ihm sogar völlig aus dem Gedächtnis entschwunden. In seiner Unruhe wirbelten ihm Gedankenfetzen durch den Kopf: Während des Unterrichts muss man Würde wahren, die Narbe muss auf jeden Fall verdeckt bleiben, das Lehrbuch muss langsam vorgelesen werden, man muss die Schülerinnen natürlich und ungezwungen ansehen. Gleichzeitig drangen ihm Bruchstücke von dem, was Wan Yaopu weiter vortrug, ans Ohr:

»… eine Wasserkastanie geschenkt … berauscht stieg er auf einem grünen Phönix zum smaragdfarbenen Himmel empor, wie sehr übertrifft das doch alles Gewöhnliche … nachdem der verehrte Deng Xiao fünfmal mit der Stirn den Boden berührt hatte, schenkte sie ihm ein Gedicht … der rote Ärmel streift die Milchstraße, so sag denn nicht … die Blütenfee sprach … Sie, verehrter Chu, sind zum ersten Mal … dies ist also der botanische Garten unserer Schule!«

»Soso!« Erchu schreckte aus seinen Gedanken auf, denn er merkte plötzlich, wie der andere die Hand hob und mit ausgestrecktem Finger auf etwas deutete. In die angezeigte Richtung blickend, sah er draußen vor dem Fenster ein kleines Stück kahlen Bodens, auf dem vier bis fünf Bäume wuchsen. Genau gegenüber stand ein flaches, aus drei Räumen bestehendes Gebäude.

»Dort sind die Unterrichtsräume«, sagte Wan Yaopu, noch immer darauf deutend.

»Soso!«

»Die Schülerinnen sind sehr folgsam. Von den Vorlesungen abgesehen, verwenden sie ihren ganzen Fleiß aufs Nähen …«

»Soso!« Erchu war wirklich beunruhigt. Er hoffte, Wan Yaopu würde endlich schweigen, damit er sich auf das Thema »Aufstieg und Niedergang der Östlichen Jin-Dynastie« konzentrieren konnte.

»Leider gibt es unter ihnen auch einige, die lernen wollen, wie man Gedichte schreibt. Aber das ist natürlich ausgeschlossen. Selbstverständlich kann man Reformen durchführen, aber das Schreiben von Gedichten ist für höhere Töchter schließlich nicht schicklich. Die Blütenfee ist auch nicht sonderlich damit einverstanden, dass die Mädchen die Schule besuchen. Ihrer Meinung nach würde dadurch Verwirrung zwischen den Geschlechtern gestiftet, und der Himmel könne das nicht billigen. Ich habe einige Male sehr lebhaft mit ihr darüber diskutiert …«

Erchu sprang plötzlich auf. Er hatte das Klingelzeichen gehört.

»Nicht doch, nicht doch! Bitte bleiben Sie sitzen! Das ist das Pausenzeichen.«

»Verehrter Yao, Sie sind bestimmt sehr mit amtlichen Aufgaben beschäftigt. Sie dürfen sich meinetwegen keine Umstände machen …«

»Nicht doch, nicht doch! Ich habe Zeit, genug Zeit! Ich bin durchaus der Meinung, dass die Entwicklung der Frauenbildung den heute weltweit vorherrschenden modernen Strömungen entspricht. Aber wenn man einmal nicht aufpasst, läuft sie schon in die falsche Richtung, und der Himmel ist unzufrieden. Vielleicht heißt das auch nur, dass wir einer solchen Entwicklung rechtzeitig vorbeugen müssen. Man muss sich nur der jeweiligen Situation angemessen verhalten und darf nicht zu Extremen neigen. Wenn wir uns an der goldenen Mitte orientieren und die nationale Würde zu unserem höchsten Ziel erheben, dann können uns gar keine Fehler unterlaufen. Stimmen Sie mir darin zu, verehrter Chu? Die Blütenfee hält diesen Gedanken für annehmbar!« Er lachte wieder gekünstelt.

Der Schuldiener brachte erneut zwei Gläser mit abgekochtem Wasser. Aber da ertönte wieder die Klingel.

Yaopu bat Erchu, wenigstens zwei Schluck des abgekochten Wassers zu trinken. Dann erhob er sich langsam und führte ihn durch den Schulgarten in den Unterrichtsraum.

Mit klopfendem Herzen stand Erchu kerzengerade neben dem Podium, vor seinen Augen ein Zimmer voller Strubbelköpfe. Yaopu zog einen Briefbogen aus der Tasche seines Gewandes, entfaltete ihn und begann, den Blick auf das Geschriebene gerichtet, zu den Schülerinnen zu sprechen.

»Dies ist Lehrer Gao, Herr Gao Erchu. Er ist ein berühmter Gelehrter. Seine Abhandlung ›Über die Pflicht des chinesischen Staatsbürgers, die Landesgeschichte richtigzustellen‹ ist allgemein bekannt. In der Tageszeitung ›Da Zhong‹ hieß es, dass Lehrer Gao in Verehrung für die Persönlichkeit des großen russischen Literaten Gorki seinen Vornamen in Erchu umgeändert habe, um dadurch seine Hochachtung zum Ausdruck zu bringen. Das Erscheinen dieses Mannes ist wahrhaftig ein Segen für die erhabene Literatur unseres Landes! Nachdem ihn die Schulleiterin, Frau He, nun schon mehrmals höflichst gebeten hat, ist er jetzt endlich bereit, hier den Unterricht zu übernehmen …«

Lehrer Gao merkte plötzlich, dass es sehr still war. Der verehrte Yao war längst verschwunden; er stand allein vor der Klasse. Ihm blieb nichts anderes übrig, als auf das Podium zu steigen, zu grüßen und sich zu konzentrieren. Sein Vorsatz, stets Würde zu bewahren, kam ihm wieder in den Sinn. Ganz langsam schlug er das Lehrbuch auf und begann, über »Aufstieg und Niedergang der Östlichen Jin-Dynastie« zu sprechen.

»Hihi!« Ihm war, als hätte irgendwo jemand gekichert.

Der Gelehrte Gao wurde sofort rot im Gesicht. Mit einem Blick in sein Buch stellte er fest, dass das, was er vorgetragen hatte, dort auch tatsächlich so geschrieben stand: »Die Teilherrschaft der Östlichen Jin-Dynastie«. Über den Rand seines Buches hinweg sah er noch immer einen Raum voller Strubbelköpfe, nichts weiter. Er sagte sich, dass es wohl nur Einbildung gewesen sei und in Wirklichkeit niemand gelacht habe. Er konzentrierte sich wieder, sah fest auf das Buch und sprach ganz langsam weiter. Anfangs nahm er seine Worte noch wahr, aber allmählich hörte er sie immer undeutlicher, bis er schließlich nicht mehr wusste, was er eigentlich sagte. Als er gerade dabei war, den »kühnen Plan des Shi Le« zu erläutern, hörte er nur noch verstohlenes Gekicher.

Unwillkürlich blickte er vom Podium herab. Das Bild hatte sich völlig geändert: Der ganze Raum war voller Augen und niedlicher gleichseitiger Dreiecke mit je zwei Nasenlöchern in der Mitte. Dies alles floss zusammen wie ein hin und her wogendes endloses Meer, dessen glitzernde Welle ihn blendete. Als er ein weiteres Mal aufsah, blitzte es plötzlich noch einmal auf und verwandelte sich dann wieder in ein Zimmer voller Strubbelköpfe.

Sogleich senkte er den Blick und wagte nicht, vom Buch aufzuschauen. Als es nicht mehr anders ging, blickte er zur Zimmerdecke empor. Sie war aus vergilbtem weißem Zement, und in ihrer Mitte hob sich reliefartig ein Kreis ab. Dieser Kreis schien sich zu bewegen und sich abwechselnd zu weiten und zu verengen, sodass es Lehrer Gao vor den Augen flimmerte. Er fürchtete, wieder auf dieses schreckliche Meer von Augen und Nasenlöchern schauen zu müssen, wenn er den Blick senkte. Und so blieb ihm nichts anderes übrig, als wieder in sein Buch zu sehen. Inzwischen war er beim »Kampf am Fei-Fluss« angelangt, und bald würde er erzählen, wie Fu Jian in seiner Angst Gräser und Bäume irrtümlich für feindliche Truppen hielt.

Er hatte ständig den Verdacht, dass viele Schülerinnen heimlich über ihn lachten, aber er sprach beharrlich weiter. Bestimmt hatte er schon sehr lange gesprochen, doch noch immer ertönte kein Klingelzeichen. Es schien ihm unmöglich, auf die Armbanduhr zu sehen, denn er fürchtete, die Schülerinnen könnten es bemerken und ihn deswegen verspotten. Nach einer Weile war er beim »plötzlichen Aufstieg der Tuoba-Familie« angekommen, und als Nächstes würde das Thema »Aufstieg und Niedergang der Sechs Reiche« an der Reihe sein. Er hatte eigentlich gedacht, dass er davon heute nicht mehr zu sprechen brauchte, und war darum nicht vorbereitet. Er merkte, dass seine Notizen plötzlich zu Ende waren.

Nach einem Moment der Verwirrung sagte er stockend: »Heute ist der erste Tag. Das ist alles …« Er nickte kurz, stieg vom Podium und verließ den Unterrichtsraum.

»Hihihi!«

Ihm war, als hörte er hinter seinem Rücken allgemeines Gelächter, und er meinte zu sehen, wie sich dieses Gelächter aus dem unendlichen Meer von Nasenlöchern erhob. Niedergeschlagen betrat er den Schulgarten und ging mit großen Schritten auf das Lehrerzimmer zu.

Plötzlich bekam er einen Schlag auf den Kopf. Er erschrak darüber so sehr, dass ihm das »Lehrbuch der chinesischen Geschichte« aus der Hand glitt und auf den Boden fiel. Er wich zwei Schritte zurück und starrte auf den krummen Ast vor seinem Gesicht, dessen Blätter vom Aufprall noch zitterten. Schnell bückte er sich, um das Buch aufzuheben. Neben dem Buch stand eine hölzerne Tafel mit der Aufschrift:

»Maulbeerbaum – Familie Maulbeer.«

Ihm war, als hörte er hinter seinem Rücken noch immer allgemeines Gelächter, und wieder meinte er zu sehen, wie dieses Gelächter aus dem unendlichen Meer von Nasenlöchern aufstieg. Es war ihm peinlich, sich den Kopf zu reiben, obwohl er bereits anfing zu schmerzen. Es gab nur noch eins, so schnell wie möglich ins Lehrerzimmer zu gelangen.

Dort standen noch immer die beiden Gläser mit dem abgekochten Wasser.

Der Schuldiener, der mehr tot als lebendig schien, war jedoch verschwunden, und auch von dem verehrten Yao war keine Spur zu sehen. Aus dem Halbdunkel leuchteten ihm nur seine neue Aktentasche und sein neuer Hut entgegen. Er sah auf die Wanduhr: Es war erst zwanzig vor vier.

Noch lange nach seiner Heimkehr stieg immer wieder Ärger in ihm auf; er war ohne besonderen Grund wütend. Schließlich kam er zu der Überzeugung, dass die modernen Schulen tatsächlich die Sitten verdarben. Man konnte gar nichts Besseres tun, als sie zu schließen, insbesondere die Mädchenschulen. Was hatten die denn schon für einen Sinn? Nichts als eitle Selbstgefälligkeit!

»Hihihi!«

Er hatte immer noch das undeutliche Gelächter im Ohr. Es machte ihn noch zorniger und bestärkte ihn in seinem Entschluss, von diesem Amt zurückzutreten. Er nahm sich vor, am Abend einen Brief an die Schulleiterin, Frau He, zu schreiben. Er brauchte ihr ja nur mitzuteilen, er leide an einer Fußkrankheit. Aber was sollte er tun, wenn sie ihn nicht gehen ließ? – Dann würde er einfach nicht darauf eingehen. Man konnte ja wirklich nicht ansehen, wohin diese Mädchenschulen noch führen würden. Wozu sollte er sich die Mühe machen, sich mit ihnen abzugeben? Es lohnt sich nicht, dachte er.

Entschlossen packte er die »Chronik des Yuan Liaofan« weg, stieß den Spiegel zur Seite und faltete das Berufungsschreiben zusammen. Er wollte sich gerade an den Tisch setzen, als ihm auffiel, dass das Berufungsschreiben wirklich von einer abscheulich roten Farbe war. Eilig stopfte er es zusammen mit dem »Lehrbuch der chinesischen Geschichte« in eine Schublade.

Jetzt war alles weggeräumt; auf dem Tisch lag nur noch der Spiegel. Er sah zwar jetzt wieder viel klarer, fühlte sich aber immer noch nicht richtig wohl. Ihm war, als ob ihm noch irgendetwas fehlte. Als ihm klar wurde, was das war, setzte er die Kappe mit dem roten Knopf auf und machte sich auf den Weg zu Huang San.

»Da ist er ja, unser Gelehrter Gao Erchu!«, rief Lao Bo.

»Quatsch!«, entgegnete Gao stirnrunzelnd und gab Lao Bo einen Klaps auf den Kopf.

»Du hast doch Unterricht gegeben. Wie wars denn, es gab da doch sicher ein paar ganz entzückende Mädchen?«, fragte Huang San eifrig.

»Ich habe nicht die Absicht, noch weiter zu unterrichten. Man weiß ja wirklich nicht, wohin diese Mädchenschulen noch führen werden. Für uns ehrbare Menschen lohnt es die Mühe nicht, sich darauf einzulassen …«

Der älteste Sohn der Familie Mao trat ein. Er war dick und rund wie ein Klebreiskloß.

»Oh, erfreut, Sie zu sehen! …« Alle Anwesenden legten die

Hände zum Gruß ineinander und verbeugten sich immer wieder, als wollten sie niederknien.

»Dies ist der verehrte Herr Gao Ganting, von dem wir vorher gesprochen haben«, sagte Lao Bo zum ältesten Sohn der Familie Mao, während er auf den Gelehrten Gao zeigte.

»Oh! Ich bin hocherfreut, Ihre Bekanntschaft zu machen! ...« Der älteste Sohn der Familie Mao legte die Hände zum Gruß ineinander und verneigte sich.

Links im Zimmer stand quer zur Wand ein viereckiger Tisch bereit. Während Huang San die Gäste begrüßte, rückte er mithilfe einer Dienerin die Stühle zurecht und legte die Spielmarken bereit. Es dauerte nicht lange, da wurde auf jeder Tischecke eine feine dünne Kerze angezündet, und alle vier Spieler nahmen ihre Plätze ein.

Es herrschte vollkommenes Schweigen. Nur das Geräusch der ausgespielten Steine, die auf dem Ebenholztisch klapperten, war in der Stille der hereinbrechenden Nacht deutlich zu hören.

Obwohl der Gelehrte Gao eine glückliche Hand im Spiel hatte, war er immer noch mit irgendetwas unzufrieden. Normalerweise vergaß er schnell, doch diesmal dachte er ständig über die besorgniserregende Entwicklung der Gesellschaft nach. Das Häufchen Spielmarken vor ihm war nach und nach angewachsen, aber nicht einmal das konnte ihn froh und zufrieden stimmen. Mit der Zeit würde sich die Entwicklung der Gesellschaft schließlich doch noch zum Besseren wenden. Es war sehr spät geworden, und man hatte schon die zweite Runde beendet, als er beinahe alle Steine einer Serie zusammenhatte und somit seinem Gewinn nichts mehr im Wege stand.

1. Mai 1925

Der Einsame

I

Wenn ich jetzt zurückdenke, so erscheint mir meine Bekanntschaft mit Wei Lianshu recht ungewöhnlich, denn sie begann und endete mit einem Begräbnis.

Als ich damals in der Stadt S lebte, wurde sein Name oft erwähnt. Es hieß, dass er ein wenig eigen sei: Er habe zwar Zoologie studiert, unterrichte aber an einer Mittelschule Geschichte. Er behandle die Leute immer sehr distanziert; trotzdem kümmere er sich gern um die Angelegenheiten anderer. Häufig sage er, dass das Familiensystem zerstört werden müsse; doch sobald er sein Gehalt ausgezahlt bekomme, schicke er es gleich seiner Großmutter, ohne auch nur einen Tag damit zu warten. Noch viele andere Kleinigkeiten gaben Anlass, über ihn zu reden. Kurzum, er lieferte der Stadt S viel Gesprächsstoff.

Im Herbst vor einigen Jahren weilte er bei Verwandten in Hanshishan.

Sie hießen ebenfalls Wei und waren mit Lianshu entfernt verwandt. Aber sie verstanden ihn noch weniger als die Leute in S und sagten, als wäre er ein Ausländer: »Er ist eben anders als wir.«

Das war nicht weiter erstaunlich, denn Hanshishan besaß nicht einmal eine Grundschule, obwohl es in China bereits seit zwanzig Jahren moderne Schulen gab. Von den Einwohnern des Bergdorfes hatte nur Lianshu auswärts eine Schule besucht. Nach Ansicht der Dorfbewohner war er daher wirklich aus der

Art geschlagen. Andererseits beneideten sie ihn, hieß es doch, dass er viel Geld verdiene.

Gegen Ende des Herbstes grassierte im Bergdorf die Ruhr. Das beunruhigte mich, und ich wollte deswegen in die Stadt zurückkehren. Da hörte ich, dass auch seine Großmutter sich angesteckt habe und ihr Zustand wegen ihres hohen Alters sehr ernst sei. In dieser Gegend gab es keinen Arzt. Zu seiner sogenannten näheren Verwandtschaft gehörte eigentlich nur noch diese Großmutter. Sie lebte sehr einfach mit nur einer einzigen Dienerin. Da seine Eltern schon früh gestorben waren, hatte sie ihn aufgezogen. Man erzählte sich auch, dass sie damals viel durchgemacht habe, jetzt aber sei ihr Leben glücklich und zufrieden. Lianshu war sehr einsam, weil er weder Frau noch Kinder hatte. Wahrscheinlich war auch das ein Grund dafür, dass ihn alle so eigenartig fanden.

Die Entfernung zwischen Hanshishan und der Stadt betrug auf dem Landweg hundert Li, auf dem Wasserweg siebzig Li. Wollte man Lianshu durch einen Boten holen lassen, so würden Hin- und Rückweg mindestens vier Tage dauern. Das Bergdorf war so entlegen und klein, dass sich in solchen Fällen alle nach den neuesten Nachrichten erkundigten. Als es am zweiten Tag hieß, der Zustand der Großmutter habe sich ernstlich verschlechtert, wurde ein Bote zu Lianshu geschickt. Doch sie starb am Morgen des vierten Tages. Ihre letzten Worte waren: »Warum habt ihr mich Lianshu nicht noch einmal sehen lassen?«

Der Sippenälteste, die näheren Angehörigen, Verwandte der Großmutter mütterlicherseits und Neugierige versammelten sich im Haus. Erwartungsvoll rechneten sie sich den Zeitpunkt seiner Ankunft aus: Lianshu würde wohl rechtzeitig zum Einsargen kommen. Der Sarg und das Totenhemd waren schon längst vorbereitet, man brauchte sich also nicht mehr darum zu kümmern. Das größte Problem war, wie man sich dem »hauptleidtragenden Enkel« gegenüber verhalten sollte. Man vermutete nämlich, dass dieser die alten Trauerriten unbedingt ändern und die Beerdigung nach neumodischer Sitte durchführen wollte. Nachdem die Verwandten dieses Problem erörtert hatten, stellten sie drei Bedingungen auf, die Lianshu erfüllen müsste. Er sollte erstens weiße Trauerkleidung tragen, zweitens vor dem Sarg niederknien und sich verbeugen und drittens den Trauerritus von buddhistischen Mönchen und Daoistenpriestern vollziehen lassen. Kurz gesagt, alles sollte gemäß dem traditionellen Zeremoniell durchgeführt werden.

Nachdem sie sich geeinigt hatten, vereinbarten sie, sich am Tage seiner Ankunft vor der Trauerhalle in Reih und Glied aufzustellen und mit gegenseitiger Unterstützung und vereinten Kräften ihm gegenüber das Beschlossene durchzusetzen. In Erwartung kommender Sensationen schluckten die Leute im Dorf vor Erregung und Neugier. Sie wussten, dass Lianshu der »Neuen Partei« angehörte, welche »von ausländischen Religionen beeinflusst« war. Man hatte ja noch nie vernünftig mit ihm reden können, aber jetzt würde es wohl heftige Auseinandersetzungen mit ihm geben. Das könnte ein unverhofftes, aus dem Rahmen fallendes Schauspiel werden!

Und dann erzählte man sich Folgendes: Lianshu war am Nachmittag angekommen, ins Haus getreten und hatte sich vor dem Sarg seiner Großmutter nur leicht verbeugt. Daraufhin waren der Sippenälteste und die anderen plangemäß vorgegangen. Man bat Lianshu in die Halle und brachte nach einer recht langen Einleitung das eigentliche Thema zur Sprache. Alle bekundeten lauthals Einmütigkeit und gaben ihm keine Gelegenheit zu widersprechen. Aber schließlich hatten sie ihre Rede beendet und starrten unter tiefem Schweigen gespannt auf seinen Mund. Lianshu verzog keine Miene und erwiderte einfach: »In Ordnung.«

Das hatte keiner erwartet. Allen fiel ein Stein vom Herzen, und doch machte sich keine Erleichterung breit. Sein Einverständnis erschien ihnen so »eigenartig«, dass sie ganz besorgt wurden. Die begierig auf Sensationen wartenden Dorfbewohner waren sehr enttäuscht, und wie ein Lauffeuer verbreitete es sich durch das ganze Dorf: »Komisch! Er sagt: In Ordnung. Wir müssen unbedingt hin und uns das ansehen!« – »In Ordnung« bedeutete, dass die Tradition gewahrt bliebe; es würde also nichts zu sehen geben. Dennoch wollten alle dabei sein. Und so versammelten sie sich nach Einbruch der Dämmerung vergnügt vor der Halle.

Nachdem ich Räucherstäbchen und Kerzen geschickt hatte, ging ich ebenfalls dorthin. Als ich am Trauerhaus anlangte, war Lianshu schon dabei, der Toten das Sterbehemd anzulegen. Er war ein kleiner, magerer Mann mit einem spitzen, viereckigen Gesicht, das von wirrem Haar, einem dichten schwarzen Bart und den Augenbrauen halb verdeckt wurde. Im dämmerigen Licht waren nur die glänzenden Augen zu erkennen. Er kleidete die Tote so geschickt und ordnungsgemäß an, als wäre er ein Fachmann darin. Unwillkürlich seufzten die Zuschauer beeindruckt auf. In Hanshishan war es seit jeher üblich, dass die Verwandten mütterlicherseits beim Einsargen Kritik übten. Er fügte sich allem ruhig und ohne eine Miene zu verziehen. Eine alte grauhaarige Frau vor mir ächzte bewundernd.

Nun verbeugten sich alle und stimmten die Totenklage an, begleitet vom leiernden Singsang der Klageweiber. Danach wurde die Tote in den Sarg gelegt. Wieder verbeugten sich alle, und wieder ertönte die Totenklage, bis der Sarg zugenagelt war. Einen Augenblick herrschte tiefes Schweigen, dann wurden Verwirrung, Erstaunen und Unzufriedenheit spürbar. Plötzlich kam auch mir zu Bewusstsein, dass Lianshu vom Beginn bis zum Ende der Trauerfeier nicht eine Träne geweint hatte. Unbewegt saß er auf der Strohmatte, nur die Augen glänzten im dämmerigen Licht.

In dieser Atmosphäre der Verwirrung und Unzufriedenheit wurde das Einsargen beendet. Es schien, als wollten alle rasch auseinandergehen, doch Lianshu saß noch immer in Gedanken versunken auf der Matte. Plötzlich liefen ihm Tränen übers Gesicht, und er begann herzzerreißend zu schluchzen. Dann heulte er auf wie ein verwundeter Wolf in der Verlassenheit der tiefen Nacht – tödlich verletzt, zornig und traurig zugleich. Das verstieß gegen die guten Sitten, so etwas hatte es bislang noch nie gegeben, darauf war keiner gefasst. Einige gingen nach kurzem Zögern zu ihm, um ihn zu beruhigen. Immer mehr folgten, bis er schließlich von einer großen Menge umringt war. Doch er saß wie versteinert da und schrie.

Die Leute wussten sich schließlich keinen Rat mehr und gingen verlegen auseinander. Er weinte noch immer, wohl eine halbe Stunde lang. Dann versiegten seine Tränen plötzlich, und er ging ins Haus, ohne sich bei den Trauergästen zu bedanken. Einer sah heimlich nach ihm und berichtete, dass er ins Zimmer seiner Großmutter gegangen sei, sich dort hingelegt habe und nun anscheinend fest schlafe.

Zwei Tage später, einen Tag vor meiner Rückkehr in die Stadt, kam es unter den Dorfbewohnern zu leidenschaftlichen Auseinandersetzungen über die Verteilung des Erbes. Lianshu wollte, so hörte ich, den größten Teil des Hausrates als Opfergabe für seine Großmutter verbrennen und den Rest der Dienerin schenken, die sich um sie gekümmert und sie auf dem Sterbebett gepflegt hatte. Außerdem sollte sie unbefristet in dem Haus wohnen dürfen! Die Verwandten und Sippengenossen widersprachen, doch wie sehr sie auch auf ihn einredeten, sie trafen auf taube Ohren.

Wahrscheinlich war es hauptsächlich Neugier, die mich zum Kondolieren zu ihm führte, als ich bei Antritt der Heimreise an seinem Haus vorbeikam. Er empfing mich in einem ungesäumten Trauergewand aus Baumwolle, sein Gesicht war so unbewegt wie zuvor. Ich sprach ihm mein Beileid aus, und abgesehen von ein paar undeutlichen Brocken antwortete er nur: »Ich danke Ihnen sehr für die gute Absicht.«

II

Zum dritten Mal begegneten wir einander in einer Buchhandlung in der Stadt S zu Beginn des Winters. Wir nickten einander zu; schließlich kannten wir uns ja. Doch erst nachdem ich Ende jenes Jahres meine Stellung verloren hatte, lernten wir uns näher kennen. Seitdem besuchte ich ihn oft – einerseits weil ich mich langweilte, andererseits weil man mir erzählt hatte, dass er sich trotz seiner Verschlossenheit gern mit verbitterten Menschen anfreundete. Doch das Leben hat Höhen und Tiefen, und der Mensch bleibt nicht ewig verbittert. Daher hatte Lianshu nur wenige alte Freunde. Diese Gerüchte über ihn mussten wohl stimmen, denn ich hatte kaum meine Visitenkarte abgegeben, als er mich auch schon empfing. Zwei durchgehende Räume bildeten sein Wohnzimmer. Die Einrichtung bestand – abgesehen von Tisch und Stühlen – aus einigen Bücherregalen. Obwohl er als Anhänger der gefürchteten »Neuen Partei« galt, standen kaum moderne Bücher in den Regalen. Er wusste bereits, dass ich meine Stellung verloren hatte. Nach den üblichen Begrüßungsfloskeln saßen Gastgeber und Gast einander schweigend gegenüber, bis es peinlich wurde. Ich sah, wie hastig er rauchte. Er warf die Zigarette erst weg, als sie ihm fast die Finger verbrannte.

»Rauchen Sie doch auch eine«, sagte er plötzlich, griff nach einer neuen und reichte sie mir.

Ich nahm an, rauchte und plauderte mit ihm über Unterricht und Bücher, doch die Stimmung blieb gedrückt. Gerade als ich gehen wollte, wurden draußen Schritte und Geschrei laut. Vier Kinder stürmten herein, das älteste acht oder neun Jahre alt, das jüngste vier oder fünf. An Gesicht, Händen und Kleidung waren sie sehr schmutzig. Zudem sahen die vier recht hässlich aus. Doch Lianshus Augen leuchteten vor Freude auf. Er erhob sich sogleich, ging ins Nebenzimmer und rief: »Daliang, Erliang, kommt alle her! Ich habe die Mundharmonikas gekauft, die ihr gestern haben wolltet!«

Die Kinder drängten ins Nebenzimmer und kamen gleich wieder heraus. Ein jedes blies auf einer Mundharmonika. Kaum waren sie draußen, zankten sie sich schon. Eins heulte.

»Jeder hat eine, und alle sind gleich. Streitet euch nicht!«, rief er ihnen nach.

Ich fragte: »Zu wem gehören diese vielen Kinder?«

»Zum Hausbesitzer. Sie haben keine Mutter mehr, nur noch eine Großmutter.«

»Ist er Witwer?«

»Ja. Seine Frau starb vor ungefähr drei Jahren. Er hat nicht wieder geheiratet ... Andernfalls hätte er ja nicht einen Teil der Wohnung an einen Junggesellen wie mich vermietet.« Er lächelte spöttisch.

Ich hätte ihn gern gefragt, warum er nicht geheiratet hatte, doch da wir uns kaum kannten, schwieg ich lieber.

Sobald man ihn näher kennenlernte, konnte man gute Gespräche mit ihm führen. Er machte zu vielen Dingen kritische Bemerkungen, und die waren meist interessant und originell. Allerdings hatte er einige Bekannte, die kaum zu ertragen waren. Sie hatten wohl von Yu Dafu die Novelle »Der Untergang« gelesen, denn sie bezeichneten sich oft als »die unglückliche Jugend« oder »die Überflüssigen«. Wie Krebse räkelten sie sich faul in den Sesseln, seufzten und rauchten mit gerunzelter Stirn. Dann waren da noch die Kinder des Hausbesitzers, die sich immer zankten, Tassen und Teller umwarfen und Süßigkeiten forderten, dass einem vom Zusehen ganz schwindlig wurde. Doch sobald Lianshu sie sah, verlor er seine sonstige Kälte. Er liebte sie mehr als sich selbst. Man erzählte mir, dass sein dunkles Gesicht vor Sorge noch dunkler wurde, als Sanliang die Masern bekam. Es war aber nur ein leichter Anfall. Später erzählte die Großmutter allen von Lianshus Sorge und machte sich über ihn lustig. »Kinder sind immer gut. Sie sind ganz unschuldig ...«, sagte er mir einmal, als er spürte, wie widerwärtig sie mir waren.

Ich antwortete gleichgültig: »Das stimmt nicht unbedingt.«

»Doch! Die Kinder haben nicht den schlechten Charakter der Erwachsenen. Wenn sie später schlecht werden – ich meine die Schlechtigkeit, die du immer angreifst –, so ist das der schlechte Einfluss der schlechten Umgebung. Anfangs sind sie überhaupt nicht schlecht, sie sind ganz unschuldig … Ich glaube, Chinas Hoffnung liegt einzig hier.«

»Nein, nein! Wie könnten Kinder ohne den Keim zum Schlechten Triebe entwickeln? Sie enthalten alles bereits in sich wie die Natur auch.« Damals war ich ohne Beschäftigung und las daher buddhistische Klassiker wie die alten Herren, die nach Verlust von Amt und Würden Vegetarier wurden und sich im Meditieren übten. Ich verstand zwar überhaupt nichts von der buddhistischen Lehre, redete aber trotzdem gelehrt daher.

Lianshu ärgerte sich sehr darüber, doch er warf mir nur einen kurzen Blick zu und schwieg. Ich wusste nicht, ob ihm keine Argumente mehr einfielen oder ob er es für unter seinem Niveau hielt, weiter mit mir zu diskutieren. Aber er sah wieder so kalt drein, wie ich es schon lange nicht mehr gesehen hatte. Schweigend rauchte er zwei Zigaretten; als er nach der dritten griff, floh ich.

Diese Spannung zwischen uns legte sich erst nach drei Monaten. Das mag daran gelegen haben, dass er den Vorfall vergessen hatte, vielleicht auch daran, dass er inzwischen von einem »unschuldigen« Kind beleidigt worden war und nun meine harten Worte teilweise akzeptierte. Aber das war nur eine Vermutung. Tatsächlich sagte er in meiner Wohnung, nachdem wir Wein getrunken hatten, traurig aufblickend: »Wenn man darüber nachdenkt, ist es schon ein wenig seltsam. Auf dem Weg zu dir sah ich auf der Straße ein kleines Kind. Es richtete ein Schilfrohr auf mich und rief: ›Ich mach dich tot!‹ Es konnte kaum laufen …«

»Das ist der schlechte Einfluss der schlechten Umgebung.« Sofort bedauerte ich meine Worte, doch er schien sie nicht übel zu nehmen. Er trank und rauchte nur wie besessen. Ich wechselte rasch das Thema. »Ich habe ganz vergessen, dich zu fragen.

Du besuchst doch sonst nicht gern Leute. Warum hattest du heute überhaupt Lust zu kommen? Wir kennen uns nun schon über ein Jahr, doch es ist das erste Mal, dass du mich besuchst.«

»Ich wollte es dir gerade sagen. Du darfst in den nächsten Tagen nicht zu mir kommen. Es sind zwei Menschen in meiner Wohnung, ein alter und ein junger, ganz widerlich, kaum Menschen zu nennen.«

»Ein alter und ein junger? Wer sind diese Leute?«, fragte ich erstaunt.

»Ein Vetter väterlicherseits und sein kleiner Sohn. Pfui Teufel, der Junge ist genau wie der Alte.«

»Sind sie zu ihrem Vergnügen und um dich zu besuchen in die Stadt gekommen?«

»Nein. Sie wollen etwas mit mir besprechen. Ich soll den Jungen adoptieren.«

»Ach! Adoptieren?«, rief ich erstaunt. »Aber du bist doch gar nicht verheiratet!«

»Die wissen genau, dass ich nie heiraten werde. Aber das ist ihnen egal. Sie wollen in Wirklichkeit mein altes Haus in Hanshishan ›adoptieren‹. Du weißt ja, dass ich sonst nichts besitze. Kaum habe ich Geld in den Händen, gebe ich auch schon alles aus. Ich habe nur dieses alte Haus, aber meine Verwandten haben im Leben nichts Besseres zu tun, als die alte Dienerin, die ich dort wohnen lasse, hinauszuwerfen.«

Ich war bestürzt über seine kalten, bitteren Worte, sagte aber besänftigend: »Ich glaube nicht, dass deine Verwandten so sind. Sie denken nur ein bisschen altmodisch. Erinnere dich doch daran, wie mitleidig sie dich umringten und zu trösten versuchten, als du damals so weintest …«

»Als mein Vater starb und ich weinte, umringten sie mich auch so mitleidig und versuchten, mich zu trösten, weil sie mein Haus wollten. Ich sollte gleich die Besitzurkunde ausstellen …« Er starrte ins Leere, als wollte er sich die damalige Szene ins Gedächtnis zurückrufen.

»Kurzum, der Kern des Problems ist, dass du keine Kinder hast. Warum heiratest du nicht einfach?« Ich fand, dies sei die beste Gelegenheit, ihn danach zu fragen, wie ich es schon immer vorgehabt hatte.

Er sah mich einen Moment überrascht an. Dann starrte er auf seine Knie und sog an seiner Zigarette, ohne Antwort zu geben.

III

Obwohl sein Leben so düster und trostlos war, ließ man Lianshu nicht in Ruhe. Allmählich wurde er in den Gazetten von anonymer Stelle angegriffen, und auch in Lehrerkreisen zog man oft über ihn her. Doch diesmal schien es nicht nur müßiges Geschwätz zu sein; man wollte ihm offensichtlich schaden. Ich wusste, dass dies die Folge einiger Artikel war, die er kürzlich veröffentlicht hatte, und kümmerte mich daher nicht darum. Die Leute in S liebten es nicht, wenn jemand rücksichtslos Kritik übte, und rächten sich aus dem Hinterhalt. Das war schon immer so gewesen, und auch Lianshu wusste das. Doch im Frühling hörte ich plötzlich, dass der Direktor seiner Schule ihn entlassen hatte. Ich war ziemlich überrascht, auch wenn dies eigentlich nichts Ungewöhnliches war. Nur weil ich gehofft hatte, Entlassungen blieben meinen Bekannten erspart, erschien mir alles sehr plötzlich. Man konnte noch nicht einmal sagen, dass ihn die Leute in S besonders schlecht behandelten.

Damals war ich gerade mit meinen eigenen Zukunftsplänen sehr beschäftigt. Ich hatte in Shanyang eine Stelle als Lehrer in Aussicht, die ich im Herbst antreten sollte. Aus diesem Grund hatte ich keine Zeit, ihn zu besuchen. Schon waren mehr als drei Monate seit seiner Entlassung vergangen, doch noch immer fand ich keine Zeit für einen Besuch. Eines Tages blieb ich vor einem Antiquariat in der Hauptstraße stehen. Unwillkürlich schrak ich zusammen, als ich dort die Erstausgabe der »Historischen Aufzeichnungen« mit Kommentar aus dem Jiguge-Verlag ausgestellt sah. Sie hatte einst Lianshu gehört. Zwar war er kein Sammler, doch er liebte Bücher. Es war ihm sicher nicht leichtgefallen, diese überaus wertvolle Erstausgabe einfach zu verkaufen. Wahrscheinlich war das nur infolge einer äußersten Notlage geschehen. Er hatte doch erst vor zwei, drei Monaten seine Stellung verloren. Konnte er da schon so verarmt sein? Allerdings hatte er früher sein Geld immer gleich ausgegeben und nie etwas gespart. Ich beschloss, ihn sofort zu besuchen, und kaufte eine Flasche Schnaps, zwei Päckchen Erdnüsse und zwei geräucherte Fische.

Die Tür seines Zimmers war geschlossen. Ich rief zweimal, bekam aber keine Antwort. Er schläft wohl, dachte ich, rief noch lauter und hämmerte gegen die Tür.

»Er ist sicher weggegangen!«, rief die Großmutter der Kinder. Diese fette Frau mit den dreieckigen Augen hatte ihren Kopf durch das gegenüberliegende Fenster gesteckt und schien sehr ungehalten zu sein.

Ich fragte: »Wohin ist er gegangen?«

»Wohin? Was weiß ich! Wohin kann er schon gegangen sein? Warten Sie ruhig! Er kommt immer schnell zurück.«

Also stieß ich die Tür auf und ging in sein Wohnzimmer. Wirklich – »ein Tag, an dem wir uns nicht gesehen haben, erscheint wie drei Herbste«. Das Zimmer war trüb und leer. Fast alle Möbel waren verschwunden, in den Bücherregalen waren nur die Bücher mit ausländischem Einband übrig geblieben, weil diese in S keiner haben wollte. In der Mitte des Zimmers stand noch der runde Tisch, an dem sich früher so oft melancholische junge Männer, verkannte Genies und schmutzige, lärmende Kinder gelümmelt hatten. Jetzt war er von einer dünnen Staubschicht bedeckt und schien nicht mehr benutzt zu werden. Ich stellte die Flasche und die Päckchen darauf, zog mir einen Stuhl heran und setzte mich mit dem Gesicht zur Tür.

Tatsächlich wurde bald darauf die Tür geöffnet, und ein

Mann trat lautlos wie ein Schatten ein. Es war Lianshu. Vielleicht lag es an der Abenddämmerung, dass er noch dunkler erschien, doch sonst hatte er sich nicht verändert.

»Ach, du bist hier? Wann bist du gekommen?« Er schien sich über meinen Besuch ein wenig zu freuen.

»Vor Kurzem«, erwiderte ich. »Wo warst du denn?«

»Nirgendwo. Ich bin nur so herumgelaufen.«

Er zog sich ebenfalls einen Stuhl heran und setzte sich an den Tisch. Wir begannen, den Schnaps zu trinken, und sprachen über seine Entlassung. Aber er wollte nicht lange darüber reden. Er meinte, das sei zu erwarten gewesen, sei ihm auch schon öfter passiert, es würde keinen überraschen und sei überhaupt nicht wert, darüber ein Wort zu verlieren. Es war wie früher – er trank Schnaps und machte kritische Bemerkungen über Gesellschaft und Geschichte. Als mein Blick unwillkürlich die leeren Bücherregale streifte, erinnerte ich mich wieder an die Erstausgabe der »Historischen Aufzeichnungen mit Kommentar«. Plötzlich fühlte ich mich seltsam verloren und traurig.

»Dein Wohnzimmer sieht so unbewohnt und leer aus. Hast du jetzt wenig Besuch?«

»Keinen. Die Leute meinen, ich sei dermaßen bedrückt, dass es keinen Spaß mache, mich zu besuchen. Ich bereite ihnen wirklich Unbehagen. Im Winter geht keiner gern in einen Park.« Er trank zwei Schlucke und grübelte vor sich hin. Plötzlich hob er den Kopf und fragte: »Die Stellung, mit der du rechnest, ist dir wohl auch noch nicht sicher, oder?«

Obwohl ich sah, dass er schon ein wenig angetrunken war, ärgerte ich mich über ihn. Gerade als ich etwas erwidern wollte, horchte er auf, nahm eine Handvoll Erdnüsse und ging hinaus. Draußen lachten Daliang und die anderen Kinder. Doch als Lianshu hinaustrat, verstummten sie und rannten davon. Er lief hinter ihnen her und sagte etwas, bekam aber keine Antwort. Lautlos wie ein Schatten kam er zurück und schob die Erdnüsse wieder ins Päckchen.

»Sie wollen von mir noch nicht einmal etwas zum Essen«, sagte er leise und lächelte höhnisch.

»Lianshu«, sagte ich und zwang mich zu lächeln, obwohl ich sehr traurig war. »Du machst es dir zu schwer. Du hältst die Menschheit für zu schlecht.«

Er lachte bitter auf.

»Lass mich ausreden«, bat ich. »Du denkst doch, dass wir, die wir dich manchmal besuchen, das nur tun, weil wir nichts Besseres vorhaben, dass wir hierherkommen, um uns über dich zu amüsieren?«

»Eigentlich nicht. Aber manchmal ist es wohl so. Oder um neuen Gesprächsstoff zu finden.«

Ich seufzte. »Da irrst du. Die Leute sind wirklich nicht so. In Wirklichkeit hast du dich in einen Kokon von Einsamkeit eingesponnen. Du musst die Welt auch ein wenig von der lichten Seite her betrachten!«

»Vielleicht stimmt das. Aber sag mir: Woher kommt der Seidenfaden? Natürlich gibt es auf der Welt viele solcher Menschen. Meine Großmutter zum Beispiel war genauso. Wir waren zwar nicht blutsverwandt, aber vielleicht habe ich ihr Schicksal geerbt. Auch wenn das keine große Rolle spielt, habe ich doch schon früh begonnen, darüber zu weinen.«

Sofort erinnerte ich mich wieder lebhaft an die Einsargung seiner Großmutter, als sei es gerade erst geschehen. »Ich habe dein herzzerreißendes Weinen nie verstanden …«, entfuhr es mir.

»Bei der Einsargung meiner Großmutter? Ja, das verstehst du nicht.«

Während er die Lampe anzündete, begann er ganz gefasst zu erzählen: »Ich glaube, unsere Verbindung begann damals auch deshalb, weil ich weinte. Du weißt nicht, dass diese Großmutter die Stiefmutter meines Vaters war. Seine leibliche Mutter starb, als er drei Jahre alt war.« Gedankenverloren nahm er schweigend Schnaps zu sich und aß einen geräucherten Fischkopf.

»Das wusste ich früher nicht. Doch war mir von klein auf immer einiges unverständlich gewesen. Damals lebte mein Vater noch, und unsere finanzielle Lage war recht gut. Im ersten Monat des Jahres wurden immer die Ahnenbilder aufgehängt, vor denen wir reiche Opfer darbrachten. Die vielen vornehmen und schön gekleideten Ahnen waren für mich eine Augenweide. Die Dienerin, die mich auf dem Arm trug, zeigte immer auf ein bestimmtes Bild und sagte: ›Das ist deine richtige Großmutter. Bete zu ihr, damit sie dich beschützt und dich schnell groß und stark werden lässt.‹ Ich verstand einfach nicht, wo jene ›richtige Großmutter‹ herkommen konnte, da ich doch offensichtlich schon eine hatte! Aber ich liebte diese ›richtige Großmutter‹. Sie war nicht so alt wie die Großmutter bei uns im Haus, sondern jung und schön und trug ein rotes, goldbesticktes Gewand und eine mit Perlen geschmückte Kappe. Sie sah fast wie meine Mutter aus. Wenn ich sie ansah, schauten ihre Augen auch mich an, und das Lächeln in ihren Mundwinkeln vertiefte sich allmählich: Ich wusste, dass sie mich ebenfalls sehr lieb hatte.

Ich liebte auch die Großmutter im Haus, die den ganzen Tag am Fenster saß und langsam die Nähnadel durch den Stoff führte. Doch ganz gleich, wie fröhlich ich vor ihr auch spielte und lachte, wie ich sie auch nannte, ich konnte sie nicht zum Lachen bringen. Oft wurde mir ganz kalt ums Herz; sie war eben ganz anders als andere Großmütter. Dennoch liebte ich sie. Später ließ meine Liebe allmählich nach, nicht deshalb, weil ich bereits wusste, dass sie nicht die leibliche Mutter meines Vaters war, sondern weil ich sie immer nähen sah. Tag für Tag, Jahr für Jahr, wie eine Maschine. Natürlich musste mir das auf die Nerven gehen. Doch sie nähte immer weiter. Sie kümmerte sich um mich und beschützte mich. Nur selten sah ich sie lächeln, aber sie schimpfte auch nicht mit mir. Als mein Vater starb, blieb sie so. Und sie blieb natürlich auch später so, als unser Lebensunterhalt fast ausschließlich von ihrer Näharbeit abhing, bis ich in die Schule kam …«

Die Lampe war heruntergebrannt, das Petroleum fast verbraucht. Er stand auf, nahm ein Blechkännchen vom Bücherregal und goss nach. »Das Petroleum ist allein in diesem Monat zweimal teurer geworden«, sagte er langsam und richtete den Docht. »Das Leben wird täglich schwerer … Auch später, als ich mein Studium abgeschlossen und eine Stellung gefunden hatte und unser Leben dadurch etwas gesicherter war, blieb sie so. Wahrscheinlich ging das so, bis sie krank und bettlägerig wurde … Ich vermute aber, dass ihr Lebensabend nicht allzu bitter war, sie wurde ja auch ziemlich alt. Ich hätte wirklich nicht weinen müssen. Weinten nicht viele Leute um sie? Sogar diejenigen, die sie zeit ihres Lebens verachtet und beleidigt hatte, weinten oder zeigten wenigstens ein trauriges Gesicht. Ha! … aber ich weiß nicht, wie mir geschah. Plötzlich sah ich ihr ganzes Leben vor mir, und mir wurde all die Einsamkeit, die sie sich selbst geschaffen hatte, bewusst. Ich fühlte, dass es sehr viele solcher Menschen gibt. Ihretwegen brach ich in Tränen aus, zum Teil aber auch deshalb, weil ich damals meine Gefühle noch nicht in der Gewalt hatte …

Du siehst mich jetzt so, wie ich früher meine Großmutter sah. In Wirklichkeit irrte ich aber damals. Ich selbst war es, der sich allmählich von ihr zurückgezogen und sich ihr entfremdet hatte …«

Er schwieg und grübelte mit gesenktem Kopf und brennender Zigarette zwischen den Fingern vor sich hin. Der Schein der Lampe zitterte.

»Ach, es ist nicht so einfach, wenn ein Mensch stirbt und keiner um ihn weint«, sprach er schließlich wie zu sich selbst. Nach einer Weile hob er den Kopf und sagte: »Ich glaube, du kannst auch nichts für mich tun. Ich muss mir sofort eine Stellung suchen.«

»Hast du keine Freunde, die dich unterstützen könnten?«, fragte ich. Damals konnte ich wirklich nichts für ihn tun; es reichte ja kaum für mich.

»Ich habe wohl einige, aber es geht ihnen ungefähr wie mir.«

Als ich mich von Lianshu verabschiedete und aus der Tür trat, stand der Vollmond schon am Himmel. Die Nacht war sehr still.

IV

Die Situation der Lehrer in Shanyang war sehr unbefriedigend. Zwei Monate nach Antritt meiner Stellung hatte ich noch keinen Pfennig Gehalt bekommen und musste deshalb sogar das Rauchen einschränken. Obwohl die einfachen Angestellten monatlich nur fünfzehn bis sechzehn Yuan verdienten, war keiner von ihnen unzufrieden. Sie verließen sich auf ihre Kraft und Gesundheit, die allerdings allmählich zu leiden begannen, und arbeiteten bleich und hohlwangig vom frühen Morgen bis in die tiefe Nacht. Außerdem mussten sie sich respektvoll erheben, wenn sie einen ihrer Vorgesetzten sahen. Sie alle zählten wirklich nicht zu denen, die »sich nur richtig zu benehmen wissen, wenn sie satt sind«. Wann immer ich über diese Situation nachdachte, erinnerte ich mich unwillkürlich daran, dass Lianshu mich bei unserem Abschied um meine Unterstützung gebeten hatte. Damals war er kaum noch in der Lage gewesen, für seinen Lebensunterhalt zu sorgen; seine Armut bedrückte ihn immer mehr. Er schien auch nicht mehr so verschlossen wie früher zu sein. Als er erfuhr, dass ich bald umziehen wollte, besuchte er mich mitten in der Nacht. Nach langem Zögern sagte er stockend: »Ich weiß nicht, könntest du dort vielleicht etwas für mich tun? – Einfach eine Stelle als Schreiber, zwanzig, dreißig Yuan monatlich würden schon genügen. Ich …«

Ich war sehr überrascht, dass er sich so demütigen konnte, und wusste einen Augenblick lang nicht, was ich sagen sollte.

»Ich … ich will noch ein paar Tage leben …«

»Ich werde ganz bestimmt versuchen, etwas für dich zu tun.«

Später erinnerte ich mich oft an das Versprechen, das ich ihm damals gegeben hatte. Sein Gesicht tauchte wieder vor mir auf, und ich hörte seine stockenden Worte: »Ich will noch ein paar Tage leben.«

Ich bemühte mich, ihn überall zu empfehlen, aber bislang ohne Erfolg. Es gab nur wenige Stellen, doch viele Bewerber. Ich erhielt immer nur ein paar bedauernde Worte und schrieb dann Lianshu einige bedauernde Worte.

Gegen Ende des Semesters verschlechterte sich meine Lage noch. Die von einigen Honoratioren des Ortes herausgegebene Wochenzeitung »Die Wissenschaft« begann, mich anzugreifen. Natürlich wurde mein Name nicht erwähnt, doch waren die Formulierungen sehr geschickt gewählt und erweckten den Eindruck, ich unterwandere das Erziehungswesen. Sogar meine Empfehlung von Lianshu warf man mir vor: Ich wolle Leute meiner Sorte um mich scharen.

Ich musste alle meine Schritte abwägen. Nach dem Unterricht verbarg ich mich hinter verriegelter Tür in meinem Zimmer. Manchmal fürchtete ich sogar, dass der Rauch meiner Zigarette, der aus dem Fenster drang, den Verdacht erregen könnte, ich unterwandere wieder das Erziehungswesen. Unter diesen Umständen konnte ich Lianshu natürlich nicht helfen, und das blieb so bis zur Mitte des Winters.

Es hatte den ganzen Tag über geschneit, und in der Nacht schneite es weiter. Draußen war es so still, dass man beinahe die Stille selbst hören konnte. Ich saß mit geschlossenen Augen im Schein der kleinen Lampe und stellte mir vor, wie die Schneeflocken fielen und die grenzenlosen Schneemassen noch vermehrten. In meinem Heimatort waren jetzt alle mit den Vorbereitungen für das Neujahrsfest beschäftigt. Ich sah mich wieder in meine Kindheit versetzt und baute mit meinen Spielgefährten im Hinterhof einen Schneebuddha. Die Augen waren zwei tiefschwarze Kohlestückchen. Sie glänzten und verwandelten sich in Lianshus Augen.

»Ich will noch ein paar Tage leben!« Da war wieder diese vertraute Stimme.

»Warum?«, fragte ich gedankenlos und fühlte gleich, wie lächerlich die Frage war.

Doch diese lächerliche Frage machte mich hellwach. Ich richtete mich auf und zündete mir eine Zigarette an. Dann stieß ich das Fenster auf: Der Schnee fiel in noch dichteren Flocken. Ich hörte jemanden ans Tor klopfen, und bald erklangen Schritte, die ich als die des Hausdieners erkannte. Er stieß meine Tür auf und gab mir einen länglichen Briefumschlag. Die Schrift war fast unleserlich, doch ich erkannte gleich als Absender den Namen Wei. Lianshu hatte mir einen Brief geschickt!

Das war der erste Brief von ihm, seit ich S verlassen hatte. Ich wusste, dass er sehr schreibfaul war. Im Grunde wunderte es mich nicht, keine Nachricht von ihm zu erhalten, aber manchmal ärgerte es mich doch. Dieser Brief machte mich natürlich sehr neugierig. Ich öffnete ihn auf der Stelle. Die Schrift war kaum zu entziffern. Da stand Folgendes:

»… Shenfei,
wie soll ich dich anreden? Ich lasse die Stelle frei. Setze die Anrede ein, die dir gefällt. Ich bin mit allem einverstanden.

Seit unserer Trennung habe ich drei Briefe von dir erhalten und nie geantwortet. Das hat einen ganz einfachen Grund: Ich hatte noch nicht einmal Geld, um Briefmarken zu kaufen.

Doch du willst sicher Nachricht von mir erhalten. Ich muss dir ganz offen sagen: Ich habe versagt. Schon früher hielt ich mich für einen Versager. Doch jetzt weiß ich, dass ich es damals noch nicht war – erst jetzt bin ich wirklich ein Versager. Früher, als es Menschen gab, die mich noch ein paar Tage am Leben sehen wollten, als ich selber noch daran dachte, ein paar Tage zu leben, konnte ich nicht weiterleben. Jetzt, wo es eigentlich unnötig ist, soll ich dennoch weiterleben …

Also dennoch weiterleben?

Der Einzige, der wollte, dass ich noch ein paar Tage lebe, lebt selbst nicht mehr. Er wurde von den Feinden in eine Falle gelockt und ermordet. Wer hat ihn ermordet? Keiner weiß es.

Wie rasch sich das Leben ändert! Im letzten halben Jahr musste ich fast betteln gehen. Man kann es wirklich schon als Betteln bezeichnen. Doch ich besaß noch etwas, wofür ich betteln gehen wollte, frieren, einsam sein, Not leiden wollte. Ich wollte nicht sterben. Du siehst, wie wichtig es war, dass es jemanden gab, der mich noch ein paar Tage leben sehen wollte. Aber jetzt ist das unwichtig, sogar diesen einen gibt es nicht mehr. Ich finde auch, dass ein Mensch wie ich es nicht verdient weiterzuleben. Und die anderen? Sie sind es ebenfalls nicht wert. Andererseits denke ich, dass ich weiterleben muss, diesen Menschen, die mich nicht leben lassen wollen, zum Trotz. Es ist gut, dass keiner mehr mein Weiterleben wünscht, keiner wird um mich trauern. Ich will niemanden traurig machen, der wünscht, dass ich lebe. Doch jetzt will das auch keiner mehr, sogar dieser eine lebt nicht mehr. Das macht mich sehr glücklich, das ist sehr angenehm. Schon mache ich all das, was ich früher gehasst habe, widersetze mich allem, lehne alles ab, was ich früher bewundert, wofür ich gekämpft habe. Ich habe vollkommen versagt – und habe doch gesiegt.

Glaubst du, ich sei verrückt geworden? Glaubst du, ich sei ein Held oder ein großer Mann geworden? Nein, nein. Die Sache ist ganz einfach. Ich bin seit Kurzem Berater des Oberbefehlshabers, du, mein monatliches Gehalt beträgt achtzig Silberdollar. Shenfei …

Was denkst du jetzt von mir? Entscheide selbst, mir ist alles gleich.

Wahrscheinlich erinnerst du dich noch an mein Wohnzimmer aus den alten Tagen, wo wir uns zum ersten Mal in S trafen und wo wir uns voneinander verabschiedeten. Ich wohne noch immer da. Jetzt gibt es hier neue Gäste, neue Geschenke, neue Schmeicheleien, neue Intrigen, neue Verbeugungen und Mah-Jongg-

Spiele, neue Karten- und Knobelspiele, neue kalte Augen und böse Herzen, neue Schlaflosigkeit und neues Blutspucken …

In einem deiner Briefe schriebst du, dass dich das Unterrichten nicht befriedigt. Möchtest du auch einen Beraterposten übernehmen? Gib mir Bescheid, ich könnte dir helfen. Es ist wirklich nicht lästiger, als ein Pförtner zu sein. Die gleichen neuen Gäste und neuen Geschenke und Schmeicheleien …

Hier bei uns ist viel Schnee gefallen. Wie ist es dort bei dir? Es ist schon sehr spät. Ich habe zweimal Blut gespuckt und bin jetzt sehr schwach. Plötzlich war mir eingefallen, dass du mir seit dem Herbst drei Briefe geschrieben hast. Das ist wirklich sehr erstaunlich. Ich musste dir einfach ein Lebenszeichen von mir geben. Hoffentlich bist du nicht zu entsetzt.

Wahrscheinlich werde ich dir nicht wieder schreiben. Du kennst mich ja. Wann kommst du zurück? Wir könnten uns noch sehen, wenn du bald kommst. – Aber ich glaube, dass wir im Grunde doch nicht die gleichen Wege gehen. Deshalb bitte ich dich, mich zu vergessen. Ich danke dir aus tiefstem Herzen für deine Bemühungen. Doch nun vergiss mich bitte. Es geht mir jetzt ›gut‹.

Lianshu
14. Dezember«

Ich war zwar nicht »zu entsetzt«, doch nachdem ich den Brief überflogen und dann noch einmal genau gelesen hatte, sehr betroffen, gleichzeitig aber auch recht erleichtert. Ich dachte, nun ist sein Lebensunterhalt kein Problem mehr; ich trage fortan keine Verantwortung für ihn, obwohl ich ihm eigentlich gar nicht hatte helfen können. Ich wollte seinen Brief gleich beantworten. Doch da ich keine Worte fand, ließ ich diesen Gedanken wieder fallen.

Allmählich begann ich, ihn wirklich zu vergessen. Sein Gesicht tauchte in meiner Erinnerung nur noch selten auf. Aber keine zehn Tage waren vergangen, seit ich seinen Brief erhalten hatte, da bekam ich plötzlich die in S erscheinende Wochenzeitschrift »Sieben Tage Wissenschaft« zugeschickt. Ich las derlei Sachen nicht oft, doch da sie mir nun einmal zugesandt worden war, blätterte ich sie gleich durch. Ich erinnerte mich wieder an Lianshu, denn diese Zeitschrift brachte oft literarische Betrachtungen über ihn, wie zum Beispiel »Eine Audienz bei Herrn Lianshu in einer Schneenacht«, »Dichterische Zusammenkunft im Arbeitszimmer des Beraters und Gelehrten Lianshu« und so weiter. Einmal wurden unter der Überschrift »Müßiges wissenschaftliches Geplauder« seine Eigenheiten, über die man sich früher gern lustig gemacht hatte, interessant aufbereitet als Anekdoten wiedergegeben. Zwischen den Zeilen war zu lesen, dass »ein außergewöhnlicher Mensch so außergewöhnlich handeln müsse«.

Ich weiß nicht, wie es kam – obwohl ich so an Lianshu erinnert wurde, schwand sein Gesicht allmählich aus meinem Gedächtnis. Gleichzeitig schien er mich aber täglich stärker an sich zu binden. Ich fühlte eine unerklärliche Unruhe und leise Sorge um ihn. Im Herbst wurde mir die Zeitschrift »Sieben Tage Wissenschaft« glücklicherweise nicht mehr zugeschickt. Inzwischen hatte die in Shanyang erscheinende Zeitschrift »Die Wissenschaft« begonnen, eine lange Artikelserie unter dem Titel »Erörterung über die Annäherung der Gerüchte an die Wahrheit« abzudrucken. Darin wurden Gerüchte über gewisse Personen publik gemacht, die den gerechten Honoratioren schon lange bekannt waren. Das richtete sich auch gegen mich. Ich musste wieder äußerst vorsichtig sein und mich hüten, den Rauch meiner Zigarette nach draußen dringen zu lassen. Auf der Hut zu sein ist eine schmerzliche Aufgabe, die einen Menschen voll beschäftigt. So kam ich zu nichts anderem. Natürlich blieb auch keine Zeit, an Lianshu zu denken. Schließlich war er mir entfallen.

Trotz all meiner Bemühungen konnte ich es nicht bis zu den Sommerferien aushalten. Ende Mai verließ ich Shanyang.

V

Von Shanyang ging ich nach Licheng, dann nach Taigu. Nachdem ich ein halbes Jahr herumgezogen war, hatte ich noch immer keine Beschäftigung gefunden. Daher beschloss ich, nach S zurückzukehren. Ich kam dort an einem Nachmittag im Vorfrühling an. Es sah nach Regen aus, alles war in fahles Licht getaucht. Dort, wo ich früher gewohnt hatte, war noch ein Zimmer frei. Also nahm ich es. Während der Reise hatte ich an Lianshu gedacht. So beschloss ich, ihn gleich nach dem Abendessen zu besuchen. Ich nahm zwei Päckchen gedämpfte Klöße mit, für die Wenxi so berühmt ist, und lief durch die zahllosen nassen Straßen und um die vielen trägen Hunde herum, die mir den Weg versperrten. Schließlich erreichte ich das Haus, in dem Lianshu wohnte. Innen schien es ungewöhnlich erleuchtet zu sein. Ich lachte heimlich bei dem Gedanken, dass er nun als Berater seine Wohnung so hell haben konnte. Doch als ich aufblickte, sah ich etwas Weißes am Torpfosten; offensichtlich klebte dort ein Streifen Papier mit abgeschnittenen Ecken. Die Großmutter von den Kindern muss gestorben sein, dachte ich, als ich in den Hof trat. Dort stand bei schwacher Beleuchtung ein Sarg, daneben ein Soldat oder Pferdeknecht in Uniform, der sich mit jemandem unterhielt. Als ich näher hinsah, erkannte ich Daliangs Großmutter. Einige Männer in kurzer Arbeitskleidung standen müßig herum. Mein Herz fing an zu hämmern. Die Großmutter wandte sich um und starrte mich an. Dann schrie sie auf: »Ach je, ach je! Sie sind zurückgekommen? Warum sind Sie nicht ein paar Tage früher gekommen?«

»Wer ... wer ist gestorben?«, fragte ich, obwohl ich die Antwort schon wusste.

»Der würdige Herr Wei Lianshu. Er ist vorgestern von uns gegangen.«

Ich sah mich um. Sein Wohnzimmer war schwach beleuchtet, wahrscheinlich brannte nur eine Lampe. Im Hauptzimmer hing ein weißer Trauervorhang, vor dem Zimmer standen Daliang und seine Geschwister.

»Er liegt dort«, zeigte die Großmutter und trat einen Schritt vor. »Nachdem der würdige Herr Wei zum Berater ernannt worden war, vermietete ich ihm auch das Hauptzimmer. Da liegt er nun.«

Vor dem Vorhang standen nur zwei Tische. Auf dem viereckigen Tisch waren zehn Schüsseln mit Speisen aufgebaut. Als ich ins Zimmer treten wollte, versperrten mir plötzlich zwei Männer in langer weißer Trauerkleidung den Weg. Sie starrten mich argwöhnisch aus ihren toten Fischaugen an. Ich stellte mich rasch vor und erzählte ihnen von meiner Bekanntschaft mit Lianshu. Es bedurfte noch der Bestätigung durch Daliangs Großmutter, ehe sich ihre Fäuste und Blicke zu entkrampfen begannen. Mit ihrer stillschweigenden Erlaubnis trat ich vor und verbeugte mich.

Plötzlich hörte ich vom Fußboden her ein Schluchzen. Ich starrte auf einen etwa zehnjährigen Jungen, der auf der Strohmatte kniete. Auch er trug weiße Trauerkleidung und um den kahl geschorenen Kopf eine dicke Hanfschnur als Zeichen der engen Verwandtschaft.

Dann begrüßte ich die beiden Männer und erfuhr, dass der eine Lianshus Vetter väterlicherseits und sein nächster Verwandter war; der andere war ein entfernter Neffe. Ich bat sie darum, Lianshu noch einmal sehen zu dürfen. Zwar versuchten sie mit allen Kräften, mich daran zu hindern, sie wollten mir »den Schmerz ersparen«, aber schließlich überredete ich sie doch, den Trauervorhang anzuheben.

Jetzt sah ich den toten Lianshu. Wie seltsam! Obwohl sein kurzes Hemd und seine Hose verknittert und mit Blut befleckt waren und sein Gesicht erschreckend hohlwangig war, sah er doch noch wie früher aus. Mund und Augen waren friedlich geschlossen, er schien zu schlafen. Beinahe hätte ich die Hand vor seine Nase gehalten, um festzustellen, ob er vielleicht noch atmete.

Totenstille lag über allen, über dem Toten wie den Lebenden. Als ich zurücktrat, folgte mir Lianshus Cousin und sprach ein paar höfliche Worte. »Mein Bruder«, so sagte er, sei auf der Höhe seiner Jugend und Kraft und mit einer glänzenden Zukunft vor sich »zu den Ahnen gegangen«. Dies sei nicht nur ein Unglück für die »verfallene Sippe«, sondern auch ein großer Verlust für seine Freunde. Seine Worte klangen fast so, als wollte er Lianshu entschuldigen. Eine solche Redegewandtheit findet man selten bei einem Mann aus den Bergen. Danach lag wieder Totenstille über allen, über dem Toten wie den Lebenden.

Ich war betroffen, empfand aber keine große Trauer. Ich ging in den Hof und unterhielt mich mit der Großmutter. Sie erzählte mir, dass Lianshu gleich eingesargt würde; man warte nur noch auf das Sterbehemd. Beim Zunageln des Sarges dürften die im Jahre der Ratte, des Pferdes, Hasen und Hahnes Geborenen nicht anwesend sein. Sie sprach sehr angeregt, die Worte sprudelten nur so hervor. Sie erzählte mir von seiner Krankheit und seinem Leben in der letzten Zeit, wobei sie mit Kritik nicht sparte.

»Sie müssen wissen, dass sich der würdige Herr Wei vollkommen veränderte, nachdem er sein Glück gemacht hatte. Er trug die Nase hoch und benahm sich sehr selbstsicher. Im Umgang mit den Leuten war er nicht mehr so befangen wie früher. Sie wissen ja noch, wie schüchtern er damals war; mich redete er sogar mit gnädige Frau an! Aber dann nannte er mich nur noch ›Alte‹. Ach ja, das war wirklich lustig. Man schickte ihm einmal seltene Heilkräuter aus dem Ort Xianju, aber er wollte sie nicht, sondern warf sie in den Hof – genau hierhin – und rief: ›Du kannst sie essen, Alte.‹ Seit er sein Glück gemacht hatte, herrschte hier ein ständiges Kommen und Gehen. Ich vermietete ihm auch noch das Hauptzimmer und zog in den Seitenflügel. Er war wirklich ganz anders als die normalen Leute, seit ihm das Glück in den Schoß gefallen war. Wir beide haben oft gelacht und unseren Spaß gehabt. Wenn Sie einen Monat früher gekommen wären, hätten Sie den Rummel noch miterleben können. Alle zwei, drei Tage gab es Feste, Reden, Lachen und Singen, Glücksspiele und Mah-Jongg …

Früher hatte er Angst vor den Kindern – mehr noch als sie vor dem Vater, er pflegte immer unterwürfig zu ihnen zu sein. Doch in der letzten Zeit hatte er sich auch in dieser Hinsicht geändert. Er begann leutselig zu werden und tobte auch mit ihnen herum. Unser Daliang und seine Geschwister spielten gern mit ihm. Wann immer sie Zeit hatten, gingen sie einfach in sein Zimmer. Ihm fielen immer neue lustige Spiele ein, mit denen er sie zum Lachen brachte. Wenn sie ihn dazu bringen wollten, ihnen etwas zu kaufen, so mussten sie wie Hunde bellen oder sich tief vor ihm verbeugen. Haha, das war wirklich lustig. Vor zwei Monaten wollte Erliang Schuhe von ihm haben; da musste er sich dreimal verbeugen. Ja, er trägt sie noch immer, sie sind noch nicht kaputt.«

Sie hielt inne, als einer der beiden Männer in weißer Trauerkleidung heraustrat. Ich erkundigte mich nach der Krankheit des Freundes, doch sie wusste nicht viel darüber. Sie sagte nur, dass Lianshu seit Langem ganz abgemagert war, doch hätte dies keiner beachtet, weil er ja immer so fröhlich gewesen sei. Vor ungefähr einem Monat hatte sie erst erfahren, dass er mehrmals Blut gespuckt hatte, doch wie es schien, war er auch nicht zum Arzt gegangen. Später musste er das Bett hüten. Drei Tage vor seinem Tode verlor er das Sprechvermögen und brachte kein Wort mehr heraus. Der ehrwürdige Herr Shisan sei den ganzen Weg von Hanshishan gekommen, um ihn nach seinen Ersparnissen zu fragen, doch er sagte kein einziges Wort. Der ehrwürdige Herr Shisan zweifelte daran, dass er wirklich nicht sprechen konnte. Aber manche Leute sagen ja, dass Tuberkulosekranke vor ihrem Tode nicht mehr sprechen können. Wer weiß das schon …

»Aber der würdige Herr Wei war auch zu seltsam«, sagte sie plötzlich mit gesenkter Stimme. »Er wollte kein bisschen sparen, das Geld rann ihm wie Wasser durch die Finger. Der würdige Herr Shisan fragt sich noch immer, ob wir nicht irgendeinen Vorteil aus der Sache gezogen haben. Was für einen verdammten Vorteil denn? Er hat doch sein Geld für nichts und wieder nichts zum Fenster hinausgeworfen! Was er heute kaufte, verkaufte er morgen wieder oder machte es kaputt. Keiner weiß, was das sollte. Als er starb, war nichts mehr da. Alles vergeudet. Sonst wäre es heute hier nicht so ruhig … Er brachte nur Unruhe und dachte gar nicht daran, ein ehrbares Leben zu führen. Ich habe oft darüber nachgedacht, ihm auch gut zugeredet. In seinem Alter hätte er doch unbedingt heiraten müssen! Bei seiner Position wäre es sehr leicht gewesen, eine Frau zu finden. Wenn ihm keine Familie passte, hätte er sich zuerst auch ein paar Nebenfrauen kaufen können. Man muss doch darauf achten, seinem Leben einen ehrbaren Anstrich zu geben. Aber wenn er das hörte, lachte er und sagte: ›Alte! Mischst du dich immer noch in die Angelegenheiten anderer Leute?‹ Sehen Sie, in letzter Zeit war er leichtfertig und nahm nichts mehr ernst. Die guten Ratschläge der Leute wollte er nicht annehmen. Hätte er früher auf mich gehört, müsste er jetzt nicht einsam und allein im Reich der Toten umherirren – man könnte wenigstens das Weinen der Seinen hören …«

Ein Angestellter brachte ein Bündel Kleider. Lianshus Verwandte nahmen die Unterwäsche und verschwanden damit hinter dem Vorhang. Als dieser wenig später hochgezogen wurde, hatten sie dem Toten schon die Unterwäsche gewechselt. Zu meiner Überraschung zogen sie ihm dann eine beigefarbene Uniform an: eine Hose mit breiten roten Streifen und einen Rock mit goldglänzenden Schulterstücken. Ich wusste weder, um welchen Rang es sich handelte, noch, wie er dazu gekommen war. Lianshu war recht ungeschickt in den Sarg gelegt worden. Neben den Füßen stand ein Paar gelbe Lederschuhe, an seiner Hüfte ruhte ein Pappsäbel, und neben seinem abgezehrten fahlen Gesicht lag eine Armeemütze mit Goldlitze.

Seine drei Verwandten stützten sich auf die Sargkante und weinten vorschriftsmäßig. Dann verstummten sie und wischten sich die Augen. Der Junge mit der Hanfschnur um den Kopf schlich hinaus, auch Sanliang entfloh. Die beiden gehörten wohl zu den unerwünschten Tierkreiszeichen.

Als ein Arbeiter den Sargdeckel hob, trat ich näher, um Lianshu ein letztes Mal anzusehen und ihm für immer Lebewohl zu sagen.

Friedlich lag er in seiner schlecht sitzenden Kleidung, Augen und Mund fest geschlossen. Um seine Mundwinkel schien ein eiskaltes Lächeln zu spielen, als spotte er über diesen lächerlichen Toten.

Gleichzeitig mit den Schlägen des Hammers erklang erneut die Totenklage. Sie war mir unerträglich, ich floh in den Hof. Ich kam am Tor vorbei und ging, ohne es zu wollen, hinaus. Die nasse Straße lag klar vor mir. Ich sah zum Himmel auf. Die dicken Wolken hatten sich verzogen, der Vollmond verbreitete kalten Glanz.

Mit schnellen Schritten eilte ich davon, als wollte ich meiner Schwermut entkommen, doch ich vermochte es nicht. In meiner Erinnerung kämpfte etwas darum freizukommen. Es dauerte lange, sehr, sehr lange, dann endlich klang in meinen Ohren wie aus weiter Ferne das lang gezogene Heulen eines Wolfes, eines verwundeten Wolfes in der Verlassenheit der tiefen Nacht, tödlich verletzt, zornig und traurig zugleich.

Da wurde mir das Herz leicht. Ruhig schritt ich im Schein des Mondes die nasse Straße entlang.

17. Oktober 1925

Unwiederbringlich – Die Aufzeichnungen des Juansheng

So gut ich es vermag, will ich meine Reue und meine Trauer niederschreiben; um Zijuns willen und um meinetwillen.

Wie still und leer ist es in diesem schäbigen Zimmer, versteckt im vergessensten Winkel eines Gästchauses! Und wie schnell die Zeit vergeht! Schon ein ganzes Jahr ist es her, dass ich mich in Zijun verliebte und mit ihrer Hilfe dieser Stille und Leere entfloh. Es kann einfach kein Zufall sein, dass bei meiner Rückkehr einzig und allein dieses Zimmer frei war. Genau wie früher gibt es immer noch das schadhafte Fenster, draußen die halb verrottete Akazie und den alten Wistarienstrauch, drinnen den eckigen Tisch, die ramponierten Wände und die hölzerne Bettstelle. In tiefer Nacht liege ich hier wieder so einsam wie damals, als ich noch nicht mit Zijun zusammenlebte. Das vergangene Jahr scheint vollständig ausgelöscht zu sein, es scheint überhaupt nicht existiert zu haben. Mir ist, als wäre ich niemals aus diesem schäbigen Zimmer ausgezogen, um in der »Gasse des guten Omens« eine kleine hoffnungsvolle Familie zu gründen.

Und doch, vor einem Jahr herrschte eine ganz andere Stille und Leere, denn sie war oft erfüllt von Erwartung; ich wartete auf Zijuns Besuch. Wie lebendig wurde ich jedes Mal, wenn ich nach langem, ungeduldigen Warten plötzlich die hohen Absätze ihrer Lederschuhe auf dem Steinweg klappern hörte! Ich erblickte dann ihr blasses, rundes Gesicht mit den Grübchen, die blassen, mageren Arme, die gestreifte Baumwollbluse und den schwarzen Rock. Sie brachte wieder frische Triebe von der halb verdorrten Akazie mit und machte mich darauf aufmerksam, dass an den Ranken um den wie aus Eisen geschmiedeten alten Stamm immer noch Trauben von violett-weißen Wistarienblüten hingen.

Aber jetzt? Jetzt herrschte genau wie früher nur Stille und Leere, aber Zijun wird nicht mehr wiederkommen, nie, niemals wieder! …

Ohne Zijun in meinem schäbigen Zimmer konnte ich mich auf gar nichts konzentrieren. Wenn ich mich sehr langweilte, griff ich gelegentlich nach einem Buch. Dabei war es gleichgültig, ob es sich um Wissenschaft oder Literatur handelte; ich las und las, ehe ich dann plötzlich merkte, dass ich schon mehr als zehn Seiten gelesen hatte. Ich erinnerte mich jedoch überhaupt nicht mehr an den Inhalt. Lediglich meine Ohren waren so sensibel, dass ich meinte, unter all den Schritten vor dem Eingangstor die sich nähernde Zijun heraushören zu können. Aber nur zu oft entfernten sie sich wieder, um schließlich mit denen der anderen aufzugehen. Ich verabscheute den Sohn des Hausburschen, dessen stoffbesohlten Schuhe nicht so klapperten wie die Zijuns, und ich verabscheute das mit Gesichtscreme eingeriebene junge Ding aus dem Nachbarhof, das häufig neue Lederschuhe trug – zu sehr glich ihr Klang denen von Zijuns Schuhen!

Hatte sie möglicherweise einen Verkehrsunfall gehabt? War sie vielleicht von der Straßenbahn angefahren worden? … ich wollte schon meinen Hut nehmen, um nach ihr zu sehen, aber ihr Onkel hatte mich schon einmal beschimpft.

Plötzlich nahte das Geräusch ihrer Schuhe, Schritt für Schritt.

Als ich hinausging, um sie zu begrüßen, war sie bereits unter der Wistarienpergola hindurch, und ihr Gesicht zeigte die Grübchen eines leichten Lächelns. Offenbar hatte sie im Haus ihres Onkels keinen Ärger gehabt. Ich fühlte mich beruhigt. Im Zimmer sahen wir uns zunächst einen Augenblick schweigend an, aber bald schon sprach ich über die Willkür der Familie, über die Zerschlagung der alten Traditionen, über die Gleichberechtigung von Mann und Frau, über Ibsen, Tagore, Shelley … Immer lächelte und nickte sie, und ihre Augen leuchteten voll kindlicher Neugier. An der Wand hing ein Kupferstichporträt von Shelley, das aus einer Zeitschrift herausgerissen war. Es war eines der schönsten Bilder von ihm, aber als ich sie darauf aufmerksam machte, sah sie nur flüchtig hin und senkte den Kopf, als sei es ihr peinlich. Was diese Dinge anging, so hatte Zijun wohl die Fesseln der traditionellen Denkweise noch nicht gänzlich abgelegt. – Später dachte ich auch, dass es wohl besser sei, dieses Porträt gegen ein Gemälde zum Gedenken an Shelleys Tod durch Ertrinken im Meer oder gegen ein Bild von Ibsen auszutauschen. Aber schließlich ließ ich es dort hängen, und jetzt weiß ich nicht einmal, wo dieses Porträt hingeraten ist.

»Ich bin mein eigener Herr, und niemand darf meine Rechte antasten!«

Das hatte sie gesagt, klar und mit ruhiger Entschlossenheit, nach einer Weile nachdenklichen Schweigens, als wir wieder einmal – wir kannten uns damals ein halbes Jahr – von ihrem Onkel sprachen, bei dem sie wohnte, und ihrem Vater, der in ihrem Heimatort lebte. Zu jener Zeit hatte ich ihr bereits alles über meine Ansichten, mein Leben und meine Fehler gesagt. Ich hatte so gut wie nichts verschwiegen, und sie hatte auch alles verstanden. Ihre Worte erschütterten mich zutiefst und klangen mir danach noch viele Tage in den Ohren. Ich war unsagbar glücklich darüber, denn mir wurde klar, dass die Frauen Chinas nicht so unnütz und unfähig waren, wie von den Pessimisten behauptet wurde, und dass sie in nicht allzu ferner Zukunft das herrliche Licht der Morgendämmerung erblicken würden.

Wenn ich sie hinausbegleitete, hielt ich mich stets mehr als zehn Schritte von ihr entfernt. Jedes Mal klebte das Gesicht des Alten mit dem Welsbart so fest an dem schmutzigen Fenster, dass sogar die Nasenspitze platt gedrückt wurde; und im Außenhof sah man wieder das Gesicht des jungen Mädchens, dick mit Creme bedeckt, durch das spiegelblank geputzte Fenster. Aber Zijun ging stolz und ohne sich umzusehen weiter; sie würdigte sie keines Blickes, und ich kehrte ebenso stolz zurück.

»Ich bin mein eigener Herr, und niemand darf meine Rechte antasten!« Von diesem entschlossenen Gedanken war sie noch viel stärker durchdrungen als ich. Was konnten da schon eine halbe Dose Gesichtscreme und eine platt gedrückte Nase für sie bedeuten?

Ich kann mich nicht mehr genau daran erinnern, wie ich ihr damals meine aufrichtige und tiefe Liebe erklärte. Nicht erst jetzt, sondern schon gleich danach war es mir nur noch unklar im Gedächtnis. Als ich in jener Nacht daran dachte, waren lediglich ein paar Bruchstücke übrig geblieben. Nachdem wir ein, zwei Monate zusammengelebt hatten, waren selbst diese Bruchstücke in Traumbilder verwandelt, die man nicht zurückverfolgen konnte. Ich erinnere mich nur daran, dass ich ungefähr zehn Tage vorher sehr sorgfältig das Verhalten bei Liebeserklärungen studiert hatte. Ich hatte sogar die Reihenfolge meiner Worte schriftlich festgelegt und auch die Möglichkeit einer Ablehnung bedacht. Doch im entscheidenden Augenblick erschien das alles nutzlos. In meiner Verwirrung wandte ich schließlich die Methoden an, die ich in Filmen gesehen hatte. Später machte mich das sehr verlegen, sobald ich daran dachte. Doch das wenige, das mir für immer in Erinnerung geblieben ist, erhellt bis heute wie eine einsame Lampe in einem dunklen Raum das Schauspiel, bei dem ich ihr mit Tränen in den Augen und mit Kniefall die Hand drückte …

Nicht nur das, was ich selbst sagte und tat, auch Zijuns Worte und ihr Verhalten habe ich damals nicht deutlich wahrgenommen. Ich weiß nur, dass sie mir ihre Einwilligung gab. Aber ich glaube, mich noch zu erinnern, dass sie zunächst ganz bleich wurde und dann allmählich tief errötete. Es war ein so tiefes

Rot, wie ich es noch nie zuvor gesehen hatte und auch seitdem nie wieder sah. Aus ihren kindlichen Augen strahlten Wehmut und Freude, vermischt mit Staunen und Zweifel. Obwohl sie meinem Blick auswich und in ihrer Verwirrung anscheinend wünschte, aus dem Fenster flüchten zu können, wusste ich, dass sie bereits eingewilligt hatte. Aber ich hatte keine Ahnung, wie sie es gesagt oder ob sie überhaupt etwas gesagt hatte.

Sie aber erinnerte sich an alles: Sie konnte jedes meiner Worte wie auswendig gelernt fließend zitieren und jede meiner Bewegungen so lebensecht und haargenau beschreiben, als hätte sie einen Film vor Augen, den ich nicht sehen konnte, natürlich einschließlich jener peinlichen Filmszene, an die ich nicht mehr denken wollte. Die stillen Nächte waren für uns die Zeit der gegenseitigen Rückbesinnung. Ich wurde häufig ausgefragt, geprüft und aufgefordert, meine damaligen Worte zu wiederholen, doch musste sie immer wieder Fehlendes ergänzen und mich korrigieren wie einen schlechten Schüler.

Später wurden auch diese Rückblicke immer seltener. Wenn ich aber ihre Augen ins Leere starren sah und bemerkte, wie sie in Gedanken versunken dasaß, ihre Miene daraufhin sanft wurde und ihre Grübchen sich vertieften, dann wusste ich, dass sie für sich wieder die alte Lektion wiederholte. Ich fürchtete dann nur, dass sie diese lächerliche und peinliche Filmszene vor sich ablaufen lassen würde, wusste aber auch, dass sie dies unbedingt tun wollte, ja einfach musste.

Sie jedoch fand diese Szene ganz und gar nicht lächerlich. Obwohl ich sie für albern und sogar verachtenswert hielt, erschien sie ihr nicht im Geringsten komisch. Ich weiß dies ganz genau, denn sie liebte mich leidenschaftlich und aufrichtig.

Der Spätfrühling des vergangenen Jahres war unsere glücklichste und geschäftigste Zeit. Ich war ruhiger geworden und von anderen Dingen beansprucht. Erst damals begannen wir zusammen auf der Straße spazieren zu gehen. Wir waren auch einige Male im Park, aber die meiste Zeit auf Wohnungssuche. Ich bemerkte, wie wir auf der Straße ständig forschenden, spöttischen, anzüglichen oder verächtlichen Blicken begegneten. Sobald ich einmal nicht auf der Hut war, ließ mich das am ganzen Körper erschaudern, sodass ich sofort all meinen Stolz und Widerstand aufbieten musste, um es ertragen zu können. Sie jedoch blieb gleichmütig und kümmerte sich überhaupt nicht darum. Ruhig und langsam ging sie weiter, so gelassen, als beträte sie menschenleeres Gebiet.

Es war gar nicht so leicht, eine Wohnung zu finden. Meistens wurden wir abgewiesen, manchmal hielten wir eine Wohnung für ungeeignet. Anfangs legten wir sehr strenge Maßstäbe an – genau genommen waren es jedoch keine strengen Maßstäbe, denn sobald wir uns die Wohnungen ansahen, schienen sie uns meist nicht der Ort zu sein, an dem wir uns niederlassen konnten. Später wünschten wir dann nur noch, dass uns irgendjemand aufnehmen möge. Nachdem wir uns mehr als zwanzig Wohnungen angesehen hatten, bekamen wir schließlich eine, in der wir einstweilen bleiben konnten. Sie bestand aus zwei Südzimmern in einem kleinen Haus in der »Gasse des guten Omens«. Der Besitzer war ein kleiner Beamter, jedoch menschlich und verständnisvoll. Er selbst wohnte im Haupt- und Seitenflügel des Hauses. Er hatte nur eine Frau sowie eine noch nicht ganz einjährige Tochter und beschäftigte eine Dienerin vom Lande. Wenn das Kind nicht weinte, war es sehr friedlich in diesem Haus.

Unsere Möbel waren sehr einfach, hatten aber schon den größten Teil der Summe verschlungen, die ich für unsere Einrichtung veranschlagt hatte. Zijun verkaufte auch noch ihren einzigen Schmuck, den goldenen Armreif und die Ohrringe. Ich hatte zuerst versucht, sie davon abzuhalten, aber sie beharrte darauf, und so gab ich nach. Ich wusste, dass sie sich in unserer Wohnung nicht wohlfühlen würde, wenn ich sie nicht einen kleinen Teil dazu beitragen ließe.

Mit ihrem Onkel hatte sich Zijun bereits seit längerer Zeit zerstritten. Sie hatte ihn sogar so sehr verärgert, dass er sie nicht mehr als seine Nichte anerkannte. Auch ich hatte nach und nach die Beziehung zu mehreren Freunden abgebrochen, die sich selbst als treu betrachteten, sich in Wirklichkeit aber vor mir fürchteten und sogar eifersüchtig auf mich waren. So wurde es sehr still um uns. Obgleich schon der Abend dämmerte, wenn ich im Amt meine Arbeit beendet hatte, und obwohl der Rikschakuli immer so langsam lief, hatten wir doch immer noch Zeit füreinander. Zunächst sahen wir uns schweigend an, dann führten wir freimütige und vertraute Gespräche miteinander und schwiegen erneut. Wir senkten dann beide sehr nachdenklich den Kopf, ohne jedoch an etwas zu denken. Nach und nach wurde ich nüchterner und studierte ihren Körper und ihre Seele. Nach nur drei Wochen schien ich sie schon viel besser zu verstehen, doch entdeckte ich, dass vieles, was ich vorher schon begriffen zu haben glaubte, mir jetzt als etwas Fremdes erschien, und zwar als etwas wirklich Fremdes.

Zijun wurde von Tag zu Tag lebhafter. Für Blumen hatte sie überhaupt nichts übrig. Die beiden Topfpflanzen, die ich auf einem Tempelmarkt gekauft hatte, waren in einer Zimmerecke eingegangen, nachdem sie vier Tage lang nicht gegossen worden waren. Ich hatte auch nicht die Zeit, mich um alles zu kümmern. Aber sie besaß eine Schwäche für Tiere. Sie war wohl von der Frau des Beamten damit angesteckt worden. In weniger als einem Monat hatte sich die Zahl unserer Hausgenossen stark vermehrt. Vier junge Hühner liefen in dem kleinen Hof umher, zusammen mit dem Dutzend, das der Hausbesitzerin gehörte. Beide Frauen kannten das Aussehen ihrer Hühner, und jede wusste, welche ihre eigenen waren. Und dann gab es noch einen grauen Pekinesen, den ich auf einem Tempelmarkt gekauft hatte. Soweit ich mich erinnere, trug er schon einen Namen, aber Zijun nannte ihn Asui. Deshalb rief auch ich ihn so, obwohl ich diesen Namen nicht mochte. Es ist wahr, Liebe muss sich ständig erneuern, muss wachsen, muss schöpferisch sein. Als ich mit Zijun darüber sprach, nickte sie verständnisvoll.

Ach, was waren das doch für friedliche, glückliche Nächte!

Frieden und Glück müssen gefestigt werden, nur so sind sie von Dauer. Im Gästehaus hatte es noch gelegentliche Wortwechsel gegeben, doch seit wir in der »Gasse des guten Omens« wohnten, kam so etwas nicht mehr vor. Wenn wir unter der Lampe saßen und über die Vergangenheit plauderten, empfanden wir erneut Freude über die Versöhnung nach den damaligen Auseinandersetzungen.

Zijun nahm schließlich zu, und ihre Gesichtsfarbe wurde rosiger. Leider war sie sehr beschäftigt. Der Haushalt ließ ihr nicht einmal mehr Zeit zum Plaudern, geschweige denn zum Lesen und Spazierengehen. Wir sprachen oft davon, dass wir noch ein Dienstmädchen einstellen müssten.

Es kam so weit, dass ich abends bedrückt heimkehrte und häufig bemerkte, wie sie ihre schlechte Laune vor mir verbarg. Besonders verdross es mich, wenn sie sich dann auch noch zu einem heiteren Lächeln zwang. Zufällig erfuhr ich, dass sie mit der Frau des kleinen Beamten einen heimlichen Kampf führte. Die Ursache dieses Kampfes waren die Hühner unserer beiden Familien. Aber warum musste sie mir das so hartnäckig verschweigen? Man sollte sein eigenes, unabhängiges Heim haben. An einem Ort wie diesem konnten wir nicht wohnen bleiben.

Mein Tagesablauf war festgelegt. An sechs Tagen in der Woche führte er mich von zu Hause ins Amt und vom Amt wieder nach Hause. Im Amt saß ich an einem Schreibtisch und kopierte, kopierte und kopierte offizielle Dokumente und Briefe. Zu Hause saßen wir beieinander, oder ich half ihr, den Ofen anzuheizen, Reis zu kochen oder Weizenbrot zu dämpfen. In dieser Zeit lernte ich kochen.

Wir aßen nun viel besser als zu der Zeit im Gästehaus. Obgleich das Kochen nicht ihre Stärke war, widmete Zijun ihm all ihre Kräfte. Da sie sich bei Tag und Nacht abmühte, sah ich mich gezwungen, mir ebensolche Mühe zu geben, um das Gefühl zu haben, mit ihr Freud und Leid zu teilen. Ihr Gesicht triefte den ganzen Tag vor Schweiß, die kurzen Haare klebten an der Stirn, und ihre Hände waren rau geworden.

Darüber hinaus musste sie noch Asui füttern, die Hühner füttern … Arbeiten, die sie sich von niemandem abnehmen ließ.

Einmal erklärte ich ihr, es sei mir nicht so wichtig, was ich zu essen bekäme, sie dürfe sich auf keinen Fall so sehr abmühen. Sie warf mir nur einen kurzen, traurigen Blick zu und schwieg, und darum sagte auch ich lieber nichts mehr.

Sie aber plagte sich weiterhin ab.

Der Schicksalsschlag, den ich erwartet hatte, brach tatsächlich über uns herein. Am Abend vor dem »Doppelten Zehnten« saß ich untätig herum, während Zijun den Abwasch erledigte. Plötzlich hörte ich jemanden an die Tür klopfen. Als ich öffnete, war es der Briefbote aus dem Amt, der mir einen hektografierten Briefstreifen übergab. Ich hatte bereits eine Vorahnung, und als ich unter der Lampe den Papierstreifen las, stand dort tatsächlich geschrieben:
»Im Auftrag des Amtsvorstehers setzen wir Sie, Herrn Shi Juansheng, höflichst davon in Kenntnis, dass Ihre Dienste im Amt nicht mehr benötigt werden. Mitteilung des Sekretariats vom 9. 10.«

Schon im Gästehaus hatte ich so etwas erwartet. Die mit der Gesichtscreme war nämlich eine Spielpartnerin vom Sohn des Amtsvorstehers und hatte ihm bestimmt von uns erzählt, natürlich mit ihren eigenen Erfindungen und Übertreibungen. Mich erstaunte nur, dass sich die Wirkung erst so spät zeigte. Eigentlich traf es mich nicht sehr, denn ich hatte mich schon vorher entschlossen, das Kopieren anderen zu überlassen und zu unterrichten oder, obwohl dies anstrengend war, ein wenig zu übersetzen.

Überdies war ich mit dem Chefredakteur der Zeitschrift »Freund der Freiheit« bekannt. Ich hatte ihn mehrmals getroffen und zwei Monate zuvor noch Briefe mit ihm gewechselt. Trotzdem schlug mein Herz sehr heftig. Auch die sonst so furchtlose Zijun war blass geworden, was mich sehr bekümmerte. Ich hatte ohnehin den Eindruck, dass sie in letzter Zeit mutlos geworden war.

»Was hat das schon zu bedeuten. Wir unternehmen etwas Neues. Wir ...«

Sie beendete den Satz nicht. Ich wusste nicht, warum, aber ihre Stimme klang irgendwie unsicher. Auch das Licht der Lampe erschien mir trüber als sonst. Was für lächerliche Wesen die Menschen doch sind und wie leicht sie sich durch ganz belanglose Dinge aus dem Gleichgewicht bringen lassen! Zuerst sahen wir uns schweigend an und begannen dann, uns zu beraten. Wir beschlossen, unser Bestes zu tun, um mit dem vorhandenen Geld so sparsam wie möglich zu leben. Ich wollte eine Kleinanzeige aufgeben, in der ich mich um Kopier- und Lehrtätigkeiten bewarb, und dann gleichzeitig einen Brief an den Chefredakteur der Zeitschrift »Freund der Freiheit« schreiben, in dem ich ihm meine gegenwärtige Lage schilderte und ihn bat, meine Übersetzungen anzunehmen, um mir dadurch über die schlechte Zeit hinwegzuhelfen.

»Gesagt, getan! Komm, lass uns einen neuen Weg einschlagen!«

Ich begab mich sogleich an meinen Schreibtisch und schob die Flasche Sesamöl und die Essigschale beiseite. Zijun brachte die trübe Lampe herüber. Zuerst entwarf ich die Anzeige, dann wählte ich ein Buch aus, dessen Übersetzung sich lohnte. Seit wir umgezogen waren, hatte ich keines meiner Bücher mehr angerührt, und alle waren am oberen Rand mit einer dicken Staubschicht bedeckt. Den Brief schrieb ich erst ganz zum Schluss.

Ich war sehr unschlüssig und wusste nicht, wie ich mich am besten ausdrücken sollte. Ich hielt im Schreiben inne, um einen Augenblick nachzudenken, und warf einen kurzen Blick auf ihr

Gesicht, das im trüben Licht der Lampe wieder sehr traurig und verzweifelt aussah. Ich hatte wirklich nicht damit gerechnet, dass eine so belanglose Sache die früher so entschlossene und furchtlose Zijun derart verändern würde. Aber sie war ja in der ganzen letzten Zeit schon sehr mutlos gewesen, nicht erst seit dieser Nacht. Das alles verwirrte mich nur noch mehr, und ich sah plötzlich, blitzartig kurz, das Bild meines friedlichen Lebens in der Stille des schäbigen Zimmers im Gästehaus vor mir – aber als ich es genauer betrachten wollte, sah ich wieder nur das trübe Licht der Lampe.

Es dauerte ziemlich lange, bis ich den Brief beendet hatte. Es war ein recht ausführlicher Brief, und ich fühlte mich völlig erschöpft, so als hätten auch meine Kräfte in letzter Zeit nachgelassen. Wir beschlossen, gleich am nächsten Morgen die Anzeige aufzugeben und den Brief abzuschicken. Wie auf Verabredung richteten wir uns beide gleichzeitig auf. Während wir schwiegen, glaubten wir, eine ständig wachsende Energie in uns zu spüren, und so schöpften wir wieder neue Hoffnung.

Tatsächlich war es dieser von außen kommende Schlag, der in uns neue Energien weckte. Das Leben im Amt glich im Grunde haargenau dem Leben von Vögeln im Käfig eines Vogelhändlers, die gerade so viel Hirse bekommen, um am Leben zu bleiben, doch nicht genug, um Fett anzusetzen. Nach längerer Zeit sind ihre Flügel dann steif geworden, und selbst wenn man sie aus dem Käfig herauslässt, können sie nicht mehr davonfliegen. Ich war nun der Ansicht, diesem Käfig entkommen zu sein.

Jetzt wollte ich mich in den neuen, sich mir öffnenden Himmel aufschwingen, bevor ich den Gebrauch meiner Flügel verlernte.

Natürlich kann eine Kleinanzeige nicht sofort zu einem Erfolg führen. Übersetzen ist aber auch kein leichtes Unterfangen. Wenn man einen Text einmal gelesen hat, glaubt man, ihn bereits verstanden zu haben; aber sobald man mit der Arbeit beginnt, tauchen zahllose Schwierigkeiten auf, und man kommt nur sehr langsam voran. Dennoch war ich entschlossen, fleißig zu arbeiten. Mein fast neues Wörterbuch hatte schon nach kaum zwei Wochen einen großen schwarzen Fingerabdruck am Rand – ein Beweis für den Eifer und die Sorgfalt meiner Arbeit. Der Chefredakteur des »Freundes der Freiheit« hatte einmal gesagt, dass seine Zeitschrift ein gutes Manuskript niemals ablehnen würde.

Leider hatte ich kein ruhiges Zimmer, und Zijun war auch nicht mehr so still und rücksichtsvoll wie früher. Überall im Zimmer standen dauernd Schalen und Teller herum, und die Luft war ständig voll Rauch, sodass man nicht in Ruhe arbeiten konnte. Natürlich war es einzig und allein meine Schuld, dass ich es mir nicht leisten konnte, ein eigenes Arbeitszimmer einzurichten. Aber da waren auch noch Asui und die Hühner, die größer und fetter und immer häufiger zu einem Streitobjekt zwischen unseren beiden Familien wurden.

Zu alledem kamen die Mahlzeiten, »unaufhörlich wie die fließenden Ströme«. Zijuns einziges Interesse schien in der Zubereitung des Essens zu bestehen. Nach einer Mahlzeit berechnete sie schon die Kosten für die nächste. Außerdem musste sie noch Asui und die Hühner versorgen. Sie schien alles, was sie vorher gelernt hatte, vergessen zu haben. Es kam ihr auch nicht in den Sinn, dass sie mich durch ihr Drängen, doch etwas zu essen, häufig in meinen Gedankengängen unterbrach. Selbst wenn ich bei Tisch ein ärgerliches Gesicht machte, zeigte das nie eine Wirkung bei ihr; stets aß sie völlig unbeteiligt weiter.

Es dauerte fünf Wochen, bis ich ihr klargemacht hatte, dass meine Arbeit die Fesseln geregelter Mahlzeiten nicht vertragen konnte. Als sie das begriffen hatte, war sie wahrscheinlich recht unglücklich, sagte aber nichts. Meine Arbeit ging seitdem tatsächlich schneller voran. Bald hatte ich insgesamt 50 000 Wörter übersetzt. Ich brauchte nur noch einmal den Stil zu überarbeiten und konnte dann alles zusammen mit den zwei bereits fertigen Essays an den »Freund der Freiheit« schicken. Nur die Mahlzeiten bereiteten mir nach wie vor Kopfzerbrechen. An sich störte es mich nicht, dass das Essen kalt war, aber es reichte nicht einmal. Obwohl mein Appetit viel geringer war als früher, denn ich saß ja den ganzen Tag zu Hause und leistete nur geistige Arbeit, gab es manchmal nicht einmal genug Reis. Das lag daran, dass sie zuerst Asui fütterte. Sie gab ihm zuweilen sogar das Hammelfleisch, das wir uns in letzter Zeit so selten gönnten. Sie sagte, Asui sei wirklich bedauernswert mager geworden, und die Vermieterin habe uns deshalb schon verspottet. Sie könne diesen Spott nicht ertragen.

Das, was ich übrig ließ, fraßen die Hühner, dies fand ich erst sehr spät heraus. Wie in Huxleys Abhandlung »Die Stellung der Menschheit im Universum« wurde ich mir meiner hiesigen Position bewusst: Sie befand sich zwischen dem Pekinesen und den Hühnern.

Später, nach mehrmaligen Weigerungen ihrerseits und heftigem Drängen meinerseits, wurden aus den Hühnern nach und nach herrliche Gerichte, die wir beide und Asui mehr als zehn Tage lang genossen. Die Hühner waren allerdings sehr mager, weil sie seit Längerem täglich nur ein paar Körner Sorghum bekommen hatten. Von nun an war unser Leben viel ruhiger. Zijun aber war sehr niedergeschlagen. Sie wirkte oft so traurig und gelangweilt, dass sie nicht einmal mehr Lust zum Sprechen hatte. Wie leicht die Menschen sich doch ändern, dachte ich.

Bald konnten wir auch Asui nicht mehr behalten. Wir hatten keine Hoffnung mehr, dass von irgendwoher noch ein Brief kommen könnte. Und Zijun hatte auch längst keinen Happen mehr übrig, um Asui zum Männchenmachen zu bewegen. Außerdem kam der Winter so schnell, dass das Heizen des Ofens nun zu einem großen Problem wurde. Asuis Appetit war längst eine schwere Belastung für uns geworden, und so konnten wir selbst ihn jetzt nicht mehr behalten.

Hätten wir ihm ein Strohbüschel angesteckt und ihn zum Tempelmarkt gebracht, vielleicht hätten wir dann noch ein paar Kupfermünzen für ihn bekommen, doch das konnten und wollten wir nicht tun. Ich verdeckte seinen Kopf mit einem Tuch, trug ihn zur westlichen Vorstadt und setzte ihn dort aus. Als er mir nachlaufen wollte, stieß ich ihn einfach in ein nicht zu tiefes Erdloch.

Als ich in die Wohnung zurückkehrte, merkte ich, dass es viel stiller und friedlicher geworden war, doch in Zijuns Gesicht lag so viel Trauer und Verzweiflung, dass ich erschrak. Es war ein Ausdruck, den ich noch nie bei ihr gesehen hatte. Natürlich war es wegen Asui. Aber warum nahm sie sich das so zu Herzen? Ich hatte ihr doch gar nicht erzählt, dass ich Asui in ein Erdloch gestoßen hatte.

Am Abend bekam ihre traurige Miene noch einen eisigen Zug.

»Sag mal, Zijun, was ist heute los mit dir?«, musste ich sie einfach fragen.

»Was?« Sie sah mich nicht einmal an.

»Dein Gesicht …«

»Es ist nichts – gar nichts.«

Aus ihren Worten und ihrem Verhalten schloss ich, dass sie mich wohl für einen herzlosen, egoistischen Menschen hielt. In der Tat wäre es für mich leicht gewesen, allein zu leben, denn obwohl ich in meinem Stolz bisher keinen Umgang mit der eigenen Verwandtschaft gepflegt und mich nach dem Umzug auch allen alten Bekannten entfremdet hatte, läge das Leben noch weit und offen vor mir, wenn ich nur weit fortgehen und tun und lassen könnte, was ich wollte. Dass ich jetzt die bedrückende Bürde dieses Lebens geduldig ertrug, war doch vor allem ihretwegen. Wie konnte die Tatsache, dass ich Asui ausgesetzt hatte, daran etwas ändern? Zijun schien unsere Situation nur wenig zu begreifen, und selbst diesen Punkt verstand sie nicht.

Als ich bei günstiger Gelegenheit einige Andeutungen machte, nickte sie, als hätte sie verstanden, doch an ihrem späteren Verhalten konnte ich erkennen, dass sie nichts begriffen hatte oder mir einfach nicht glauben wollte.

Das kalte Wetter und ihre eisige Miene trieben mich aus dem Haus. Aber wohin sollte ich gehen? Auf den Straßen und im Park gab es zwar keine eisigen Mienen, aber der Wind stach so sehr, dass die Haut aufsprang. Schließlich fand ich in der öffentlichen Bücherei mein Paradies.

Man brauchte dort keine Eintrittskarten zu lösen, und im Lesesaal standen zwei eiserne Öfen. Wenn es auch nur Öfen waren, in denen schwach glimmende Kohle brannte, so genügte doch schon ihr bloßer Anblick, mich zu erwärmen. Die Bücher waren allerdings nicht lesenswert: alte Schmöker. Neue Veröffentlichungen gab es fast gar nicht.

Glücklicherweise ging ich nicht um des Lesens willen dorthin. Außer mir waren immer noch einige andere Leute dort, manchmal bis zu zehn und mehr Personen, und alle waren genauso ärmlich gekleidet wie ich. Das Lesen diente nur als Vorwand, um sich aufzuwärmen. Dies alles kam mir sehr gelegen, denn auf der Straße konnte ich leicht den verächtlichen Blicken von Bekannten begegnen. In der Bibliothek hatte ich solche Zwischenfälle nicht zu befürchten, weil meine Bekannten stets um andere Eisenöfen herumsaßen oder sich an ihrem eigenen Ofen wärmten.

Es gab für mich zwar keine Bücher zum Lesen, aber ich hatte genügend Muße, um nachzudenken. Erst als ich so allein und regungslos dasaß und mich an früher erinnerte, wurde mir bewusst, dass ich seit über sechs Monaten nur aus Liebe – aus blinder Liebe – alle anderen wichtigen Dinge des Lebens völlig vernachlässigt hatte. Erstens war da der Lebensunterhalt. Erst durch eine gesicherte Existenz hätte die Liebe die nötige Schönheit. Dem Kämpfer stand in der Welt bestimmt ein Lebensweg offen, und ich hatte den Gebrauch meiner Flügel ja noch nicht verlernt, auch wenn ich im Vergleich zu früher schon viel mutloser geworden war …

Allmählich verschwanden der Saal und die Leser. Was ich sah, waren Fischer in tosender Brandung, Soldaten in Schützengräben, Vornehme in ihren Autos, Spekulanten an den Börsen, Helden in Bergen und dichten Wäldern, Professoren auf ihren Podien, Sportler in der Dämmerung und Diebe in tiefer Nacht … Zijun war weit weg. Sie hatte all ihren Mut verloren, war voll Kummer und Zorn um Asui und dachte nur noch ans Kochen. Seltsamerweise magerte sie kaum ab …

Es wurde kälter, da die wenigen glimmenden Kohlen im Ofen schließlich ganz erloschen waren. Es war die Zeit, da die Bücherei zu schließen pflegte. Ich musste also wieder in die »Gasse des guten Omens« zurück und ihre eisige Miene ertragen. In der letzten Zeit hatte ich manchmal wieder einen freundlichen Ausdruck bei ihr beobachtet, der meinen Kummer jedoch nur verstärkte. Ich erinnere mich, dass eines Abends, während sie lachend mit mir über die Zeit im Gästehaus sprach, plötzlich wieder dieser kindliche Glanz in ihren Augen aufgeleuchtet war, den ich schon so lange nicht mehr gesehen hatte. Dabei entdeckte ich jedoch immer wieder einen Anflug von Furcht und Ängstlichkeit in ihrer Miene. Ich wusste, dass ich in letzter Zeit noch gleichgültiger als sie geworden war und dadurch in ihr Kummer und Zweifel hervorgerufen hatte. Um sie ein wenig zu trösten, blieb mir nichts anderes übrig, als mit ihr zu plaudern und zu lachen. Doch kaum hatte ich ein Lächeln aufgesetzt und zu sprechen begonnen, fühlte ich sogleich eine Leere, die in meinen Ohren mit unerträglichem Hohn widerhallte.

Zijun schien es auch zu spüren und hatte von da an ihre bisherige starre Ruhe verloren. Obwohl sie sich große Mühe gab, ihre Gefühle zu verbergen, erschien doch immer wieder der Ausdruck von Kummer und Zweifel auf ihrem Gesicht. Zu mir war sie nun aber viel freundlicher.

Ich wollte offen mit ihr sprechen, brachte aber dazu den Mut noch nicht auf. Jedes Mal wenn ich zum Sprechen ansetzte, sah ich den kindlichen Ausdruck ihrer Augen und brachte nur ein gezwungenes Lächeln zustande, ein Lächeln, das mich selbst zu verhöhnen schien und mir meinen Gleichmut nahm.

Nun begann sie wieder, unsere Vergangenheit aufzuwärmen. Sie erfand neue Prüfungen und nötigte mich, viele heuchlerische, liebevolle Antworten zu erfinden. Um ihr meine Zärtlichkeit zu zeigen, prägte ich mir viele dieser heuchlerischen Phrasen ein. Mit der Zeit bedrückten sie mich derart, dass mir oft das Atmen schwerfiel. In meiner Not dachte ich immer wieder, dass man natürlich sehr viel Mut braucht, um die Wahrheit zu sagen. Wenn jemand diesen Mut nicht hat und um des lieben Friedens willen heuchelt, dann ist er niemals in der Lage, ein neues Leben zu beginnen. Schlimmer noch, das Leben eines solchen Menschen ist auch völlig sinnlos.

Eines Morgens, eines sehr kalten Morgens, war Zijun äußerst schlecht gelaunt. So etwas hatte ich noch nie bei ihr gesehen, aber vielleicht kam es mir auch nur so vor. Ich war damals wütend über sie und habe sie heimlich ausgelacht. Ihre einstudierten Ideen und ihre aufgeschlossenen, mutigen Reden waren im Grunde doch nur hohl und leer. Sie war sich dessen jedoch in keiner Weise bewusst. Schon lange hatte sie kein Buch mehr gelesen. Sie wusste nicht, dass der erste Schritt im Leben die Sicherung der Existenz war und dass wir den Weg dorthin entweder gemeinsam Hand in Hand oder aber jeder für sich allein gehen mussten. Jemand, der sich nur an den Rockzipfeln des anderen festhält, wird auch den mutigsten Kämpfer behindern, und beide müssen zusammen zugrunde gehen.

Ich fühlte, dass unsere einzige Hoffnung in der Trennung lag. Sie musste sich entschließen, mich zu verlassen. Ich dachte plötzlich an ihren Tod, machte mir aber sofort Vorwürfe und bereute den Gedanken. Glücklicherweise war es früh am Morgen, und ich hatte Zeit genug, ihr die Wahrheit zu sagen. Der Beginn unseres neuen Lebens hing davon ab.

Während ich mit ihr plauderte, erinnerte ich sie absichtlich an unsere Vergangenheit, sprach von Literatur und Kunst und stellte dann eine Beziehung zu ausländischen Literaten und deren Werken her: »Nora« und »Die Frau vom Meere«. Ich lobte Noras Entschlossenheit … Über diese Dinge hatten wir noch im Jahr zuvor in dem schäbigen Zimmer des Gästehauses gesprochen, doch nun klang dies alles in meinen Ohren hohl und leer. Auch hatte ich bisweilen den Verdacht, dass hinter meinem Rücken ein unsichtbares ungezogenes Kind mir böswillig und grausam alles nachplapperte.

Dennoch nickte sie zustimmend, während sie aufmerksam zuhörte. Danach schwieg sie. Als ich meine Rede mit Unterbrechungen zu Ende gebracht hatte, wurden selbst die übrigen Geräusche von der Leere verschlungen.

»Ja.« Sie schwieg wieder eine Weile und fuhr dann fort: »Aber … Juansheng, ich habe das Gefühl, dass du dich in letzter Zeit sehr verändert hast. Stimmt das? Sag es mir ganz ehrlich.«

Es war, als hätte mir jemand unerwartet einen Schlag versetzt, doch gewann ich sofort meine Fassung wieder und erklärte ihr meinen Standpunkt und meinen Vorschlag: den Beginn eines neuen Weges und den Aufbau eines neuen Lebens, um unseren gemeinsamen Untergang zu verhindern.

Zum Schluss fügte ich noch mit aller Entschlossenheit hinzu: »… überdies kannst du unbesorgt und mutig deinen eigenen Weg gehen. Du willst, dass ich aufrichtig spreche. Du hast recht, man sollte nicht heucheln. Spreche ich also aufrichtig: Ich bin so, weil … weil ich dich nicht mehr liebe! Aber das ist für dich doch viel besser, denn nun ist es leichter für dich, völlig unabhängig zu arbeiten …«

Ich hatte eine heftige Szene erwartet, doch es folgte nur Schweigen. Ihr Gesicht wurde plötzlich totenbleich. Im Nu erwachte es jedoch wieder zum Leben, und in ihren Augen flackerte ein kindlicher Glanz auf. Ihr Blick irrte umher wie der eines hungrigen, durstigen Kindes auf der Suche nach der liebenden Mutter, er tastete jedoch nur die Leere ab und wich ängstlich meinen Augen aus.

Ich konnte das nicht mehr mit ansehen. Glücklicherweise war es frühmorgens, und so eilte ich, dem kalten Wind trotzend, geradewegs in die öffentliche Bücherei.

Dort las ich den »Freund der Freiheit«. Meine Artikel waren dort alle abgedruckt. Das überraschte und tröstete mich ein wenig. Es gibt doch noch viele Lebenswege, dachte ich mir – aber so wie jetzt geht es nicht mehr weiter.

Ich fing an, Bekannte zu besuchen, von denen ich lange nichts mehr gehört hatte; aber nur ein paar Mal. Ihre Wohnungen waren natürlich warm, mir aber war kalt bis ins Mark. Nachts rollte ich mich in dem kalten Zimmer zusammen, das noch kälter war als Eis.

Eisige Nadeln durchbohrten meine Seele und bereiteten mir ständig dumpfe Schmerzen. Ich sagte mir, dass es noch immer viele Lebenswege gab und dass ich den Gebrauch meiner Flügel noch nicht verlernt hatte. Und dann dachte ich plötzlich wieder an ihren Tod, machte mir aber gleich wieder Vorwürfe und empfand Reue.

In der öffentlichen Bücherei tauchte oft blitzartig der neue Lebensweg vor mir auf: Zijun hatte sich mutig den Tatsachen gestellt und entschlossen unser eisiges Heim verlassen, überdies ohne eine Spur von Hass oder Bedauern. Leicht wie eine Wolke schwebte ich in der Luft, über mir der azurblaue Himmel, unter mir hohe Berge und weite Meere, mächtige Gebäude, Schlachtfelder, Autos, ausländische Konzessionen, vornehme Residenzen, lärmende Märkte, dunkle Nächte …

Und wirklich, ich hatte das Gefühl, dass bald eine neue Seite meines Lebens aufgeschlagen würde.

Endlich hatten wir diesen nur schwer zu ertragenden Winter, diesen Pekinger Winter überstanden. Uns ging es genau wie Libellen, die einem verzogenen bösen Kind in die Hände gefallen sind. An einem dünnen Faden wird mit ihnen bis zu ihrer Erschöpfung ein qualvolles Spiel betrieben, auch wenn sie das Glück haben sollten, nicht daran zu sterben, so ringen sie doch früher oder später mit dem Tod.

Nachdem ich drei Briefe an den Chefredakteur des »Freundes der Freiheit« geschrieben hatte, erhielt ich endlich eine Antwort. Im Briefumschlag lagen aber nur zwei handgeschriebene Gutscheine im Wert von zwanzig und dreißig Fen. Allein für die dringenden Bittschreiben hatte ich für neun Fen Briefmarken benötigt und dafür einen ganzen Tag hungern müssen. Alles war völlig umsonst gewesen und verlor sich nun in der Leere der Erfolglosigkeit.

Dennoch fühlte ich, dass das, was kommen musste, schließlich auch eintreten würde.

Der Winter begann dem Frühling zu weichen. Der Wind war schon nicht mehr so kalt, und ich streifte draußen länger umher. Wenn ich nach Hause zurückkehrte, war es meistens schon dunkel. An einem solch finsteren Abend kam ich wie gewöhnlich deprimiert nach Hause. Beim Anblick der Wohnungstür verstärkte sich dieses Gefühl, sodass ich meine Schritte noch mehr verlangsamte. Aber schließlich trat ich doch in unsere Wohnung. Es brannte kein Licht. Als ich ein Streichholz ertastete und anzündete, herrschte eine ganz ungewöhnliche Einsamkeit und Leere!

Ich stand noch völlig verwirrt da, als die Frau des Beamten ans Fenster kam und mich bat hinauszukommen.

»Heute ist der Vater von Zijun hier gewesen und hat sie nach Hause geholt«, sagte sie einfach.

Das kam für mich gänzlich unerwartet.

Ich war wie vor den Kopf geschlagen und stand sprachlos da.

»Sie ist fort?«, war die einzige Frage, die ich nach einer Weile herausbrachte.

»Ja, sie ist fort.«

»Hat sie … hat sie noch irgendetwas gesagt?«

»Nein, nichts. Sie hat mich nur gebeten, Ihnen bei Ihrer Rückkehr mitzuteilen, dass sie gegangen ist.«

Ich wollte es nicht glauben, obwohl die Wohnung so seltsam leer und einsam war. Ich blickte um mich und suchte Zijun, aber ich sah nur die ärmlichen, alten, düsteren Möbel, so spärlich und ordentlich, als sollten sie beweisen, dass sich niemand hinter ihnen verbergen konnte.

Ich machte mich auf die Suche nach einem Brief oder einer von ihr zurückgelassenen handschriftlichen Notiz, aber es war nichts Derartiges vorhanden. Nur Salz und getrocknete Paprika, Mehl und ein halber Kopf Weißkohl fanden sich an einem Ort zusammengetragen. Daneben lagen zwanzig oder dreißig Kupfermünzen. Das waren unsere gemeinsamen Mittel, die sie nun feierlich für mich allein zurückgelassen hatte. Es war ganz offensichtlich, dass sie mir dadurch ein längeres Auskommen ermöglichen wollte.

Ich fühlte mich von der Umgebung bedrückt und stürzte hinaus in die Finsternis des Hofes. Durch die Papierfenster des Hauptraumes strahlte helles Licht. Die Nachbarn amüsierten sich gerade mit dem Kind. Ich wurde ruhiger und merkte, wie in der schweren Bedrängnis nach und nach undeutlich Wege aus meinem bisherigen Leben auftauchten: hohe Berge und große Sümpfe, ausländische Konzessionen, Festbankette unter elektrischer Beleuchtung, Schützengräben, tiefschwarze Nächte, der Stoß einer scharfen Klinge, lautlose Schritte … Ich fühlte mich ein wenig erleichtert und atmete auf, doch als ich an das Reisegeld dachte, seufzte ich.

Ich lag da und ließ bei geschlossenen Augen die Bilder meiner Zukunft an mir vorüberziehen. Aber noch vor Mitternacht waren sie wieder verschwunden. Im Dunkeln war mir, als sähe ich plötzlich einen Haufen von Nahrungsmitteln, dann tauchte das fahle Gesicht Zijuns auf. Ihre kindlichen Augen öffneten sich und sahen mich flehend an, doch als ich genauer hinschaute, war alles verschwunden.

Wieder wurde mir das Herz schwer. Warum hatte ich mich nicht ein paar Tage länger gedulden können? Warum hatte ich ihr die Wahrheit so schnell sagen müssen? Jetzt wusste sie, alles, was ihr blieb, war die unerbittliche Strenge ihres Vaters – des Gläubigers seiner Kinder –, waren die kalten Blicke der Umwelt, kälter als Eis und Frost. Darüber hinaus gab es nur Leere. Wie furchtbar musste es sein, unter einer so schweren Last und unter diesen strengen, kalten Blicken den sogenannten Lebensweg zu gehen! Und das Ende dieses Weges war nur ein Grab, das nicht einmal einen Grabstein hatte.

Ich hätte Zijun nicht die Wahrheit sagen dürfen. Wir hatten uns geliebt, und deshalb hätte ich ihr zuliebe ewig die Unwahrheit sagen müssen. Wäre die Wahrheit wirklich so kostbar, dann hätte sie für Zijun keine so unerträgliche Leere bedeutet. Natürlich hätten auch Lügen zu nichts geführt, aber ihre Last wäre nicht so schwer gewesen.

Ich hatte gedacht, wenn ich Zijun die Wahrheit sagte, könnte sie unbesorgt und entschlossen vorwärtsschreiten wie damals, als wir beschlossen zusammenzuleben. Aber hierin hatte ich mich offenbar geirrt, denn ihr damaliger Mut und ihre Furchtlosigkeit waren auf ihre Liebe zurückzuführen.

Ich hatte nicht den Mut gehabt, die Bürde der Heuchelei zu tragen, und hatte ihr daher die Bürde der Wahrheit aufgeladen. Seit sie mich liebte, hatte sie diese schwere Last zu tragen und unter strengen, kalten Blicken den sogenannten Lebensweg zu gehen.

Ich dachte an ihren Tod … Ich erkannte, dass ich ein gemeiner Schwächling war, der von starken und mächtigen Menschen ausgestoßen werden sollte, einerlei, ob sie nun aufrichtig oder heuchlerisch waren. Trotzdem hatte sie von Anfang bis Ende immer noch gehofft, dass ich uns ein längeres gemeinsames Leben würde ermöglichen können.

Ich wollte die »Gasse des guten Omens« verlassen, wo es so seltsam leer und einsam war. Wenn ich nur von dort fortginge, dachte ich, dann wäre es so, als ob Zijun immer noch an meiner Seite oder zumindest noch in der Stadt wäre und mich unerwartet besuchen käme, so wie damals, als ich noch im Gästehaus wohnte.

Auf all meine Bitten und Briefe bekam ich keine Antwort. Es blieb mir nichts anderes übrig, als einen alten Freund meiner Familie aufzusuchen, den ich lange nicht gesehen hatte. Er war ein alter Schulkamerad meines Onkels, der schon sehr lange als ehrbarer und namhafter Beamter in der Hauptstadt lebte und einen großen Bekanntenkreis hatte. Als ich eintrat, schenkte mir der Pförtner keine Beachtung, wahrscheinlich wegen meiner schäbigen Kleidung. Erst nach großen Mühen stand ich endlich vor meinem Bekannten. Wir erkannten uns zwar wieder, aber es war ein sehr kühler Empfang. Er wusste alles über Zijun und mich.

»Natürlich kannst du nicht länger hier bleiben«, meinte er kühl, nachdem er mein Anliegen, anderswo eine Arbeitsstelle für mich zu finden, vernommen hatte. »Aber wohin? Das ist sehr schwierig. – Deine … äh, deine Freundin, wie ich annehme, Zijun, weißt du schon? Sie ist tot.«

Ich war so erschrocken, dass ich kein Wort herausbrachte.

»Ist das wahr?«, fragte ich schließlich.

Er lachte verächtlich. »Natürlich ist das wahr. Mein Diener Wang Sheng stammt aus demselben Dorf wie ihre Familie.«

»Aber … weiß man denn nicht, wie sie gestorben ist?«

»Wer weiß? Jedenfalls ist sie tot, und damit hat es sich.«

Ich erinnere mich nicht mehr, wie ich mich von ihm verabschiedete und in meine Wohnung zurückgekehrt bin. Ich wusste, dass er nicht gelogen hatte. Zijun würde nie mehr wiederkommen, so wie das noch im vergangenen Jahr der Fall gewesen war. Sie hatte zwar unter den strengen, kalten Blicken und der schweren Last der Leere den sogenannten Lebensweg gehen wollen, aber nun war sie dazu nicht mehr in der Lage. Das Schicksal hatte bestimmt, dass ich ihr die Wahrheit offenbarte – und dass sie in dieser lieblosen Welt daran zugrunde gehen sollte.

Natürlich konnte ich nicht in der Wohnung bleiben. Aber wohin sollte ich? Um mich herum herrschten endlose Leere und tödliche Stille. Mir war, als sähe ich die Finsternis, die ungeliebte Menschen im Angesicht des Todes vor Augen haben, und als hörte ich die Schreie ihres verzweifelten, hoffnungslosen Kampfes.

Ich wartete immer noch darauf, dass etwas Neues geschehen würde, etwas Unbekanntes, Unerwartetes. Aber Tag für Tag gab es nichts als tödliche Stille.

Ich ging nicht mehr so oft aus wie früher. Ich saß oder lag in dieser endlosen Leere und ließ zu, dass die tödliche Stille meine Seele zerfraß. Manchmal erzitterte diese Stille, sie zog sich zurück und verbarg sich. Dann blitzte in diesem Wechsel von Unterbrechung und Kontinuität eine unbestimmte, unerwartete neue Hoffnung vor mir auf.

An einem trüben Vormittag, noch ehe die Sonne sich aus den Wolken befreit hatte und sogar die Luft mit Mattigkeit erfüllt war, vernahm ich kleine, leichte Schritte und ein klagendes Winseln. Ich öffnete die Augen und sah mich um. Das Zimmer war nach wie vor leer; aber als ich zufällig auf den Boden blickte, drehte sich dort ein ganz kleines Tier im Kreise. Es war mager, schwach, halb tot und am ganzen Körper voll Schmutz …

Als ich genauer hinsah, setzte mein Herz einen Schlag aus, und ich sprang auf.

Es war Asui. Er war zurückgekommen.

Ich verließ die »Gasse des guten Omens« nicht nur wegen der kalten Blicke der Hausbesitzer und ihrer Dienerin, sondern vor allem wegen Asui. Aber wohin sollte ich? Natürlich standen mir noch viele Lebenswege offen. Ich hatte eine vage Vorstellung und sah sie gelegentlich undeutlich vor mir liegen, aber ich wusste noch nicht, wie ich den ersten Schritt dorthin tun sollte.

Nach vielem Überlegen und Abwägen kam für mich nur das Gästehaus als akzeptabler Ort infrage. Dort gab es immer noch dasselbe schäbige Zimmer wie früher, dieselbe hölzerne Bettstelle und dieselbe halb verdorrte Akazie und den Wistarienstrauch, aber was mich damals mit Hoffnung, Freude, Liebe und Leben erfüllt hatte, war nun vollkommen dahin. Es gab nur noch die Leere, die leere Existenz, die ich gegen die Wahrheit eingetauscht hatte.

Mir standen noch viele Wege offen. Da ich noch lebte, musste ich sie beschreiten. Aber ich wusste immer noch nicht, wie ich den ersten Schritt tun sollte. Manchmal erschien mir der Lebensweg wie eine aschgraue Schlange, die sich auf mich zuschlängelte. Ich wartete und wartete, aber kurz bevor ich sie zu sehen bekam, verschwand sie in der Dunkelheit.

Die Nächte des beginnenden Frühlings waren immer noch so lang. Während ich lange Zeit reglos dasaß, erinnerte ich mich an den Trauerzug, den ich am Vormittag auf der Straße gesehen hatte. Vor dem Sarg waren aus Papier gefertigte menschliche Gestalten und Pferde hergetragen worden, und hinter dem Sarg war ein allgemeiner Klagegesang zu hören gewesen. Wie klug die Leute doch waren. Was war das für eine leichte, einfache Sache.

Doch dann war da wieder ihr Leichenzug vor mir. Zijun war

ganz allein unter der schweren Last der Leere auf der aschgrauen langen Straße vorwärtsgezogen, ehe sie plötzlich unter der unerbittlichen Strenge und den kalten Blicken ihrer Umgebung verschwunden war.

Ich wünschte, es gäbe wirklich Geister und eine Hölle, denn dann würde ich sogar im zornigen Gebrüll des Höllenwindes nach Zijun suchen können. Ich würde ihr von Angesicht zu Angesicht von meiner Reue und Trauer erzählen und sie um Verzeihung bitten. Andernfalls sollten mich die giftigen Flammen der Hölle einschließen und meine Reue und Trauer auf grausame Art verbrennen.

Ich würde im Höllenwind und inmitten giftiger Flammen Zijun flehentlich umarmen, doch bloß nachsichtig zu sein. Vielleicht würde sie das glücklich machen …

Aber derlei ist noch wichtiger als mein neues Leben. Jetzt sind da nur die Nächte des beginnenden Frühlings, die einfach kein Ende nehmen wollen. Ich lebe und muss darum einen neuen Anfang machen. Der erste Schritt – das ist nichts anderes als die Niederschrift meiner Reue und meiner Trauer, um Zijuns willen und um meinetwillen.

So ist mir nur der Klagegesang geblieben. Ich begrabe Zijun, begrabe sie im Vergessen.

Ich will vergessen, um meiner selbst willen. Ich will mich auch nicht mehr daran erinnern, dass ich Zijun in der Absicht, sie zu vergessen, begrub.

Ich muss einen neuen Lebensweg einschlagen, ich muss die Wahrheit ganz tief in der Wunde meines Herzens verbergen, ich muss schweigend vorwärtsschreiten, mich vom Vergessen und von der Lüge leiten lassen …

Beendet am 21. Oktober 1925

Mama Chang und das »Buch der Berge und Meere«

Mama Chang war, wie früher bereits erwähnt, das Dienstmädchen, das sich um mich kümmerte, oder, vornehmer ausgedrückt, sie war mein Kindermädchen. Meine Mutter und viele andere riefen sie bei diesem Namen, und es schien, als schwinge darin ein wenig Höflichkeit mit. Nur meine Großmutter sagte »A Chang« zu ihr. Ich nannte sie normalerweise »A Ma«, das »Chang« ließ ich einfach weg; nur wenn ich ihr grollte, zum Beispiel, als ich erfuhr, dass sie meine Maus umgebracht hatte, rief ich sie »A Chang«.

In unserer Umgebung hieß niemand mit Familiennamen Chang; »chang« passte auch nicht als Adjektiv zu ihr, denn sie war blässlich, dick und klein gewachsen, ihr Rufname konnte es ebenfalls nicht sein, da ich zu erinnern meine, dass sie selbst einmal gesagt hat, ihr Vorname sei Fräulein Soundso; aber für welchen Namen Soundso stand, habe ich längst vergessen, auf jeden Fall war es nicht Chang. Ihren Familiennamen kenne ich nicht. Ich erinnere mich jedoch, dass sie mir einmal erzählt hat, wie sie zu dem Namen »Chang« gekommen war. Vor langer Zeit soll es in unserer Familie ein sehr großes Dienstmädchen gegeben haben. Das war die echte A Chang. Als sie später fortging, übernahm mein Fräulein Soundso die Stelle. Da sich inzwischen alle an den Rufnamen gewöhnt hatten, wurde dieser nicht geändert, und so hieß sie von da an Mama Chang.

Es gehört sich zwar nicht, hinter dem Rücken anderer Leute zu reden, aber wenn ich ehrlich sein soll: Ich hielt nicht viel von ihr. Am meisten störte mich ihr Geklatsche, wenn sie mit den

Leuten über irgendwelche Dinge tuschelte und dabei mit dem Zeigefinger in der Luft herumfuchtelte oder auf die Nase ihres Gegenübers oder ihre eigene zeigte. Sobald es zu Hause kleine Unstimmigkeiten gab, hatte ich stets das unbestimmte Gefühl, es würde mit ihrem Geklatsche zusammenhängen. Ich durfte auch nicht herumlaufen, und riss ich einen Grashalm aus oder drehte einen Stein um, hieß es gleich, ich sei ungezogen, und sie müsse es meiner Mutter erzählen. Kaum wurde es Sommer, lag sie gleich dem Schriftzeichen »groß« mit ausgestreckten Armen und Beinen mitten im Bett; ich konnte mich dann kaum noch rühren und musste in einer Ecke der Matte schlafen, sodass mir unerträglich heiß wurde. Stieß ich sie an, bewegte sie sich nicht; rief ich sie, hörte sie nicht.

»Mama Chang, du bist so dick! Sicher macht dir die Hitze zu schaffen. Ist deine Schlafstellung da nicht unvorteilhaft? …«

Nachdem mich meine Mutter mehrmals hatte klagen hören, stellte sie ihr einmal diese Frage. Ich wusste, was sie damit sagen wollte: Mama Chang solle mir ein wenig mehr Platz lassen. Diese bekam den Mund nicht auf. Doch als ich in der nächsten Nacht wieder vor Hitze aufwachte, war das Bett wie zuvor von dem Schriftzeichen »groß« ausgefüllt, und ein Arm lag noch dazu auf meinem Hals. Da war wirklich nichts zu machen.

Sie verstand viel von alten Bräuchen, die mich allerdings fast zur Verzweiflung trieben. Die schönste Zeit des Jahres war der Abend vor Neujahr. Kaum hatten wir das alte Jahr verabschiedet, bekam ich von den Verwandten der älteren Generation Neujahrsgeld geschenkt, das in rotes Papier eingewickelt war. Ich legte es neben mein Kopfkissen; schon am nächsten Morgen würde ich es nach Herzenslust ausgeben können. Den Kopf auf dem Kissen und mit Blick auf dem roten Päckchen dachte ich an die kleine Trommel, die ich mir am nächsten Tag kaufen wollte, an das Schwert, die Tonfiguren, den Zuckerbuddha … Da kam sie herein und legte eine Glücksmandarine an das Kopfende.

»Junge, pass gut auf!«, sagte sie feierlich. »Morgen ist der erste

Tag des ersten Monats, gleich wenn du in der Früh die Augen aufschlägst, musst du als Erstes zu mir sagen: ›A Ma, viel Glück, viel Glück!‹ Kannst du dir das merken? Du musst es dir merken, denn davon hängt das Glück des ganzen Jahres ab. Du darfst nichts anderes sagen! Wenn du das gesagt hast, musst du noch ein wenig von der Glücksmandarine essen.« Und sie nahm die Glücksmandarine und schwenkte sie vor meinen Augen hin und her. »Dann verläuft das ganze Jahr glücklich und zufrieden …«

Selbst im Traum erinnerte ich mich an den Neujahrstag; am nächsten Morgen erwachte ich besonders früh und wollte mich gleich aufsetzen. Doch sie streckte sofort den Arm aus und hielt mich zurück. Verblüfft sah ich sie an und bemerkte ihren angsterfüllten Blick. Sie schien mich zu beschwören, packte meine Schulter, und da fiel es mir plötzlich wieder ein.

»A Ma, viel Glück! …«

»Viel Glück, viel Glück! Viel Glück uns allen! Wirklich klug! Viel Glück, viel Glück!« Nun schien sie zufrieden zu sein, denn sie begann zu lachen und schob mir gleichzeitig etwas Eiskaltes in den Mund. Als ich mich von dem Schrecken erholt hatte, fiel mir wieder ein, dass dies die besagte Glücksmandarine gewesen sein musste. Die Schwierigkeiten des Neujahrsanfangs waren überstanden, ich konnte aufstehen und spielen gehen.

Sie brachte mir noch viele andere Vorschriften bei. Zum Beispiel heiße es nicht, jemand sei gestorben, sondern »er ist verschieden«. Das Zimmer, wo es einen Todesfall gegeben hatte oder wo ein Kind geboren worden war, durfte nicht betreten werden. Ein Reiskorn, das zu Boden gefallen war, musste aufgelesen und am besten gleich aufgegessen werden. Auf keinen Fall ging man unter einer Bambusstange hindurch, auf der Hosen getrocknet wurden. Die meisten Regeln habe ich inzwischen vergessen, nur an das seltsame Ritual vom Neujahrstag erinnere ich mich noch sehr genau. Im Grunde war alles reine Umstandskrämerei, was mir bis heute als äußerst unangenehm in Erinnerung geblieben ist.

Es gab jedoch auch eine Zeit, in der ich beispiellose Hochachtung für sie empfand. Sie sprach häufig von den »Langhaarigen«. Damit meinte sie nicht nur die Truppen Hong Xiuquans, sondern auch alle späteren Räuber und Banditen, mit Ausnahme der Revolutionäre, die es damals noch nicht gab. Sie beschrieb die Langhaarigen als furchterregende Gesellen, deren Sprache nicht zu verstehen war. Als die Langhaarigen einst in unsere Stadt eingedrungen waren, soll meine ganze Familie ans Meer geflohen sein. Nur ein Pförtner und ein altes Mütterchen, die Köchin, wurden zurückgelassen, um das Haus zu hüten. Als die Langhaarigen dann wirklich zur Tür hereinkamen, redete das Mütterchen sie mit »große Könige« an – was angeblich Pflicht war – und klagte über ihren Hunger. Ein Langhaariger lachte: »Nun, dann iss doch das!«, und warf ihr etwas Rundes zu, an dem ein Zopf hing, es war der Kopf des besagten Pförtners. Von da an war die alte Köchin verstört, und wenn man später einmal darauf zu sprechen kam, erbleichte sie auf der Stelle, schlug sich auf die Brust und sagte: »Aiya, sie haben mich zu Tode erschreckt, sie haben mich zu Tode erschreckt …«

Ich war damals nicht weiter beunruhigt, sah ich doch keinen Zusammenhang zwischen diesen Dingen und mir, schließlich war ich ja kein Pförtner. Das bemerkte sie wahrscheinlich, denn sie sagte: »Kinder wie dich nahmen die Langhaarigen gefangen, um kleine Langhaarige aus ihnen zu machen. Und hübsche Mädchen verschleppten sie ebenfalls.«

»Na, dann hattest du ja nichts zu befürchten.« Ich nahm an, dass sie sich wirklich sicher gefühlt haben musste, denn sie war ja weder ein Pförtner noch ein Kind, und hübsch war sie auch nicht, am Hals hatte sie sogar mehrere Narben von Moxibustionsbehandlungen.

»Ach woher!?«, rief sie mit ernster Stimme. »Wir sollten nicht von Nutzen gewesen sein? Wir wurden auch gefangen genommen. Und wenn Soldaten im Anmarsch waren und die Stadt angreifen wollten, befahlen uns die Langhaarigen, die Hosen auszuziehen und uns in Reih und Glied auf die Stadtmauer zu stellen. So konnten die großen Kanonen draußen nicht gezündet werden, und wenn man sie dennoch zündete, explodierten sie!«

Das ging wirklich über meine Vorstellungskraft, ich war sprachlos. Bisher hatte ich immer angenommen, sie stecke nur voller unangenehmer Vorschriften und sonst nichts. Niemals hatte ich erwartet, dass sie darüber hinaus so mächtige Wunderkräfte besaß. Von da an empfand ich für sie eine unermessliche Hochachtung. Dass sie nachts Arme und Beine von sich streckte und das ganze Bett in Beschlag nahm, war selbstverständlich zu entschuldigen. Da musste ich eben nachgeben.

Meine Hochachtung ließ mit der Zeit ein wenig nach, doch sie erlosch wahrscheinlich vollends, als ich erfuhr, dass sie meine Maus umgebracht hatte. Ich nahm sie damals streng ins Verhör und nannte sie sogar »A Chang«. Ich war ja weder ein kleiner Langhaariger, noch wollte ich die Stadt angreifen oder Kanonen zünden, deshalb brauchte ich auch keine explodierenden Kanonen zu fürchten. Warum also, dachte ich, sollte ich vor A Chang Angst haben.

Während ich noch um meine Maus trauerte und Rache für sie nahm, erfasste mich der sehnliche Wunsch, eine illustrierte Ausgabe des »Buches der Berge und Meere« zu bekommen. Diesen Wunsch hatte ein entfernt verwandter Großonkel in mir geweckt. Er war ein dicker, liebenswürdiger alter Herr, der es liebte, Zierpflanzen in der Art von Perlorchideenbäumen und Jasmin zu züchten, er besaß auch äußerst seltene, angeblich aus dem Norden mitgebrachte Wandelröschen. Seine Frau war jedoch das ganze Gegenteil, sie begriff rein gar nichts. Einmal legte sie eine Bambusstange zum Wäschetrocknen über den Zweig eines Perlorchideenbaumes, der Zweig brach ab, und sie fluchte auch noch wütend: »Leichendreck!« Der alte Herr war ein einsamer Mensch. Da er niemanden hatte, mit dem er sich unterhalten konnte, liebte er den Umgang mit Kindern, manchmal nannte er uns sogar »kleine Freunde«. In dem Haus, welches unsere Großfamilie bewohnte, war er der Einzige, der viele und darüber hinaus noch seltene Bücher besaß. Selbstverständlich besaß er auch die Sammlung klassischer Aufsätze und Gedichte, aber nur in seiner Bibliothek sah ich Lu Jis »Kommentar zu den Gedichten über Pflanzen und Tiere« und noch viele andere Werke mit mir unbekanntem Titel. Am liebsten mochte ich damals den »Blumenspiegel« mit seinen vielen Abbildungen. Mein Großonkel erzählte mir von einer illustrierten Ausgabe des »Buches der Berge und Meere«, worin Tiere mit Menschengesichtern, neunköpfige Schlangen, dreibeinige Vögel, Menschen mit Flügeln, kopflose Ungeheuer mit Brustwarzen anstelle der Augen ... zu sehen waren. Leider wusste er nicht mehr, wohin er das Buch gelegt hatte.

Ich hätte mir diese Bilder zu gern einmal angesehen, doch traute ich mich nicht, ihn zum Suchen zu drängen, denn er war sehr träge. Fragte ich andere Leute, wollte mir niemand so recht Antwort geben. Vom Neujahrsgeld hatte ich zwar noch ein paar Hundert Kupferkäsch übrig, aber zum Einkaufen ergab sich keine Gelegenheit. Unser Haus lag weit entfernt von der Straße, wo es Bücher zu kaufen gab, und so kam ich nur während der Neujahrsfeiertage einmal dort vorbei, aber gerade dann waren die Türen der beiden Bücherläden fest verschlossen.

Während des Spielens dachte ich nicht viel daran, doch kaum saß ich, fiel mir das illustrierte »Buch der Berge und Meere« wieder ein.

Wahrscheinlich war ich von dieser Sache derart ergriffen, dass sogar A Chang fragte, was es denn mit dem »Buch der Berge und Meere« auf sich habe. Ich hatte nie mit ihr darüber gesprochen, denn es schien mir sinnlos, wusste ich doch, dass sie ganz ungebildet war. Da sie nun aber gefragt hatte, erzählte ich ihr alles.

Nach etwa zehn Tagen oder einem Monat nahm sie für vier, fünf Tage Urlaub, um zu ihrer Familie zu fahren. Als sie zurückkehrte, trug sie eine neue blaue Bluse und überreichte mir, kaum dass sie mich gesehen hatte, strahlend ein Päckchen: »Junge, hier hast du dein illustriertes ›Buch von mehr Bergen‹. Ich habe es für dich gekauft!«

Ich war wie vom Donner gerührt und zitterte am ganzen Leib. Hastig nahm ich das Päckchen und schlug das Papier auseinander und entdeckte vier kleine Bände. Ich blätterte sie durch: Tiere mit Menschengesichtern, neunköpfige Schlangen ..., es war tatsächlich alles drin.

Erneut verspürte ich Hochachtung; was andere nicht machen wollten oder konnten, hatte sie erreicht. Sie besaß tatsächlich große Wunderkraft. Von da an war der Groll über den Mord an meiner Maus wie weggeblasen.

Diese vier Bände waren meine ersten eigenen Bücher und meine liebsten zugleich.

Bis heute habe ich die Bücher noch vor Augen. Es handelte sich um eine recht grobe Ausgabe, das Papier war gelblich, die Abbildungen schlecht, man hatte fast nur mit geraden Strichen gearbeitet, sodass selbst die Tieraugen rechteckig erschienen. Dennoch waren sie mir die liebsten und kostbarsten Bücher. Man konnte tatsächlich Tiere mit Menschengesichtern sehen, neunköpfige Schlangen, einbeinige Kühe, beutelähnliche Flusskaiser, kopflose himmlische Folterknechte mit Brustwarzen als Augen und Nabel als Mund und mit Schild und Streitaxt tanzend.

Von da an sammelte ich gezielt illustrierte Bücher wie die lithografierten Ausgaben der »Illustrationen zum Erya« und der »Illustrationen zum Buch der Lieder«. Ich besaß auch die »Bildersammlung aus dem Kabinett der Steinabreibungen« sowie »Boot der Gedichte und Bilder«. Von dem »Buch der Berge und Meere« kaufte ich zusätzlich eine Steindruckausgabe mit erläuternden Illustrationen in jedem Band, grünen Zeichnungen und roten Schriftzeichen. Diese Ausführung ist viel feiner als jene Holzdruckausgabe. Bis zum vorigen Jahr war dieses Buch, eine von Hao Yixing kommentierte gekürzte Ausgabe, noch in meinem Besitz. Wann die Holzdruckausgabe verloren ging, weiß ich nicht mehr.

Mein Kindermädchen Mama Chang oder A Chang hat diese Welt vor wohl nunmehr dreißig Jahren verlassen. Letzten Endes kenne ich weder ihren Namen noch ihre Lebensgeschichte; ich weiß nur, dass sie einen Adoptivsohn hatte, wahrscheinlich war sie früh verwitwet.

Barmherzige dunkle Mutter Erde, möge ihre Seele in deinem Schoß ewige Ruhe finden!

10. März 1926

Die Krankheit meines Vaters

Vor etwa zehn Jahren kursierte in der Stadt S die folgende Geschichte eines namhaften Arztes:

Für eine Krankenvisite nahm der angesehene Arzt in der Regel ein Yuan vierzig, bei einem Notfall zehn Yuan, nachts das Doppelte, und musste er außerhalb der Stadt einen Krankenbesuch machen, so verdoppelte sich der Betrag abermals. Eines Nachts erkrankte die Tochter einer Familie außerhalb der Stadt so schwer, dass der berühmte Arzt gerufen wurde. Da er zu jener Zeit bereits sehr reich und unduldsam war, lehnte er es ab, sich für weniger als hundert Yuan überhaupt erst auf den Weg zu machen. Der Familie blieb nichts anderes übrig, als einzuwilligen. Als er endlich angekommen war, warf er nur einen flüchtigen Blick auf die Patientin und meinte: »Nichts Ernstes«, stellte ein Rezept aus, nahm hundert Yuan und ging.

Die Familie der Patientin schien sehr wohlhabend zu sein, denn am darauffolgenden Tag schickte sie erneut nach dem Arzt. Bereits am Hauseingang empfing ihn der Hausherr freudestrahlend: »Gleich nachdem wir gestern Abend unserer Tochter Ihre Medizin eingegeben hatten, ging es ihr sofort viel besser. Daher haben wir Sie nochmals rufen lassen.«

Wie am Vorabend führte ihn der Hausherr ins Krankenzimmer, und die alte Haushälterin zog die Hand der Patientin hinter dem Bettvorhang hervor. Als der Arzt sie umschloss, war sie eiskalt und ohne Pulsschlag. Er schüttelte nur den Kopf und meinte: »Hmmm …, der Fall ist klar.« Seelenruhig ging er zum Tisch hinüber, nahm ein Rezeptblatt zur Hand und notierte: »Zahlen Sie gegen diesen Schein hundert Silberdollar.« Er signierte mit seinem hoch geachteten Namen und setzte sein Siegel daneben.

»Mein Herr«, bemerkte der Hausherr, der hinter dem Arzt stand, »allem Anschein nach handelt es sich um eine ernstere Krankheit. Ich fürchte, die verschriebene Medizin muss noch etwas wirksamer sein.«

»Gut«, erwiderte der Arzt und stellte eine neue Rezeptur aus: »Zahlen Sie gegen diesen Schein zweihundert Silberdollar.« Wie zuvor setzte er wieder seinen bekannten Namen darunter und drückte das Siegel auf. Der Hausherr nahm das Rezept entgegen und begleitete den Arzt sehr höflich zur Tür.

Mit diesem namhaften Arzt hatte ich schon zwei Jahre lang zu tun gehabt, weil er jeden zweiten Tag für eine Krankenvisite zu meinem Vater kam. Obwohl er damals schon einen hervorragenden Ruf hatte, war er noch nicht ganz so reich.

Heute sind in den großen Städten Preise von zehn Yuan für eine Behandlung keine Seltenheit mehr; die Tarife des berühmten Arztes lagen damals noch bei ein Yuan vierzig, was bereits eine stolze Summe und keineswegs leicht aufzubringen war, zumal sie alle zwei Tage fällig wurde.

In gewisser Hinsicht war der Arzt wirklich etwas Besonderes: In der ganzen Stadt war er für seine ungewöhnlichen Rezepturen bekannt. Ich verstehe nichts von Arzneien, aber was mich überraschte, war, dass die Ingredienzen seiner Rezepturen nur mit der allergrößten Mühe aufzutreiben waren und mich jede neue Verschreibung einige Zeit in Atem hielt.

Zuerst kaufte ich die Medizin und suchte dann die Ingredienzen zur Verstärkung der Heilwirkung. Gewöhnliche Zutaten wie zwei Streifen frischen Ingwer oder zehn Bambusblätter ohne Spitzen gebrauchte er nie. Es hatten wenigstens Schilfwurzeln zu sein, die ich am Flussufer ausgraben musste; wenn er nicht gar nach drei Jahre dem Frost ausgesetztem Zuckerrohr verlangte, sodass ich Tage herumrennen musste. Merkwürdig aber war – letztendlich habe ich die Ingredienzen immer aufgetrieben.

Alle waren sich einig, dass gerade darin die Raffinesse seiner Heilkunst lag. Es gab einmal einen Patienten, den keine Arznei der Welt hatte heilen können, bis er auf einen gewissen Herrn Ye Tianshi traf. Alles, was dieser tat, war, dem alten Rezept ein neues Zusatzmittel beizufügen: Platanenblätter. Nur eine Verabreichung reichte, um den Patienten von seiner Krankheit zu heilen. »Medizin ist eine Sache der Intuition.« Damals war gerade Herbst, und die Blätter der Platanen sind die ersten, welche die nahende Herbstluft atmen. Alle früheren Arzneien hatten versagt, doch nun konnte Herr Ye den Geist des Herbstes nutzen, und weil Geist auf Geist reagiert, deshalb … Obwohl ich nichts von alledem verstand, war ich zutiefst beeindruckt. Ich wusste nun, dass die Wundermittel äußerst schwer zu finden sein mussten, wo doch nach Unsterblichkeit Strebende sogar ihr Leben dafür aufs Spiel setzten und in den entlegensten Gebirgen wanderten, um sie zu sammeln.

So vergingen zwei Jahre, und allmählich lernte ich den berühmten Arzt näher kennen; wir wurden fast Freunde. Allein die Wassersucht meines Vaters verschlimmerte sich von Tag zu Tag, Bettlägerigkeit war schließlich die Folge. Mit der Zeit verlor ich das Vertrauen in Zuckerrohr, das drei Jahre dem Frost ausgesetzt war, und auch bei der Suche nach Ingredienzen und der Zubereitung der Rezepturen zeigte ich lange nicht mehr den früheren Eifer. Zu jener Zeit eröffnete uns der Arzt nach einer Untersuchung meines Vaters mit erstaunlicher Offenheit: »Ich bin mit meiner Wissenschaft am Ende. Aber in der Stadt gibt es einen anderen Arzt namens Chen Lianhe, dessen Fähigkeiten meine noch übertreffen. Ich lege es Ihnen daher nahe, Herrn Chen zu konsultieren. Ein Empfehlungsschreiben werde ich Ihnen mitgeben. Die Krankheit Ihres Vaters ist wirklich nicht ernst, aber unter der Obhut von Herrn Chen wird er bestimmt schneller genesen.«

An diesem Tag war die ganze Familie ein wenig betrübt;

trotzdem begleitete ich den angesehenen Arzt wie immer voller Hochachtung zu seiner Sänfte. Als ich wieder eintrat, hatte Vater eine eigenartige Gesichtsfarbe angenommen. Ich hörte, wie er allen mitteilte, dass wahrscheinlich keine Hoffnung mehr bestehe. Da dieser Arzt meinen Vater ohne den geringsten Erfolg zwei Jahre lang behandelt hatte und ihn allzu gut kannte, musste er unweigerlich in Verlegenheit sein; als sich dann sein Zustand noch verschlechterte, empfahl er einen fremden Arzt, um sich selbst aus der Verantwortung zu stehlen. Aber was hätten wir tun sollen? In unserer Stadt gab es außer ihm nur noch einen anderen bekannten Arzt – und das war Chen Lianhe.

Am darauffolgenden Tag ließen wir ihn daher rufen. Die Behandlungskosten von Chen Lianhe lagen ebenfalls bei einem Yuan vierzig. Nur war sein Gesicht fett und lang, während das seines Vorgängers fett und rund gewesen war. In diesem Punkt unterschieden sie sich beträchtlich, aber auch im Gebrauch der Arzneien hatten sie unterschiedliche Methoden: Einer allein hatte, was der Vorgänger verschrieb, noch zusammentragen können; das war bei Herrn Chen jedoch nicht mehr zu schaffen, da seine Rezepturen stets eine besondere Pille, ein seltsames Pulver oder irgendeine extravagante Ingredienz beinhalteten.

Niemals verordnete er Schilfwurzeln oder drei Jahre dem Frost ausgesetztes Zuckerrohr. Stattdessen verschrieb er am häufigsten ein »Grillen-Pärchen« mit dem klein geschriebenen Vermerk an der Seite: »Es muss das erste Weibchen sein, das heißt, sie müssen beide aus ein und demselben Nest kommen!« Es schien, dass selbst Insekten zur Enthaltsamkeit verdammt waren; verlor eins den Partner und vermählte sich neu, ging sogar die Qualifikation, als Medizin benutzt zu werden, verloren. Aber diese Aufgabe stellte mich vor keine größeren Probleme. Im Garten der hundert Gräser konnte ich spielend leicht zehn Pärchen einfangen. Auf einer Schnur reihte ich sie auf, warf sie lebendig in kochendes Wasser und fertig. Aber dann gab es leider noch eine Verordnung von zehn »Arsidia-Beeren«, und niemand hatte die leiseste Ahnung, was das überhaupt war. Ich fragte Apotheker, Bauern, Händler, die Heilkräuter verkauften, fragte Ältere, Gelehrte und Handwerker, aber alle schüttelten nur den Kopf, bis ich mich zu guter Letzt eines entfernten Großonkels erinnerte, dessen Hobby das Züchten von Pflanzen und Bonsais war. Ich rannte zu ihm, fragte ihn, und er wusste es tatsächlich: »Arsidia« war ein niedriges Buschwerk, das tief im Gebirge unter Bäumen wucherte und an dem rote Beeren, klein wie Korallenperlen, wuchsen. Im Allgemeinen nannte man den Strauch »Nimmerwuchs«. So hatte ich denn durch Zufall gefunden, wonach ich mir vergeblich die Hacken abgelaufen hatte.

Nun waren alle Zutaten zusammen, aber immer noch fehlte eine besondere Pille: die »abgenutzte Trommelfell-Pille«. Diese Pille wurde aus dem abgenutzten Leder alter Trommeln gewonnen; ein anderer Name der Wassersucht ist nämlich auch Trommelschwellung – es versteht sich von selbst, dass man eine Trommelschwellung mit abgenutztem Trommelfell heilen konnte. Auf demselben Prinzip basierte auch die Taktik von Gangyi in der Qing-Zeit: Er hasste die ausländischen Teufel und bekämpfte sie, indem er eine »Tiger- und Götter-Truppe« mit dem Hintergedanken ausbildete, dass Tiger die Schafe fressen und Götter die Teufel bezwingen.

Zu meinem Kummer gab es in der ganzen Stadt nur einen einzigen Laden, in dem dieses Wundermittel verkauft wurde, und der lag fast fünf Li von unserem Haus entfernt. Es war allerdings nicht so schwierig wie mit den Beeren der »Arsidia«, wo wir anfangs völlig im Dunkeln tappten. Wenn Herr Chen Lianhe ein Rezept ausstellte, gab er uns stets sorgfältige und detaillierte Erklärungen dazu.

»Ich habe ein Wundermittel«, meinte Herr Chen einmal, »das, sobald man es auf die Zunge träufelt, bestimmt Wirkung zeigen wird. Und zwar, weil die Zunge die Seele des Herzens ist … Es ist auch gar nicht so teuer, bloß zwei Yuan die Schachtel …« Mein Vater überlegte einen Moment, schüttelte dann aber nur ablehnend den Kopf. Ein anderes Mal meinte Herr Chen: »Wenn wir die Behandlung auf diese Weise fortsetzen, werden wir keinen großen Erfolg haben«, und fügte hinzu: »Ich denke, wir sollten einen Wahrsager zurate ziehen, um zu sehen, ob hinter der Sache nicht irgendein böser Geist steckt. Ein Arzt kann Krankheiten heilen, aber nicht das Schicksal beeinflussen – oder? Sicherlich wird es etwas sein, was in einer früheren Existenz vorgefallen ist …«

Mein Vater überlegte einen Moment, schüttelte dann wieder nur ablehnend den Kopf.

Die besten Ärzte unseres Landes sind imstande, Tote zum Leben zu erwecken. Das können wir oft genug schwarz auf weiß den Anschlägen entnehmen, wenn wir unter der Tür eines Arztes vorübergehen. Jetzt haben sie einige Zugeständnisse gemacht, denn es gibt Doktoren, die selbst zugeben: »Die Stärke der westlichen Ärzte ist die Chirurgie, die der chinesischen die innere Medizin.« Aber damals gab es in der Stadt S keinen einzigen westlich ausgebildeten Arzt, darüber hinaus gab es nicht einen, der jemals nur daran gedacht hätte, dass es auf Erden überhaupt so etwas wie einen westlichen Arzt geben könnte. Wie dem auch sei, alles, was wir tun konnten, war, uns mit dem Wissen der Nachkommen des Gelben Kaisers und Qi Bos abzufinden. Zu Zeiten des Gelben Kaisers wurden Ärzte und Schamanen noch nicht voneinander unterschieden, weshalb die Anhänger des Gelben Kaisers bis heute noch Geister sehen können und glauben, dass die Zunge die Seele des Herzens sei. Das ist das »Schicksal« der Chinesen, und selbst eine Reihe berühmter Ärzte hat dies nicht zu heilen vermocht.

Da mein Vater nicht bereit war, sich das Wundermittel auf die Zunge träufeln zu lassen, und sich ebenso wenig einer früheren Schuld entsinnen konnte, was sollte es da für einen Zweck haben, tagein, tagaus eine »Pille aus abgenutztem Trommelfell« zu schlucken? Auch solche Medizin konnte seine Wassersucht nicht heilen, sodass schließlich der Tod seine Boten voraussandte.

Noch einmal ließ ich Herrn Chen rufen – diesmal ein Notfall für zehn Silberdollar. Wie die Male zuvor schrieb er in aller Ruhe ein Rezept aus, verordnete jedoch nicht mehr die »Pille aus abgenutztem Trommelfell«. Die neuen Ingredienzen waren auch nicht mehr so mysteriös wie früher, und ich brauchte nur einen halben Tag, um die Medizin zusammenzubrauen. Als wir meinem Vater die Arznei eingeben wollten, lief sie ihm jedoch sofort wieder aus den Mundwinkeln heraus. Von diesem Tag an hatte ich nie wieder Kontakt mit Herrn Chen Lianhe. Ich sah ihn nur noch manchmal auf der Straße, wie er in seiner schnellen Sänfte, von drei Kulis im Eilschritt getragen, an mir vorüberflog. Ich habe gehört, er sei noch immer bei bester Gesundheit, praktiziere teilweise noch und gebe ansonsten irgendeine Zeitschrift zur chinesischen Medizin heraus. Er liege gerade im Streite mit jenen im Westen ausgebildeten Medizinern, die für nichts anderes als Chirurgie tauglich seien.

Die Denkweisen in China und im Westen unterscheiden sich wirklich. Es heißt, in China laden von Elternliebe erfüllte Söhne tiefe Schuld auf sich, wenn ihre Eltern der Tod erwartet. Geplagt vom schlechten Gewissen, kaufen sie ein paar Pfund Ginseng, brühen ihn für die kranken Eltern auf in der Hoffnung, deren Leben um einige Tage oder nur um einen halben Tag zu verlängern. Ein Professor für Medizin klärte mich einmal über die Pflichten eines Arztes auf. Heilbare Krankheiten müssen unbedingt behandelt werden, aber unheilbar Kranken muss ein schmerzfreier Tod garantiert werden. Überflüssig zu erwähnen, dass jener Professor ein westlich ausgebildeter Mediziner war.

Mein Vater rang indes immer häufiger nach Luft, sodass ich es kaum noch mit anhören konnte. Aber niemand vermochte ihm zu helfen. Manchmal schoss mir blitzartig der Gedanke durch den Kopf, ob es nicht vielleicht besser sei, wenn alles schnell vorbei wäre … Doch solche Gedanken vertrieb ich schnell wieder, als ob ich ein Verbrechen begangen hätte. Gleichzeitig hatte ich jedoch das Gefühl, dass dieser Gedanke im Grunde ohne jeden Tadel war, da ich meinen Vater sehr liebte – und genauso denke ich auch heute noch.

Eines Morgens besuchte uns Frau Yan, die im selben Hof wohnte. Sie war eine Meisterin in allen das Zeremoniell betreffenden Fragen und meinte, dass wir nicht länger tatenlos zusehen sollten. Daher zogen wir meinem Vater neue Kleider an, verbrannten Papiergeld und ein »Gaowang-Sutra«, wickelten die Asche in Papier und legten sie meinem Vater in die Hand.

»Ruf ihn«, sagte Frau Yan, »dein Vater wird gleich sterben. Ruf ihn, schnell!«

»Vater, Vater«, begann ich zu rufen.

»Lauter! Er hört nichts. Kannst du nicht lauter rufen?!«

»Vater, Vater!!«

Sein Gesicht, das bereits einen Ausdruck von Ruhe und Seelenfrieden angenommen hatte, verkrampfte sich plötzlich. Er öffnete seine Augenlider einen Spalt, und es schien, als peinigten ihn die Schmerzen.

»Ruf ihn, schnell, ruf ihn«, drängte mich Frau Yan.

»Vater!!«

»Was ist? … schrei nicht … nicht …«

Er sprach mit leiser Stimme und rang noch einmal verzweifelt nach Luft. Einige Zeit später nahm sein Gesicht wieder den alten, zufriedenen Ausdruck an.

»Vater!!« Ich rief weiter, bis er seinen letzten Atemzug machte.

Noch heute höre ich deutlich den Ton meiner Stimme von damals; und jedes Mal, wenn ich daran denke, glaube ich, dass mein Rufen das größte Leid war, das ich meinem Vater jemals angetan habe.

7. Oktober 1926

Die Reise über den Pass

Reglos wie ein fühlloser Holzklotz saß Laozi da, als sein Schüler Geng Sangchu eintrat; er wirkte ein wenig verdrossen, als dieser ihm zuflüsterte: »3. Juni 2009, Konfuzius ist schon wieder da.«

»Bitte ...«

»Wie geht es Euch, Meister?«, fragte Konfuzius, während er sich respektvoll verbeugte.

»Genau wie immer«, antwortete Laozi. »Und wie steht es mit Euch? Habt Ihr alle vorhandenen Bücher gelesen?«

»Ja, aber ...«, antwortete Konfuzius mit einer Nervosität, die er früher nie gezeigt hatte. »Ich habe die sechs Klassiker studiert – das Buch der Urkunden, das Buch der Lieder, das Buch der Riten, das Buch der Musik, das Buch der Wandlungen und die Frühlings- und Herbstannalen. Ich habe sie lange und gründlich studiert. Dann habe ich zweiundsiebzig Fürsten aufgesucht, aber keiner hat auf mich gehört. Es ist wirklich schwer, sich verständlich auszudrücken. Oder liegt es vielleicht daran, dass das ›Dao‹ so schwer zu erklären ist?«

»Was für ein Glück, dass Ihr da nicht an einen tüchtigen Fürsten geraten seid. Dieser alte Kram, die sechs Klassiker, das sind doch nur die ausgetretenen Pfade früherer Herrscher. Die können uns keine neuen Wege mehr weisen. Eure Worte sind wie ein von Sandalen ausgetretener Weg. Aber ein Weg ist schließlich nicht dasselbe wie Sandalen!« Nach einer Weile fuhr er fort: »Wenn die weißen Reiher einander nur lange genug anschauen, dann gibt es unweigerlich Nachwuchs. Bei den Insekten ruft das Männchen mit dem Wind, das Weibchen antwortet gegen den Wind, und unweigerlich gibt es Nachwuchs.

Bei den Hermaphroditen ist jedes Wesen Männchen und Weibchen in einem – und unweigerlich gibt es Nachwuchs. Die Natur lässt sich nicht ändern, das Schicksal nicht vertauschen, die Zeit nicht anhalten, und das ›Dao‹ lässt sich nicht unterbinden. Wenn man das Dao hat, ist alles in Ordnung, wenn man es verliert, ist nichts mehr in Ordnung.«

Konfuzius hatte das Gefühl, einen Schlag auf den Kopf bekommen zu haben, und als sei er von allen guten Geistern verlassen, saß er da wie ein fühlloser Holzklotz.

So vergingen ungefähr acht Minuten, dann holte Konfuzius tief Luft, erhob sich zum Abschied und bedankte sich wie gewöhnlich aufs Höflichste für die Unterweisung.

Laozi seinerseits traf keinerlei Anstalten, ihn zurückzuhalten. Auf seinen Stock gestützt, erhob er sich ebenfalls und begleitete ihn aus der Bibliothek.

Erst als Konfuzius schon auf seinen Wagen steigen wollte, murmelte er mechanisch: »Ihr wollt schon gehen? Wollt Ihr nicht doch eine Tasse Tee? ...«

Konfuzius antwortete: »Ja, ja. Danke«, und stieg auf seinen Wagen. An das Querholz gelehnt, hob er zum Gruß respektvoll die Hände, und sein Schüler Ran You ließ die Peitsche knallen. Mit einem lauten »Hü!« setzte sich der Wagen in Bewegung. Er war kaum ein Dutzend Schritte weit gekommen, da war Laozi auch schon wieder in seinem Zimmer.

»Ihr scheint heute ja sehr zufrieden zu sein, Meister.« Geng Sangchu stand mit herunterhängenden Armen neben ihm, als er sich wieder hinsetzte. »Ihr habt ja ziemlich viel geredet.«

»Du hast ganz recht.« Laozi seufzte leise. Er wirkte ziemlich niedergeschlagen. »Ich habe tatsächlich zu viel geredet.« Und als sei ihm ganz plötzlich etwas in den Sinn gekommen, fügte er noch hinzu: »Ach, was ist eigentlich aus der Gans geworden, die Konfuzius mir mitgebracht hat? Sie ist doch gesalzen und gepökelt, nicht wahr? Lass sie dir zubereiten und iss sie. Ich habe – zahnlos, wie ich bin – ja doch nichts davon.«

Geng Sangchu verschwand, und Laozi, endlich wieder in Ruhe gelassen, schloss die Augen. In der Bibliothek kehrte Stille ein. Das einzige Geräusch kam von einem Bambusstock, der über den Dachbalken kratzte; Geng Sangchu holte sich die gepökelte Gans, die dort hing.

Drei Monate später. Wie üblich saß Laozi reglos wie ein fühlloser Holzklotz da, als sein Schüler Geng Sangchu eintrat. Er schien überrascht zu sein und flüsterte: »Meister, Konfuzius ist da! Er war nun schon so lange nicht mehr hier, was sein Besuch wohl bedeuten mag? …«

»Bitte …« Wie gewöhnlich sagte Laozi nur dieses eine Wort.

»Wie geht es Euch, Meister?«, fragte Konfuzius, während er sich respektvoll verbeugte.

»Genau wie immer«, antwortete Laozi. »Ich habe Euch ja lange nicht mehr gesehen. Gewiss habt Ihr Euch in Eurer Wohnung verborgen, um fleißig zu arbeiten?«

»Ach, nicht doch«, protestierte Konfuzius bescheiden. »Ich habe das Haus nicht verlassen und nachgedacht. Und ich denke, ich habe nun etwas begriffen: Krähen und Elstern gehen aufeinander mit den Schnäbeln los; Fische benetzen einander mit ihrem Speichel; die Sandwespe verwandelt sich in ein anderes Insekt; wenn ein jüngerer Bruder zur Welt kommt, vergießt der ältere Tränen. Und ich habe mich nun schon so lange dem Kreislauf der Veränderungen entzogen, wie könnte ich da andere Menschen verändern.«

»Ganz recht!«, antwortete Laozi. »Ihr habt begriffen!«

Von da an schwiegen sie beide, ganz wie zwei fühllose Holzklötze.

So vergingen ungefähr acht Minuten, und wieder atmete Konfuzius tief durch, erhob sich zum Abschied und bedankte sich wie gewöhnlich aufs Höflichste für die Unterweisung.

Laozi seinerseits traf keinerlei Anstalten, ihn zurückzuhalten. Auf seinen Stock gestützt, erhob er sich ebenfalls und begleitete Konfuzius aus der Bibliothek.

Erst als Konfuzius schon auf seinen Wagen steigen wollte, murmelte er mechanisch: »Ihr wollt schon gehen? Wollt Ihr nicht doch eine Tasse Tee? ...«

Konfuzius antwortete: »Ja, ja. Danke«, und stieg auf den Wagen. An das Querholz gelehnt, hob er zum Gruß respektvoll die Hände, und Ran You ließ die Peitsche knallen. Mit einem lauten »Hü!« setzte sich der Wagen in Bewegung. Er war kaum ein Dutzend Schritte weit gekommen, da war Laozi schon wieder in seinem Zimmer.

»Ihr scheint heute ja nicht besonders zufrieden zu sein, Meister.« Geng Sangchu stand mit herunterhängenden Armen neben ihm, als er sich wieder hinsetzte. »Ihr habt ja ziemlich wenig geredet.«

»Du hast ganz recht.« Laozi seufzte leise. Er wirkte ziemlich niedergeschlagen. »Aber du verstehst das nicht. Ich denke, ich sollte jetzt gehen.«

»Aber warum denn?« Geng Sangchu hätte kaum verblüffter sein können, wenn ihn aus heiterem Himmel ein Blitz getroffen hätte.

»Konfuzius hat meine Ideen schon begriffen. Und er weiß nun, dass ich der Einzige bin, der ihm in allen Einzelheiten folgen kann. Das wird ihn gewiss beunruhigen. Wenn ich also nicht weggehe, könnte es ziemlich ungemütlich werden ...«

»Aber Ihr folgt doch beide demselben Weg? Warum solltet Ihr da weggehen müssen?«

»Nein«, sagte Laozi. »Wir folgen ganz und gar nicht demselben Weg. Wir mögen vielleicht die gleichen Sandalen tragen, aber meine sind für eine Wanderung in die Wüste gemacht, die seinen für den Gang zu Hofe.«

»Aber Ihr seid immerhin sein Meister!«

»Nun bist du schon so lange bei mir und immer noch so einfältig«, erwiderte Laozi lachend. »Das ist wirklich ›die Natur, die sich nicht ändern, und das Schicksal, das sich nicht abwenden lässt‹. Du solltest wissen, dass Konfuzius ganz anders ist als du. Er wird nun nicht mehr hierherkommen, und er wird mich auch nicht mehr Meister nennen, sondern einfach den ›Alten‹, und er wird mich sogar hinter meinem Rücken hereinlegen.«

»Das hätte ich niemals von Konfuzius gedacht! Aber Euer Urteil, Meister, kann nicht fehlgehen …«

»Doch, früher habe auch ich Fehler gemacht.«

»Nun«, Geng Sangchu dachte nach. »Dann werden wir es eben mit ihm ausfechten.«

Wieder fing Laozi zu lachen an: »Sieh mal, habe ich vielleicht noch Zähne im Mund?«

»Nein, Meister, keinen einzigen mehr.«

»Und was ist mit meiner Zunge?«

»Die ist noch da.«

»Hast du jetzt verstanden?«

»Wollt Ihr damit sagen, dass das Harte verschwindet, während das Weiche überdauert?«

»Genau das. Und ich finde, du solltest jetzt besser deine Sachen packen und zu deinem Weib heimkehren. Vorher bürste mir aber bitte noch meinen schwarzen Ochsen und lege den Sattel und die Satteldecke in die Sonne. Ich werde gleich morgen früh losreiten.«

Als Laozi am Hangu-Pass ankam, nahm er nicht den direkten Weg, sondern zügelte seinen Ochsen und bog in einen Seitenweg, um dann langsam an der Stadtmauer entlangzuziehen. Eigentlich hatte er darübersteigen wollen, denn die Mauer war nicht besonders hoch. Er hätte dazu lediglich auf seinem Ochsen stehen müssen, um sich mit einem Satz hinaufzuziehen. Allerdings würde das den Verlust seines Ochsen bedeutet haben, da es ja keine Möglichkeit gab, diesen auf die andere Seite zu befördern. Dazu hätte es eines Kranes bedurft, aber damals waren ja leider weder Lu Ban noch Mozi geboren, und Laozi selbst war außerstande, ein solches Gerät zu ersinnen. Kurzum: Sosehr er auch sein Philosophenhirn anstrengte, ihm fiel nichts ein.

Noch etwas anderes wusste er nicht, nämlich dass ihn ein Kundschafter bemerkt hatte, sobald er in den Seitenweg eingebogen war. Dieser hatte sogleich Meldung beim Kommandanten gemacht, und so kam es, dass Laozi keine siebzig oder achtzig Fuß zurückgelegt hatte, als ihn auch schon eine berittene Truppe einholte – allen voran der Kundschafter und hinter ihm der Kommandant Yin Xi. In seinem Gefolge befanden sich vier Gendarmen und zwei Zollbeamte.

»Stehen bleiben!«, brüllten sie.

Eiligst brachte Laozi seinen Ochsen zum Stehen, und auch er selbst rührte sich nicht mehr, ganz wie ein fühlloser Holzklotz.

»Ach!« Der Zollvorsteher war vorangeeilt, und als er Laozi erkannte, entfuhr ihm ein Laut der Verblüffung. Auf der Stelle schwang er sich aus dem Sattel und verbeugte sich. »Ich habe mich schon gefragt, wer das wohl sein könnte. Und da ist es doch wirklich Lao Dan, der Bibliotheksaufseher. Damit hätte ich beileibe nicht gerechnet.«

Schleunigst kletterte auch Laozi von seinem Ochsen herunter und schaute sich den Mann blinzelnd genauer an. Etwas verunsichert sagte er dann: »Mein Gedächtnis ist schon ziemlich schlecht …«

»Aber natürlich, natürlich! Ihr habt mich vergessen. Ich bin Kommandant Yin Xi. Ich habe Euch früher einmal in der Bibliothek aufgesucht, um das Buch ›Die hohe Kunst der Besteuerung‹ einzusehen.« Unterdessen durchwühlten die Zollbeamten den Sattel und die Decke des schwarzen Ochsen. Sie bohrten sogar Löcher hinein, um alles abzutasten. Dabei gaben sie keinen Laut von sich, bis sie sich schließlich voller Verachtung zurückzogen.

»Ihr macht einen Ausritt um die Mauer herum?«, fragte der Kommandant Yin Xi.

»Nein, ich wollte einfach mal raus, um etwas frische Luft zu schnappen.«

»Gut, sehr gut! Heutzutage spricht ja alles von Hygiene. Hygiene ist überhaupt ungeheuer wichtig. Aber wir haben selten eine solche Gelegenheit, wir müssen Euch einfach bitten, ein paar Tage zu bleiben, damit wir Euren Unterweisungen lauschen können.«

Laozi hatte noch gar nicht geantwortet, da hatten ihn die vier Gendarmen auch schon wieder auf seinen Ochsen gehoben. Einer der Zollbeamten stach den Ochsen mit einer Ahle ins Hinterteil, worauf das Tier seinen Schwanz einzog, sich in Bewegung setzte und in Richtung Pass losrannte. Dort angekommen, wurde zu Laozis Empfang unverzüglich der Saal geöffnet, der sich im Zentrum des Torturms befand. Wenn man dort aus dem Fenster schaute, sah man nichts als weites Lössland, das zum Horizont hin abfiel. Der Himmel war blau, die Luft klar. Die uneinnehmbare Passbefestigung kauerte hoch oben auf einem steilen Abhang, links und rechts davon und selbst vor der Festung war alles abschüssig, dazwischen lag eine Straße, sodass das Fort wie auf einer steilen Felswand lag. Ein einziger Lehmklumpen hätte ausgereicht, um sie abzusperren.

Nachdem sie alle etwas abgekochtes Wasser und ein wenig Dampfbrot zu sich genommen hatten, gönnten sie Laozi eine kurze Ruhepause. Dann aber bat ihn der Kommandant Yin Xi um seinen Vortrag. Laozi hatte längst begriffen, dass er sich diesem Vortrag nicht entziehen konnte, und so willigte er ohne weiteres Zögern ein.

Bevor sich endlich alle seine Zuhörer irgendwo hingesetzt hatten, gab es noch ein ziemliches Durcheinander, denn außer den acht Männern, die ihn hergeleitet hatten, gab es noch vier weitere Gendarmen, zwei Zollbeamte, fünf Kundschafter, einen Schreiber, einen Buchhalter und einen Koch. Einige dieser Männer hatten sich zur Mitschrift des Vortrages Pinsel, Messer und Holztafeln mitgebracht.

Wie ein fühlloser Holzklotz saß Laozi in der Mitte. Nach einem Augenblick der Stille räusperte er sich ein paar Mal, dann begann er die Lippen in seinem weißen Bart zu bewegen, was seine Zuhörer auch prompt den Atem anhalten ließ. Wie gebannt lauschten sie nun Laozis langsam vorgetragenen Worten:

»Der Sinn, der sich aussprechen lässt,
ist nicht der ewige Sinn.
Der Name, der sich nennen lässt,
ist nicht der ewige Name.
›Nichtsein‹ nenne ich den Anfang von Himmel und Erde.
›Sein‹ nenne ich die Mutter der Einzelwesen.«

Die Zuhörer sahen einander ratlos an, und niemand schrieb mit. Laozi fuhr fort:

»Darum führt die Richtung auf das Nichtsein
zum Schauen des wunderbaren Wesens,
die Richtung auf das Sein
zum Schauen der räumlichen Begrenztheiten.
Beides ist eins dem Ursprung nach
und nur verschieden durch den Namen.
In seiner Einheit heißt es das Geheimnis.
Des Geheimnisses noch tieferes Geheimnis
ist das Tor, durch das alle Wunder hervortreten …«

Mittlerweile schauten seine Zuhörer allesamt ziemlich gequält drein, einige von ihnen wussten kaum noch, was sie mit ihren Armen und Beinen tun sollten. Einer der Zollbeamten ließ ein lautes Gähnen hören, und der Sekretär schlief sogar ein, wobei ihm Messer, Pinsel und Tafel scheppernd aus der Hand fielen.

Laozi schien von alldem nichts wahrzunehmen – vielleicht aber hatte er doch etwas bemerkt, denn von nun an ging er mehr ins Detail. Da er jedoch keine Zähne mehr hatte, war seine Aussprache etwas unklar. In seinem Gemisch aus Shanxi- und Hu'nan-Dialekt verwechselte er »l« und »n« miteinander und nahm obendrein die Angewohnheit an, allem ein »er« hinzuzusetzen, sodass man ihn schließlich überhaupt nicht mehr verstehen konnte. Je weiter die Zeit fortschritt, umso größer wurde die Qual seiner Zuhörer. Um ihr Gesicht zu wahren, blieb ihnen jedoch nichts anderes übrig, als auszuharren. Aber nach und nach legten sich einige Männer hin oder stützten sich doch wenigstens auf.

Ein jeder hing seinen eigenen Gedanken nach.

Endlich kam Laozi zum Schluss: »Der Berufenen Sinn, ist zu wirken, ohne zu streiten.«

Noch immer rührte sich niemand, sodass Laozi schließlich hinzufügte: »So, das wars.«

Und als erwachten sie plötzlich aus einem langen Traum, konnten sie sich nicht sofort erheben. Vom zu langen Sitzen waren ihnen die Beine eingeschlafen; vor allem aber überwältigte sie das Ende des Vortrages so, als hätten sie gerade eben eine Amnestie erfahren.

Laozi wurde nach nebenan geführt, wo er sich ausruhen sollte. Nachdem er dort ein paar Schlucke abgekochten Wassers getrunken hatte, rührte er sich nicht mehr vom Fleck – saß einfach nur da wie ein fühlloser Holzklotz.

Draußen wurde derweil hitzig diskutiert, und es dauerte nicht lange, da kamen vier Abgesandte zu Laozi herein, um ihm zu sagen, dass er viel zu schnell gesprochen und sich außerdem nicht der reinen Hochsprache bedient habe. So habe leider keiner von ihnen mitschreiben können, und es wäre doch zu schade, wenn es keine Niederschrift des Vortrages gäbe. Deshalb wollten sie ihn eben bitten, den Text doch selbst schriftlich niederzulegen.

»Wovon war denn eigentlich die Rede? Ich habe gar nichts mitgekriegt!«, rief der Buchhalter in einem Gemisch aus Nord- und Südchinesisch.

»Das Beste wäre, Ihr wurdet alles aufschreiben, dann habt Ihr Euren Vortrag wenigstens nicht ganz umsonst gehalten«, fügte der Schreiber im Suzhoner Dialekt hinzu.

Laozi seinerseits hatte ebenfalls Mühe, die beiden zu verstehen. Als er jedoch Pinsel, Messer und eine Holztafel eigens für ihn mitgebracht sah, schloss er daraus, dass sie ihn wohl zum

Aufschreiben seines Vortrags bewegen wollten. Da er wusste, dass er nicht darum herumkam, willigte er ohne weiteres Zögern ein. Nun war es mittlerweile schon zu spät dazu, aber am nächsten Tag wollte er gleich mit der Arbeit beginnen.

Zufrieden mit diesem Ergebnis zogen die Abgesandten wieder von dannen.

Am nächsten Morgen war der Himmel trüb und verhangen, aber Laozi, der sich gar nicht wohlfühlte, machte sich dennoch gleich ans Werk; schließlich wollte er den Pass so bald als möglich hinter sich lassen, und dazu musste er eben erst seinen Vortragstext abliefern. Beim Anblick der Holztafeln schien sich sein Unwohlsein allerdings noch zu verschlimmern.

Aber ohne auch nur mit der Wimper zu zucken, setzte er sich ganz ruhig hin und begann zu schreiben. Er besann sich auf seinen gestrigen Vortrag, dachte nach und schrieb auf. Damals war die Brille noch nicht erfunden, und das Schreiben bereitete ihm so große Mühe, dass er seine altersschwachen Augen zu Schlitzen zusammenkneifen musste. Er schrieb den ganzen Tag lang und unterbrach seine Arbeit nur, um abgekochtes Wasser oder etwas Dampfbrot zu sich zu nehmen. Trotzdem brachte er nur fünftausend Schriftzeichen zustande.

»Um über den Pass zu kommen, sollte das wohl ausreichen«, dachte er. Er nahm etwas Schnur zur Hand, band die Holztafeln aneinander und begab sich, auf seinen Stock gestützt, zum Büro des Kommandanten Yin Xi. Dort gab er sein Werk ab und stellte fest, dass er nun unverzüglich weiterziehen wolle.

Kommandant Yin Xi war voller Freude und Dankbarkeit – und natürlich auch voller Bedauern über die baldige Abreise. Nachdem es ihm misslungen war, Laozi zum Bleiben zu überreden, stimmte er mit betrübter Miene seinem Fortgang zu und gab den Gendarmen den Befehl, den schwarzen Ochsen zu satteln. Höchstpersönlich nahm er ein Paket Salz, ein Paket Sesam und fünfzehn Dampfbrote aus dem Regal, packte alles in einen Sack aus weißem Tuch und überreichte ihn Laozi als

Reiseproviant. Überdies erklärte er noch, dass ihm als Schriftsteller diese Begünstigung aufgrund seines hohen Alters zuteilwerde. Wäre er noch jünger, so hätte er nur zehn Dampfbrote erhalten.

Unter vielfachen Dankesbekundungen nahm Laozi den Sack entgegen. Dann wurde er aus dem Turm hinausgeleitet; am Eingang des Passes angekommen, wollte er, den Ochsen am Zügel führend, seinen Weg auch weiterhin zu Fuß machen, aber Kommandant Yin Xi flehte ihn geradezu an, doch aufzusteigen. Nach einigen höflichen Protesten saß Laozi schließlich doch auf und verabschiedete sich. Er zog die Zügel an und ließ den Ochsen langsam den steilen Abhang hinuntertraben.

Es dauerte nicht lange, da beschleunigte das Tier seinen Schritt. Die Männer sahen Laozi noch nach, bis er das Ende des Passes erreicht hatte. Als er schon zwanzig bis dreißig Fuß entfernt war, konnte man immer noch sein weißes Haar, das gelbe Gewand, den schwarzen Ochsen und sogar den weißen Sack erkennen. Schließlich aber wurden Mensch und Ochse von einer Staubwolke verschluckt, die alles in Grau tauchte. Dann war überhaupt nichts mehr zu sehen – nur noch gelber Staub.

Mit dem Gefühl, als sei eine schwere Last von ihren Schultern genommen, kehrten die anderen in ihr Fort zurück, warfen sich in die Brust und schnalzten, als hätten sie großen Profit gemacht. Einige der Männer folgten sogar dem Kommandanten in sein Büro.

»Ist das das Manuskript?« Der Herr Buchhalter hob einen Packen der Holztafeln auf und drehte ihn hin und her.

»Wenigstens hat er sauber geschrieben. Da sollte man es wohl in der Stadt verkaufen können. Irgendjemand wird es schon haben wollen.«

Auch der Schreiber trat nun vor, um sich die erste Tafel anzuschauen.

»›Der Sinn, der sich aussprechen lässt, ist nicht der ewige

Sinn …‹ Pah! Immer wieder die alte Leier! Da kriegt man ja vom Zuhören schon Kopfschmerzen. Ich für meinen Teil habe jedenfalls die Nase voll davon!«

»Das beste Mittel gegen Kopfschmerzen ist Schlafen«, sagte der Buchhalter und legte die Tafeln beiseite.

»Ach ja, ich wäre besser auch schlafen gegangen. Ehrlich gesagt hatte ich gehofft, er würde uns seine Liebesgeschichten erzählen. Nur deshalb bin ich doch überhaupt hingegangen. Hätte ich bloß geahnt, dass er uns solchen Blödsinn vorsetzen wollte – dann hätte ich das sicher nicht stundenlang über mich ergehen lassen …«

»Es ist deine eigene Schuld, wenn du die Leute falsch einschätzt«, sagte der Kommandant Yin Xi lachend. »Wie sollte der auch irgendwelche Liebesgeschichten erzählen können – so etwas hat er doch nie erlebt.«

»Woher willst du das denn wissen?«, fragte der Schreiber erstaunt.

»Nun, wenn du das nicht weißt, ist das wieder deine eigene Schuld. Du hast wohl geschlafen, als er sagte: ›Tue nichts, und nichts wird ungetan bleiben.‹ Der Bursche hat ein ›Sinnen hoch wie der Himmel und ein Schicksal so dünn wie Papier‹. Wenn er will, dass ›alles getan‹ wird, braucht er einfach nur ›nichts‹ zu tun, und wenn er einen Menschen lieben wollte, müsste er sie darum alle lieben. Wie also könnte er da lieben? Wie könnte er es auch nur wagen zu lieben? Schau dich doch nur selbst an: Wenn du ein Mädchen auch nur ansiehst, egal, ob sie hübsch ist oder hässlich, dann machst du ihr Augen, als wäre sie schon dein Weib. Aber wenn du erst mal verheiratet bist, dann wirst du dich wohl wie unser Buchhalter hier etwas anständiger aufführen.«

Draußen war mittlerweile Wind aufgekommen, allmählich wurde ihnen kalt.

»Wo geht der alte Knabe eigentlich hin, und was hat er vor?«, der Herr Schreiber beeilte sich, das Thema zu wechseln.

»Behauptet, er ginge in die Wüste«, sagte Kommandant Yin Xi teilnahmslos. »Als ob er da jemals ankäme! Da draußen gibt es weder Salz noch Mehl, sogar Wasser ist schwer zu bekommen. Wenn ihm erst einmal der Magen knurrt, dann werden wir ihn hier wohl wiedersehen.«

»Na, dann soll er uns eben noch ein Buch schreiben.« Der Herr Buchhalter wurde wieder munter. »Nur mit den Dampfbroten muss er dann etwas sparsamer sein. Wir brauchen ihm ja nur zu sagen, die Regeln hätten sich geändert, und jetzt würden die jungen Schriftsteller gefördert. Für zwei Schnüre Tafeln bekäme er dann nur noch fünf Dampfbrote.«

»Und wenn er sich das nicht gefallen lässt? Vielleicht bekommt er schlechte Laune oder einen Wutanfall?«

»Ein Wutanfall bei knurrendem Magen?«

Mit einer wegwerfenden Handbewegung meinte der Schreiber: »Ich befürchte nur, dass niemand dieses Zeug lesen will. Wir bekämen möglicherweise nicht einmal das Geld für die fünf Dampfbrote wieder raus. Nur als Beispiel: Wenn an seinen Reden was dran ist, dann müsste unser Chef sein Amt als Kommandant niederlegen. Das erst wäre die echte Untätigkeit, die ihm zu wahrer Größe verhelfen könnte.«

»Immer mit der Ruhe«, sagte der Herr Buchhalter. »Irgendjemand wirds schon lesen wollen. Da wären beispielsweise all die pensionierten Kommandanten und die Einsiedler, die sich noch nicht als Kommandanten verdingen. Davon gibt es doch eine ganze Menge, nicht wahr?«

Draußen war mittlerweile Wind aufgekommen, und gelber Staub wirbelte auf, sodass sich der Himmel halb verdunkelte. In diesem Augenblick bemerkte Kommandant Yin Xi, dass an der Tür noch immer ein paar Gendarmen und Kundschafter herumlungerten.

»Wozu steht ihr noch herum?«, schrie er sie an. »Es dämmert schon, und da klettern die ganzen Schwarzhändler über die Mauer, um Steuern zu hinterziehen. Los, macht eure Runden.«

Die Männer draußen machten sich schleunigst aus dem Staub, die Männer im Haus verstummten. Der Buchhalter und der Schreiber zogen sich zurück, und der Kommandant Yin Xi wischte mit dem Ärmel den Staub vom Tisch. Dann nahm er die beiden Schnüre Holztafeln und legte sie in das Regal, auf dem sich schon Salz, Sesam, Stoffe, Sojabohnen, Dampfbrote und Ähnliches befanden.

Dezember 1935

Wider den Angriffskrieg

I

Gongsun Gao, ein Schüler von Zixia, hatte bereits mehrmals vergeblich versucht, Mozi zu Hause anzutreffen. Erst beim vierten oder fünften Mal hatte er Erfolg, denn bei seiner Ankunft kehrte auch gerade der Meister zurück, und so traten sie gemeinsam ein.

Nachdem er sich dann erst noch ein wenig geziert hatte, fragte Gongsun Gao höflich und mit fest auf die Löcher in der Sitzmatte gerichtetem Blick: »Ihr seid also gegen den Krieg?«

»Allerdings«, sagte Mozi.

»Ein edler Mann sollte demnach gar nicht kämpfen?«

»So ist es«, sagte Mozi.

»Aber wenn sogar Schweine und Hunde miteinander kämpfen, sollten Menschen da nicht erst recht ...«

»Ach, ihr Konfuzianer! Singt Loblieder auf die Urkaiser Yao und Shun und handelt dann nach dem Vorbild von Schweinen und Hunden! Wie erbärmlich!« Mit diesen Worten erhob sich Mozi und lief in die Küche.

»Du verstehst nicht, was ich meine ...«

Er ging durch die Küche zum Brunnen hinter dem Haus und zog sich mit der Winde einen halb gefüllten Krug Wasser hoch. Nachdem er ein paar Mal davon getrunken hatte, setzte er den Krug wieder ab und trocknete sich die Lippen. Als er sich daraufhin im Garten umsah, rief er plötzlich: »A Lian! Wieso bist du wieder zurückgekommen?«

A Lian hatte ihn nun ebenfalls bemerkt und lief zu ihm hinüber. Dann stand er ehrerbietig und mit herabhängenden Armen vor Mozi und begann aufgebracht zu sprechen: »Ich kann nicht mehr! Sie handeln einfach nicht nach dem, was sie sagen. Tausend Maß Hirse haben sie mir zugesagt, und fünfhundert habe ich nur bekommen – da musste ich einfach gehen!«

»Wenn sie dir mehr als tausend Maß gegeben hätten, wärst du dann auch gegangen?«

A Lian verneinte.

»Dann bist du also nicht gegangen, weil sie nicht nach dem handeln, was sie sagen, sondern weil sie dir zu wenig gegeben haben!«

Darauf lief Mozi zurück in die Küche und rief: »Geng Zhuzi, mach mir etwas Maismehl zurecht!«

Geng Zhuzi, der gerade aus der Haupthalle kam, war ein sehr lebhafter junger Mann. »Soll ich Euch Proviant für etwa vierzehn Tage herrichten?«, fragte er.

»Ja bitte«, sagte Mozi. »Ist Gongsun Gao weggegangen?«

Lachend bejahte Geng Zhuzi. »Er war ganz schön wütend. Meinte, wir liebten zwar die Mitmenschen, aber die Väter spielten keine besondere Rolle – das sei ja wie bei den wilden Tieren.«

Mozi amüsierte sich.

»Ihr geht nach Chu, Meister?«

»Jawohl. Du weißt auch schon davon?« Mozi bat Geng Zhuzi, das Maismehl mit Wasser anzurichten, während er selbst mit einem Feuerstein und etwas Zunder Feuer machte. Dann entzündete er ein paar vertrocknete Äste, um Wasser zu kochen. Mit dem Blick in die Flammen gerichtet, sagte er dann langsam: »Dieser Gongshu Ban bringt bei seinem bisschen Verstand alles durcheinander. Nicht genug, dass er Enterhaken und Rammen erfunden hat, um dem König von Chu zu zeigen, wie er gegen die Leute von Yue Krieg führen kann! Jetzt hat er sich auch noch so eine Art Wolkenleiter ausgedacht, mit der er den König von Song angreifen soll. Und dabei ist Song ein kleines Land, das sich gegen Chu gar nicht verteidigen könnte. Ich will mal sehen, ob ich ihn nicht etwas bremsen kann!«

In der Zwischenzeit hatte Geng Zhuzi die Maisbrötchen zum Dämpfen aufgesetzt, und so ging Mozi wieder zurück in sein Zimmer. Aus einem Wandschrank zog er eine Handvoll getrockneter und eingesalzener Gänsefußstängel, ein schartiges Kupfermesser und schließlich noch ein Stück zerschlissenen Stoffes. Dann wartete er, bis Geng Zhuzi ihm die gedämpften Maisbrötchen brachte, und packte alles zusammen ein. Er zog sich nicht um, nahm auch kein Handtuch mit, sondern schnallte lediglich seinen Gürtel enger. Dann ging er in die Halle hinunter, zog seine Strohsandalen an, schulterte sein Bündel, und ohne sich noch einmal umzudrehen, ging er davon. Aus seinem Bündel quoll noch der heiße Dampf der Maisbrötchen.

»Wann kommt Ihr wieder zurück?«, rief Geng Zhuzi hinter ihm her.

»Frühestens in etwa drei Wochen«, antwortete Mozi, ohne dabei stehen zu bleiben.

II

Als Mozi die Grenze von Song erreicht hatte, waren die Riemen seiner Strohsandalen bereits drei- oder viermal eingerissen, und da seine Fußsohlen brannten, blieb er stehen, um einmal nachzuschauen. Die Sohlen wiesen große Löcher auf, seine Füße waren voller Schwielen und Blasen. Mozi jedoch schenkte ihnen keine besondere Beachtung, sondern ging einfach immer weiter und schaute sich dabei die Gegend an. Die Bevölkerung war wider Erwarten zahlreich, aber jahrelange Überschwemmungen und Kriege hatten überall Spuren hinterlassen, die nicht so schnell zu verwischen waren wie die Menschenverluste. Auf seinem dreitägigen Marsch erblickte er kein einziges größeres Haus, keinen einzigen hohen Baum, keinen einzigen lebensfrohen Menschen und kein einziges fruchtbares Feld. Und so gelangte er schließlich zur Hauptstadt von Song.

Die Stadtmauer war verfallen, obwohl man an einigen Stellen neue Steine eingesetzt hatte, und neben dem Stadtgraben lag haufenweise Schlamm – als hätten ihn gerade irgendwelche Leute ausgehoben, aber die einzigen Menschen, die er dort sah, saßen müßig am Graben und schienen zu angeln.

»Sie werden wohl die Nachricht schon bekommen haben«, dachte Mozi und sah sich die Angler etwas genauer an, aber es war keiner von seinen Schülern dabei.

Er beschloss, die Stadt zu durchqueren, und trat durch das Nordtor ein. Über die Hauptstraße wanderte er dann weiter nach Süden. Die Stadt war verwahrlost, doch friedlich, und in allen Geschäften hingen Schilder, die Preissenkungen versprachen. Allerdings war kein einziger Käufer zu sehen, und in den Läden gab es auch nichts zu kaufen. Die Straßen waren mit feinem, gelbem Staub überzogen.

»So sieht es hier also aus, und da wollen die das Land auch noch angreifen«, dachte Mozi.

Er ging weiter, konnte aber außer Not und Elend nichts Besonderes entdecken. Vielleicht hatte sich die Nachricht von dem bevorstehenden Angriff Chus ja schon verbreitet. Aber die Leute hier hatten sich an Angriffe gewöhnt und fanden sie mittlerweile ganz normal. Sie hatten weder Kleider noch Nahrung, das Einzige, was ihnen geblieben war, war das nackte Leben. Und deshalb kam wohl auch keinem von ihnen der Gedanke fortzugehen. Mozi konnte bereits den Wachturm des Südtores sehen, als er plötzlich an einer Straßenecke etwa ein Dutzend Menschen erblickte, die sich versammelt hatten, um einem Mann zuzuhören, der Geschichten erzählte.

Als Mozi näher kam, rief der Mann gerade mit weit ausladender Geste: »Wir werden denen schon zeigen, wes Geistes Kind die Leute von Song sind. Wir werden allesamt in den Tod gehen.«

Mozi erkannte die Stimme seines Schülers Cao Gongzi.

Statt ihn jedoch zu begrüßen, beeilte er sich, durchs Südtor aus der Stadt herauszukommen, um seinen Weg fortzusetzen.

Abermals marschierte er einen ganzen Tag und noch die halbe Nacht, bevor er sich unter dem Vordach eines Bauernhauses niederließ. Dort schlief er bis zum Morgengrauen und brach dann wieder auf. Seine Sandalen waren mittlerweile so zerfetzt, dass er sie nicht mehr tragen konnte, und da sich in seinem Bündel noch immer ein paar Maisbrötchen befanden, konnte er diesen Stoff nicht für seine Füße verwenden; also blieb ihm nichts anderes übrig, als einen Streifen Stoff aus seinem Gewand zu reißen und sich um die Füße zu wickeln.

Aber der Stoff war ziemlich dünn, und auf dem steinigen Weg wurde ihm das Gehen immer schwerer. Am Nachmittag setzte er sich schließlich unter einen kleinen Schnurbaum, um etwas zu essen und seine Füße auszuruhen. Aus der Ferne näherte sich ein großer Kerl, der eine schwere Karre vor sich herschob. Als er etwas näher gekommen war, stellte er die Karre ab und ging auf Mozi zu: »Meister!« Er keuchte und wischte sich mit seinem Ärmel den Schweiß vom Gesicht.

»Ist das etwa Sand?«, fragte Mozi, der seinen Schüler Guan Qian'ao erkannt hatte.

»Ja, gegen die Wolkenleitern!«

»Wie sieht es denn mit anderen Vorkehrungen aus?«

»Wir haben schon Jute gesammelt, Kalk und Eisen. Aber es ist ziemlich schwierig – die Leute, die etwas haben, wollen nichts abgeben, und die, die etwas abgeben würden, haben leider nichts. Und dann gibt es noch so viele Schwätzer …«

»Gestern hat Cao Gongzi in der Stadt eine Rede gehalten. Er hat etwas von ›Geist‹ geredet und von ›Tod‹. Sprich doch mal mit ihm. Er soll die Dinge nicht unnötig mystifizieren. Der Tod hat nichts Böses an sich, und außerdem ist es auch gar nicht so leicht zu sterben. Aber wenn man schon sterben will, dann sollte es wenigstens zum Wohl des Volkes geschehen.«

»Es ist schwer, mit ihm zu reden«, antwortete Guan Qian'ao bedauernd. »Seit er vor zwei Jahren hier Beamter geworden ist, spricht er nicht mehr so gern mit uns …«

»Und was ist mit Qin Huali?«

»Er ist sehr beschäftigt. Gerade eben hat er eine automatische Armbrust ausprobiert. Und jetzt, fürchte ich, ist er draußen vor dem Westtor, um sich das Gelände anzusehen. Deshalb habt Ihr ihn auch hier nicht angetroffen. Ihr seid auf dem Weg nach Chu, um mit Gongshu Ban zu reden, nicht wahr, Meister?«

»So ist es. Ich bin mir aber nicht sicher, ob er mir auch zuhören wird. Ihr bereitet Euch am besten weiter auf den Angriff vor und verlasst Euch nicht nur darauf, dass ich ihm die Sache ausreden kann.«

Guan Qian'ao nickte zustimmend und schaute Mozi, der wieder aufbrach, noch eine Weile nach. Dann schob er seinen quietschenden und knarrenden Karren zurück in die Stadt.

III

Ying, die Hauptstadt von Chu, hatte wenig Ähnlichkeit mit der von Song. Dort gab es breite Straßen mit gepflegten Häusern, und in den großen, gut ausgestatteten Geschäften konnte man schneeweißes Leinen kaufen, dunkelroten Paprika, geschecktes Wildleder und saftigen Lotossamen. Die Menschen dort waren zwar etwas kleinwüchsiger als die im Norden, aber sie wirkten alle sehr tatkräftig und waren ordentlich gekleidet. Bei ihnen kam sich Mozi mit seiner alten Jacke, dem zerschlissenen Gewand und seinen mit Stoff umwickelten Füßen ganz wie ein richtiger alter Bettler vor.

Auf dem Marktplatz im Stadtzentrum, wo auch die großen Straßen zusammenliefen, wimmelte es zwischen den zahlreichen Verkaufsständen von Menschen. Mozi suchte sich einen alten Mann heraus, der wie ein Gelehrter aussah, und fragte ihn nach der Adresse von Gongshu Ban. Aber leider konnten sie sich ihrer unterschiedlichen Dialekte wegen nicht verständigen. Mozi hatte gerade begonnen, ein Schriftzeichen in seine

Handfläche zu malen, da fingen die Menschen plötzlich alle wie auf Kommando zu singen an. Die berühmte Sängerin Sai Xiangling hatte die Weise der »Leute vom Land« angestimmt, viele Menschen im Reich sangen es ihr nach. Auch der alte Gelehrte begann mitzusummen, und Mozi musste einsehen, dass er wohl kaum erneut seine Aufmerksamkeit gewinnen könnte. Also machte er sich wieder auf den Weg, obwohl er noch nicht einmal das Schriftzeichen Gong zu Ende gebracht hatte; da jedoch überall gesungen wurde, schwand jede Hoffnung auf eine Beantwortung seiner Frage. Eine ganze Weile später kehrte dann langsam wieder Ruhe ein – wahrscheinlich war das Lied zu Ende –, und Mozi traf auf eine Tischlerei, wo er erneut nach Gongshu Bans Adresse fragte.

»Meinen Sie den Gongshu aus Shandong, der die Enterhaken und Rammen erfunden hat?« Der Meister war ein gelbgesichtiger Fettwanst mit schwarzem Schnurrbart und offensichtlich gut informiert. »Das ist nicht weit von hier. Gehen Sie einfach ein Stück zurück und dann über die Kreuzung. Dann die zweite Straße rechts, dann erst nach Osten, dann nach Süden und schließlich wieder nach Norden. Das dritte Haus dort ist seins.«

Noch einmal schrieb Mozi die Schriftzeichen auf seine Handfläche und bat den Meister, sich zu vergewissern, ob er auch wirklich richtig verstanden hatte. Dann prägte er sich alles genau ein, bedankte sich und machte sich mit großen Schritten auf den ihm gewiesenen Weg. Und tatsächlich! Über dem dritten Haus befand sich eine aufs Kunstvollste geschnitzte Holztafel, auf der sechs Schriftzeichen zu lesen waren: Wohnsitz des Gongshu Ban aus dem Reiche Lu

Mit dem kupfernen Türklopfer schlug Mozi ein paar Mal an die Tür; zu seiner Überraschung öffnete ihm ein Pförtner, der ihn erbost anstarrte. Der Mann schenkte ihm nur einen einzigen Blick, dann brüllte er: »Der Meister empfängt niemanden. Es waren schon zu viele von deinesgleichen hier, die etwas von ihm wollten.«

Mozi konnte ihm gerade noch einen Blick zuwerfen, da war die Tür auch schon wieder geschlossen. Als er abermals klopfte, war kein Laut mehr zu hören. Dieser eine Blick Mozis hatte dem Pförtner jedoch keine Ruhe mehr gelassen, und ihm war so unbehaglich zumute, dass er seinem Meister Bericht erstattete. Mit einem Winkeldreieck in der Hand war Gongshu Ban gerade damit beschäftigt, das Modell seiner Wolkenleiter auszumessen.

»Meister, da ist schon wieder einer Eurer Landsleute, der etwas von Euch will. Aber dieser ist irgendwie sonderbar«, murmelte der Pförtner.

»Wie heißt er denn?«

»Danach habe ich ihn gar nicht gefragt ...« Der Pförtner erschrak.

»Was für einen Eindruck macht er denn?«

»Er wirkt wie ein Bettler, so um die dreißig, hochgewachsen, ziemlich dunkle Hautfarbe ...«

»Ach, das ist bestimmt Mozi!«, rief Gongshu Ban verblüfft. Er legte das Modell der Wolkenleiter und sein Winkeldreieck beiseite und lief die Treppe hinunter; der verblüffte Pförtner eilte schleunigst voraus, um die Tür zu öffnen. Im Hof traf Gongshu Ban auf Mozi.

»Ihr seid es also wirklich!«, erfreut bat Gongshu Ban seinen Gast ins Haus.

»Wie geht es Euch? Immer noch so fleißig?«

»Jaja, das ist immer dasselbe ...«

»Da Ihr von so weit hergekommen seid, Meister, wollt Ihr sicher einen Auftrag für mich?«

»Man hat mich im Norden beleidigt«, sagte Mozi gelassen. »Und ich möchte, dass du den Schuldigen tötest ...«

Gongshu Ban verlor seine Fröhlichkeit.

»Ich gebe dir zehn Taler«, fuhr Mozi fort.

Bei diesem Angebot geriet sein Gastgeber in Wut, und mit finsterem Gesicht antwortete er kalt: »Ich bin keinesfalls ein Mörder.«

»Na wunderbar!« Ergriffen richtete Mozi sich auf, verbeugte sich zweimal und sprach wieder ganz gelassen weiter: »Dann möchte ich dir jetzt ein paar Worte sagen. Im Norden habe ich davon gehört, dass du Wolkenleitern baust, um damit Song zu erobern. Was hat Song eigentlich verbrochen? Chu hat doch ohnehin zu viel Land; was ihm fehlt, sind Menschen. Man kann wirklich nicht von Klugheit sprechen, wenn jemand vernichtet, woran es ihm mangelt, um etwas zu bekommen, wovon er ohnehin schon zu viel hat. Es ist auch kein Zeichen von Humanität, wenn ihr Song, das nichts verbrochen hat, angreifen wollt. Auch wäre es wenig loyal, würde jemand, der das alles weiß, einfach nichts dagegen tun. Aber einzugreifen ohne Aussicht auf Erfolg, das wäre auch kein Zeichen von Stärke. Außerdem kann man es nicht gerade logisch nennen, wenn jemand, der es nicht über sich bringen kann, einen Einzelnen zu töten, durchaus bereit ist, viele zu töten. Wie denkst denn du darüber, Meister ...«

»Nun ja«, Gongshu Ban dachte nach. »Da habt Ihr sicher recht, Meister.«

»Und könntest du dann nicht die Finger davon lassen?«

»Das ist unmöglich«, bedauerte Gongshu Ban. »Ich habe bereits dem König davon erzählt.«

»Nun, dann bringst du mich eben zum König.«

»Na gut, aber es ist schon ziemlich spät. Lasst uns erst einmal etwas essen.«

Mozi jedoch wollte nichts davon hören, sondern beugte sich vor, um aufzustehen. Er saß niemals lange still. Gongshu Ban, der wusste, dass er Mozi nicht davon abbringen konnte, willigte daher ein, ihn auf der Stelle zum König zu führen. Er ging nur noch schnell in sein Zimmer, um Kleider und Schuhe zu holen. Dann stellte er freimütig fest: »Ich muss Euch allerdings bitten, Euch umzuziehen, Meister. Hier geht es nämlich anders zu als zu Hause: Alles muss möglichst edel sein. Ihr solltet Euch also doch besser umziehen ...«

»Schon gut, schon gut.« Auch Mozi machte keine Umschweife. »Ich trage auch nicht besonders gern Lumpen ... Ich habe nur meistens einfach keine Zeit, mich umzuziehen ...«

IV

Der König von Chu hatte schon längst von Mozi, dem Heiligen des Nordens, gehört und war nach Gongshu Bans Vermittlung sofort bereit, ihn zu empfangen.

In seinem viel zu kurzen Gewand betrat Mozi, nun einem langbeinigen Reiher gleich, gemeinsam mit Gongshu Ban die Palasthalle. Dort verneigte er sich vor dem König und begann in aller Ruhe seine Ansprache.

»Da gibt es nun einen Mann, der seine Karosse verschmäht, aber den zerbrochenen Wagen seines Nachbarn stehlen will; der seinen Brokat verschmäht, aber seinem Nachbarn die Filzjacke stehlen will; der sein Mahl aus Fleisch und Reis verschmäht, aber seinem Nachbarn die Kleiekrümel wegnehmen will. Nun sagt mir, was ist das für ein Mann?«

»Das muss wohl ein Kleptomane sein«, antwortete geradeheraus der König.

»Das Reich der Chu misst fünftausend Li im Quadrat, während das Gebiet von Song nur fünfhundert ausmacht – das ist so wie bei einer Karosse und einem zerbrochenen Wagen. In Chu liegen die Marschen von Yunmeng, voller Nashörner, Elche und Hirsche. Durch Chu fließen der Yangzi und der Han mit einer Fülle von Fischen, Schildkröten und Krokodilen. Kein Land könnte Chu übertreffen, und Song hat nicht einmal Fasane, Hasen oder Barsche. Das ist so wie bei einem Mahl aus Fleisch und Reis und einem aus Kleiekrümeln. In Chu gibt es hohe Kiefern, Trompetenbäume, Zedern und Kampfer, in Song dagegen wachsen überhaupt keine hohen Bäume, und das ist so wie bei Brokat und einer Filzjacke. Meiner unmaßgeblichen

Meinung nach verhält es sich mit dem von Euch geplanten Angriff auf Song ganz in derselben Weise.«

»Da ist sicher etwas dran«, der König von Chu nickte zustimmend. »Aber Gongshu Ban ist nun schon einmal dabei, mir diese Wolkenleitern zu bauen – da müssen wir wohl auch angreifen.«

»Es ist aber nicht gesagt, dass Ihr dabei unbedingt Erfolg haben werdet«, sagte Mozi. »Wenn Ihr ein paar Holzstücke hättet, könnten wir das Ganze mal ausprobieren.«

Da nun der König von Chu eine große Vorliebe für alles Neue hegte, ließ er hocherfreut die gewünschten Holzstücke herbeiholen. Mozi nahm seinen Ledergürtel ab und legte ihn bogenförmig nieder. Die Wölbung des Gürtels war Gongshu Ban zugewandt und sollte eine Stadt darstellen. Mozi teilte die Holzstücke auf, wobei er die eine Hälfte behielt und die andere Gongshu Ban aushändigte; diese Holzstücke waren nun ihre Waffen für Angriff und Verteidigung.

Die beiden Männer nahmen also ihre Holzstückchen wie zu einer Partie Schach an sich, und der Kampf begann. Die Holzstücke in der Offensive stürmten voran, die in der Verteidigung parierten, Rückzug auf der einen Seite und Finte auf der anderen – der König und seine Minister verstanden überhaupt nichts mehr.

Insgesamt neunmal sahen sie so eine Partie von Sturm und Rückzug, und wahrscheinlich hatten die Kontrahenten auch neunmal ihre Taktik geändert. Schließlich ließ Gongshu Ban die Hände sinken. Daraufhin drehte Mozi den Ledergürtel um, sodass nun die Wölbung auf ihn selbst gerichtet war, jetzt also war es an ihm, in die Offensive zu gehen. Und wieder folgten Schlag auf Schlag Sturm und Rückzug, bis in der dritten Runde Mozis Holzstückchen in das Innere der Gürtelwölbung durchbrechen konnten.

Dem König und seinen Ministern war das alles völlig unerklärlich, aber sie sahen wohl, dass Gongshu Ban seine Holzstückchen als Erster hinlegte, und sie bemerkten auch die Enttäuschung in seinem Gesicht – also hatte er beide Male verloren, sowohl im Angriff wie in der Verteidigung.

Auch der König war nun ein wenig enttäuscht.

»Ich wüsste schon, wie ich Euch schlagen könnte«, spottete Gongshu Ban schließlich. »Aber ich werds Euch nicht verraten.«

»Ich weiß recht gut, wie du mich schlagen könntest.« Mozi ließ sich nicht aus der Ruhe bringen. »Aber ich werde es dir auch nicht verraten.«

»Wovon redet Ihr eigentlich?«, fragte der König verwundert.

Mozi drehte sich um und antwortete lachend: »Was Gongshu Ban meint, ist Folgendes: Man müsste mich einfach töten, denn wenn ich tot wäre, so wäre niemand mehr da, der Song verteidigen könnte, und dann könntet Ihr angreifen. Aber in Song wartet mein Schüler Qin Huali schon mit dreihundert anderen Männern auf die feindlichen Truppen aus Chu. Und sie alle haben meine Verteidigungswaffen, das heißt, auch wenn ich getötet würde, könntet Ihr Song nicht einnehmen.«

»Das nenne ich mal eine gute Taktik!« Der König war beeindruckt. »Nun denn, da werde ich Song also doch nicht angreifen.«

V

Nachdem Mozi so den Angriff auf Song verhindert hatte, hegte er eigentlich die Absicht, ohne Verzug nach Lu zurückzukehren, doch schließlich musste er Gongshu Ban die geliehenen Kleider zurückgeben, und so blieb ihm nichts anderes übrig, als wieder mit zu ihm nach Hause zu gehen. Es war bereits Nachmittag, und Gast wie Gastgeber waren ziemlich hungrig. Der Gastgeber bestand selbstverständlich darauf, dass Mozi zum Mittagessen – das eigentlich schon mehr ein Abendessen war – und auch über Nacht dableiben sollte.

»Ich muss mich noch heute auf den Weg machen«, sagte

Mozi. »Nächstes Jahr komme ich wieder, und dann werde ich dem König mein Buch mitbringen und ihn bitten, es zu lesen.«

»Habt Ihr nicht etwas über die Gerechtigkeit geschrieben?«, fragte Gongshu Ban. »Körperliche und geistige Anstrengungen, um anderen Menschen in Not und Gefahr beizustehen – das ist etwas für einfache Leute und keinesfalls für die hohen Herren. Und er ist immerhin ein König.«

»Das stimmt nicht ganz. Seide, Hanf, Reis und Hirse werden zwar von einfachen Leuten erzeugt, aber schließlich wollen die hohen Herren sie doch für sich haben. Und das gilt umso mehr für die Gerechtigkeit.«

»Vielleicht habt Ihr recht«, sagte Gongshu Ban erfreut. »Bevor ich mit Euch gesprochen hatte, wollte ich Song einnehmen, aber jetzt würde ich es nicht einmal geschenkt haben wollen: Wenn es gegen die Gerechtigkeit verstößt, will ich es auch nicht besitzen.«

»Nun, in diesem Falle will ich dir Chu schenken.« Auch Mozi freute sich. »Wenn du gerecht bist, soll dir die ganze Welt gehören.«

Während Gast und Gastgeber so miteinander redeten und lachten, wurde das Essen aufgetragen. Es gab Fisch, Fleisch und Schnaps. Mozi aber nahm weder Fisch noch Schnaps zu sich, sondern aß lediglich ein wenig Fleisch. Gongshu Ban trank allein, aber es war ihm sehr unangenehm, dass sein Gast so geringen Gebrauch von Messer und Löffel machte, und so drängte er ihn, doch wenigstens etwas Paprika zu essen: »Bitte, greift doch zu«, sagte er ermunternd und wies auf die Paprikasoße und die Pfannkuchen. »Probiert nur, es ist gar nicht übel. Nur der Porree ist hier nicht so saftig wie bei uns zu Hause.« Nach ein paar Gläsern Schnaps wurde er immer ausgelassener. »Für Seeschlachten habe ich Enterhaken und Rammen erfunden – hat Eure Gerechtigkeit vielleicht auch Enterhaken und Rammen?«

»Die Enterhaken und Rammen meiner Gerechtigkeit sind besser als die deiner Seeschlachten«, antwortete Mozi mit Nachdruck. »Mein Enterhaken ist Liebe und meine Ramme Respekt. Wenn dein Enterhaken nicht Liebe ist, wirst du nicht geliebt werden, und wenn deine Ramme nicht Respekt ist, dann ist auf dich kein Verlass. Lieblosigkeit und Unzuverlässigkeit entfremden die Menschen einander. Darum also sind Liebe und Respekt zum Nutzen aller. Wenn du aber mit Enterhaken und Rammen gegen die Menschen kämpfst, so werden sie dich mit denselben Mitteln bekämpfen. Enterhaken und Rammen gereichen allen nur zum Schaden. Und darum sind die Enterhaken und Rammen meiner Gerechtigkeit besser als die deiner Seeschlachten.«

»Aber, aber, Verehrtester! Nun hättet Ihr mit Eurer Gerechtigkeit beinahe meine Reisschale zerschlagen.« Nach dieser Abfuhr – und weil er wohl auch schon ein wenig betrunken war – wechselte Gongshu Ban das Thema. Anscheinend vertrug er keinen Alkohol.

»Das ist aber immer noch besser, als die von Song zu zerschlagen!«

»Ja, und mir bleibt wohl von jetzt an nichts anderes übrig, als Spielzeug herzustellen, mein Lieber. Aber wartet mal, ich werde Euch ein paar Sachen zeigen!«

Mit diesen Worten sprang Gongshu Ban auf und lief ins Hinterzimmer, wo er in einer Truhe herumwühlte. Es dauerte nicht lange, da kam er wieder zurück – mit einer Elster aus Holz und Bambus. Als er sie Mozi in die Hand gab, sagte er: »Man braucht sie nur einmal aufzuziehen, dann fliegt sie drei volle Tage lang. Geschickt, was?«

»Aber sie kann sich noch lange nicht mit den Wagenrädern eines Zimmermanns messen.« Mozi hatte nur einen einzigen Blick auf das Ding geworfen und es gleich wieder beiseitegelegt. »Der Zimmermann ist in der Lage, ein drei Zoll dickes Holzstück zu schnitzen, das fünfhundert Scheffel Korn zu tragen vermag. Alles, was den Menschen von Nutzen ist, das ist auch geschickt und gut. Was ihnen aber nicht von Nutzen sein kann, das ist albern und schlecht.«

»Ach, das hatte ich ganz vergessen.« Diese zweite Abfuhr ernüchterte Gongshu Ban wieder ein wenig. »Ich hätte mir ja denken können, dass Ihr so etwas sagen würdet.«

»Nun, dann halte dich eben stets an das, was gerecht ist.« Bei diesen freimütigen Worten sah ihm Mozi fest in die Augen. »Das wird dir nicht nur Geschicklichkeit bringen, sondern auch die ganze Welt zu Füßen legen. Aber nun bin ich dir schon fast den ganzen Tag zur Last gefallen. Nächstes Jahr sehen wir uns wieder.«

Mit diesen Worten griff Mozi nach seinem Bündel und verabschiedete sich von seinem Gastgeber. Gongshu Ban wusste, dass sein Gast nun nicht länger bleiben würde, und so ließ er ihn ziehen. Nachdem er Mozi noch bis zum Tor begleitet hatte, ging er wieder ins Haus zurück, um nachzudenken. Dann packte er das Modell seiner Wolkenleiter sowie die Elster aus Holz in die Truhe im Hinterzimmer.

Den Rückweg legte Mozi etwas gemächlicher zurück, denn erstens war er erschöpft, zweitens taten ihm die Füße weh, drittens hatte er schon seinen ganzen Proviant aufgegessen, und viertens war er nun, da er die Sache erledigt hatte, auch nicht mehr in Eile. Außerdem hatte er auch sehr viel mehr Pech als auf dem Hinweg: Kaum hatte er die Grenze von Song überschritten, da wurde er gleich zweimal durchsucht, und in der Nähe der Hauptstadt traf er dann auf eine Gruppe von Sammlern zur Rettung der Nation. Und diese »sammelten« auch sein zerschlissenes Bündel ein. Beim Südtor kam er zu guter Letzt noch in einen Regenguss, und als er sich am Stadttor unterstellen wollte, wurde er mit Hiebäxten von den Wachsoldaten verjagt. Also wurde er bis auf die Haut nass, sodass ihm mehr als zehn Tage lang die Nase lief.

August 1934

Es sind so viele Dornenbüsche

Es sind so viele Dornenbüsche auf der großen Erde,
Es lauern so viele Wolken kriegslüstern am weiten Himmel.
Ein paar Herren wiegen sich in mildem Frühling,
Die Welt aber ist mit ihrem Sang verstummt.
Einzig China gibt sich trunken unter den Landen,
Mitten im Strom mag keiner die alten Lieder mehr.
Der Wind nimmt sich, mit den Wellen groß,
Was grünt und blüht, so plötzlich ist dann alles welk.

5. März 1931

Anmerkungen

Die jeder Anmerkung vorangestellte Zahl verweist auf die entsprechende Seite im Text.

13 *Li Shizhen* (1518–1593): Als Arzt der Ming-Zeit und Verfasser des Werkes »Abriss der Heilpflanzen« bekannt. In besagtem Werk findet sich die unterstellte Passage jedoch nicht, vielmehr eine Zurückweisung der im »Nachtrag zu den Heilpflanzen« geäußerten These von Chen Zangqi aus der Tang-Zeit (618–907), mit Menschenfleisch könne man Tuberkulose heilen.

13 *»Kinder tauschen und essen«:* Zitat aus dem klassischen Geschichtswerk »Zuozhuan«, VII.15.

13 *»sein Fleisch essen und auf seiner Haut schlafen«:* Hier wird ebenfalls das »Zuozhuan«, IX.21, zitiert

18 *Yi Ya kochte seinen Sohn:* Der Überlieferung nach war Yi Ya der Koch des Fürsten Huan von Qi (7. Jh. v. Chr.). Er soll Huan seinen eigenen Sohn zum Essen vorgesetzt haben, als dieser ihn darauf hinwies, dass er bis auf Menschenfleisch alle Geschmacksrichtungen kennengelernt habe. Jie und Zhou, die jeweils letzten Despoten der Xia- (21.–16. Jh. v. Chr.) und Shang-Dynastie (16. Jh.–1066 v. Chr.), lebten lange vor Yi Ya und stehen hier für den Gewalttäter schlechthin.

18 *Xu Xilin* (1873–1907): Revolutionär der ausgehenden Qing-Zeit. Nach seiner Hinrichtung im Jahre 1907 wurden sein Herz und seine Leber von den Wachen verspeist.

20 *… sich ein Stück Fleisch aus dem Leib zu schneiden:* Die Pietät verlangte, dass ein Sohn bei Krankheit seiner Eltern »sich ein Stück Fleisch abschnitt und damit seine Eltern heilte« – so das »Songshi« (»Geschichte der Song«).

24 *»Der Edle bleibt fest in der Not«:* Zitat aus den »Gesprächen des Konfuzius« (»Lunyu«, XV.2)

26 *Oder sind das etwa viele? Nein, das sieht doch jeder, nicht mehr viele …:* Diese Wendung ist formal – nicht inhaltlich – den »Gesprächen des Konfuzius« (»Lunyu«, IX.6) entnommen; dt. von R. Wilhelm: »Kungfutse«, S. 99: »Kommt es denn darauf an, dass der Edle in vielen Dingen Bescheid weiß? Nein, es kommt gar nicht auf das Vielerlei an.«

30 *im sechsten Jahr der Republik:* 1917

32 *alles »Kleinliche«:* »Xiao« (»klein«) ist eine Anspielung auf den Titel, ist jedoch auch im Sinne von »niederes Wesen« zu verstehen.

32 *»Zi yue shi yun«:* Die wörtliche Übersetzung lautet: »Der Meister sprach, im ›Buch der Lieder‹ heißt es.« Im China von 1911 mussten Schulkinder die kanonischen Werke – besonders die »Gespräche des Konfuzius« – auswendig lernen.

35 *Dechse:* Das im Text stehende und »zha« zu lesende chinesische Zeichen ist eine Erfindung Lu Xuns; da es dem Zeichen für Dachs ähnelt, wird es im deutschen Text mit »Dechse« wiedergegeben.

35 *Ahnenopfer:* Große Sippen pflegten in China einmal jährlich die Ahnenopfer abzuhalten. Mit der Durchführung der Opfer war jedes Jahr eine andere Familie beauftragt. Die Kosten wurden aus dem gemeinsamen Erbe bestritten.

35 *… da unter den fünf Elementen in seinem Horoskop das Element Erde (tu) fehlte:* Im alten China sollten »acht horoskopische Schriftzeichen, die in vier Paaren von je einem Himmelsstamm und einem Erdzweig (nach dem traditionellen Mondkalender) angeordnet sind und Aufschluss über Geburtsjahr, -monat, -tag und -stunde einer Person geben« (»Das Neue Chinesisch-Deutsche Wörterbuch«, Peking 1985, S. 109), im Idealfall die fünf Elemente (Metall, Holz, Wasser, Feuer, Erde) mit beinhalten. Um mögliches Unheil abzuwenden, ist hier der unter den acht zur Datumsbestimmung notwendigen Zeichen fehlende Bestandteil »Erde« im Namen ergänzt worden.

46 *sich durch Schreiben ein unvergängliches Denkmal … setzen:* Nach dem Geschichtswerk »Zuozhuan«, XI.24, gab es drei Möglichkeiten, sich unsterblich zu machen, und zwar – in absteigender Reihenfolge – durch Tugend, Erfolg und Literatur.

46 *»Ist der Titel aus dem Lot, so fügt auch das Folgende sich nicht«:* »Gespräche des Konfuzius« (»Lunyu«, XIII.3); dt. von R. Wilhelm: »Kungfutse«, S. 131: »Wenn die Begriffe nicht richtig sind, so stimmen die Worte nicht (…)«

46 *Unsterbliche:* Nach Angaben des Autors sind unter »neizhuan« romanhaft ausgestaltete Biografien von Daoisten und unsterblichen Wesen (xianren) zu verstehen.

46 *offizielle Dynastiengeschichte:* Die in der Ära Qianlong (1736 bis 1795) kanonisch festgesetzten 24 Dynastiegeschichten, die mit den »Historischen Aufzeichnungen« (»Shiji«) des Sima Qian (145 bis ca. 90 v. Chr.) beginnen und mit der »Geschichte der Ming-Dynastie« (»Mingshi«) abschließen.

47 *Bisher hat unser Staatspräsident das Amt für Geschichtsschreibung noch nicht angewiesen …:* Das traditionelle China kannte bis in die Zeit der Warlords und der Guomindang die von Staats wegen angeordnete Würdigung wichtiger Persönlichkeiten. Erlasse, welche die Biografie einer verstorbenen Person beim Geschichtsamt in Auftrag gaben, pflegten mit den Worten »Anweisung an das Geschichtsamt, eine Biografie aufzusetzen« zu schließen.

47 *im Jargon der Fuhrleute und Bohnenmushändler:* Anspielung auf den Übersetzer Lin Shu (1852–1924), der mit diesen Worten die Verwendung der Umgangssprache in der Literatur angegriffen hatte.

47 *außerhalb jeglicher religiöser und philosophischer Gruppierung:* Der im chinesischen Original verwendete Begriff »sanjiao jiuliu« meint die drei Re-

ligionen – Konfuzianismus, Daoismus und Buddhismus – und die neun philosophischen Schulen – u. a. Konfuzianer, Daoisten und Legalisten.

49 *»Aufzeichnungen auf Bambus oder Seide«:* Anspielung auf die »Frühlings- und Herbstannalen« (»Lüshi chunqiu«, II.8a). Vor der Erfindung des Papiers war es in China Brauch, der Nachwelt Wichtiges auf Bambustäfelchen oder Seide zu überliefern.

49 *… ob »Quei« wohl für den »Kassiabaum« stehen mochte:* Die Lautschrift für die Zeichen »Kassiabaum« und »Adel« lautet heute »gui«, früher »kuei«, vielleicht auch »quei«. Das alljährliche Vollmondfest fällt in den achten Monat des Mondkalenders, die Blütezeit des Kassiabaumes. So lässt sich erklären, dass der achte Monat auch »Kassiamonat« genannt wird.

49 *chinesische Kultur* (»guocui«): Der Begriff stellt die Quintessenz chinesischer Kultur bzw. die nationale Eigenart dar und spielte in der damaligen – aber auch heutigen – Diskussion in China eine große Rolle.

49 *»Neue Jugend«:* Vgl. Anm. zu S. , »Xin qingnian«.

50 *Herkunftsbuch der hundert Sippen:* Dieses Buch wurde zu Beginn der Song-Zeit als Lehrbuch zur Erlernung der Schriftzeichen für Kinder kompiliert.

49 *A:* Als Zeichen der Vertrautheit wird die Silbe »A« in Südchina gern vor den Rufnamen gesetzt.

50 *Hu Shi* (1891–1962) war zunächst von großer Bedeutung im Rahmen der Bewegung des 4. Mai 1919 und widmete sich später den Wissenschaften, in die er den aus den USA übernommenen Positivismus einzuführen versuchte. In seinem im Juni 1920 verfassten Buch »Textkritik der ›Räuber vom Liang Shan Moor‹« bezeichnete er sich selbst als jemanden »mit einem Hang zu Geschichte und Textkritik«, worauf Lu Xun hier anspielt.

51 *Lebenslauf:* Bei dem hier und im Folgenden immer wieder erwähnten Binom »xingzhang« handelt es sich um eine Art Nachruf, wie er im traditionellen China von Angehörigen aus den wichtigsten Daten zusammengestellt wurde.

51 *Prüfungsanwärter* (»wentong« bzw. »tongsheng«) waren im kaiserlichen Prüfungssystem diejenigen, die sich auf den Titel eines Bakkalaureus vorbereiteten.

55 *Der Alte vom nördlichen Grenzland verlor seinen Hengst:* Es handelt sich hier um ein wörtliches Zitat aus dem daoistischen Klassiker »Huainanzi«, XVIII.6a.

55 *Abend des Götterfestes:* Im traditionellen China fanden anlässlich dieses Festes Prozessionen statt, die ihren Ausgangspunkt in den Tempeln hatten und durch die Gassen des Ortes zogen.

56 *»Die junge Witwe tritt ans Grab«:* Eine damals sehr beliebte Lokaloper.

59 *»Der Edle machts mit Köpfchen …«:* Der Edle (»junzi«) ist Leitvorstellung der konfuzianischen Auffassung vom Menschsein.

59 *Verzicht auf Bakkalaureus und Magister:* Im Jahre 1905 wurde in China das traditionelle Prüfungssystem abgeschafft und damit auch die Titel Bakka-

laureus (»xiucai«), Magister (»juren«) und Doktor (»jinshi«), die auf Kreis-, Provinz- und Hauptstadtebene erworben werden konnten.

59 *... keine krummen Bauernbeine mehr und keinen Zopf:* Die letzte Dynastie (1644–1911) war eine Fremddynastie der Mandschu. Als sichtbaren Loyalitätsbeweis hatten alle männlichen Chinesen den »Mandschuzopf« – bei uns als Chinesenzopf bekannt – zu tragen. Oftmals schnitten in Japan studierende Chinesen sich aus Protest gegen die Qing-Dynastie diesen Zopf ab.

60 *Jammerknüppel:* Das Beerdigungsritual verlangte im alten China, dass der Sohn beim Begräbnis der Eltern seinen Schmerz dadurch zeigte, dass er sich auf einen »Stock der Pietät« aufstützte. Herr Jedermann macht Gebrauch von diesem Begriff, um seine Verachtung auszudrücken.

61 *»Kinderlos sollst du bleiben ...«:* Kinderlos zu sein bedeutete, dass niemand dem Verstorbenen Ahnenopfer darbrachte, sein Geist also nie zur Ruhe kommen würde.

62 *»Drei Arten von Ungehorsam gibt es gegenüber den Eltern ...«:* so »Mengzi« IV.A.26; vgl. R. Wilhelm: »Mong Dsi«, Diederichs, Jena 1916, S. 84

62 *»Sonst hungern die toten Seelen der Sippe Ruo'ao«:* Zitat aus dem Geschichtswerk »Zuozhuan«, VII.4. Da der Sohn des Sima Zilang aufgrund seines unbotmäßigen Wesens in den Augen von Sima Ziwen eine Gefahr für die Sippe Ruo'ao darstellte, riet dieser seinem Bruder, das Kind zu töten; sonst würde die Sippe eines Tages ausgelöscht werden, sodass auch ihnen keine Ahnenopfer dargebracht würden und ihre toten Seelen zu hungern hätten.

63 *»die einmal freigesetzten Energien ...«:* Zitat aus dem »Buch der Urkunden« (»Shangshu«, V.24.10)

63 *Daji* war eine Konkubine des Zhou Xin, des letzten Herrschers der Shang (16. Jh. bis 1066 v. Chr.). Sie galt nicht nur als große Schönheit, sondern auch als Ausbund von Extravaganz und Ausschweifung.

63 *Bao Si* war die Konkubine des Königs You (781–771). Um sie, die nie lachte, zum Lachen zu bringen, wurden zum Spaß die Signalfeuer entzündet. Als dann wirklich ein Angriff bevorstand, reagierte niemand auf das warnende Signalfeuer.

63 *Diao Chan:* Dem brutalen Treiben der Dong Zhuo (gest. 192 n. Chr.) wurde durch ein Komplott ein Ende bereitet. Dabei spielte Diao Chan, eine Unterhaltungskünstlerin in der Residenz des Wang Yun (gest. 193), eine wichtige Rolle. Sie ließ sich von Wang Yun dem Dong Zhuo zum Geschenk machen, was den Zorn des Lü Bu entfachte, sodass dieser seinen Herrn tötete.

63 *»Große Trennung der Geschlechter«:* Vgl. hierzu das »Liji«, dt. von R. Wilhelm: »Li Gi«, S. 134: »Ein Mann spricht nicht über Angelegenheiten der inneren Gemacher, eine Frau nicht über äußere Angelegenheiten. Außer beim Opfer (...) geben sie einander nichts von Hand zu Hand.«

63 *»Bestrafung der bösen Absicht«:* Der Autor benutzt ein Binom aus den »Späteren Han-Annalen«, vgl. »Hou Hanshu«, Bd. 6, Zhonghua, Hongkong 1972, S. 1615.

64 *»Standvermögen«:* vgl. »Lunyu«, II.4; dt. von R. Wilhelm: »Kungfutse«, S. 42: »Ich war fünfzehn, und mein Wille stand aufs Lernen, mit dreißig stand ich fest (...)«

65 *Schildkrötenei:* Dieses chinesische Schimpfwort hatte etwa die Bedeutung von »Gehörnter«.

69 *den jungen Don:* In einem »Brief an den Herausgeber der Zeitschrift ›Schauspiel‹« (vgl. »Lu Xun quanji«, Bd. 6, Peking 1981, S. 150f.) erklärt der Autor, den Namen Xiao Don nach demselben Prinzip wie A Q gebildet zu haben.

69 *»In der Faust die Peitsche von Stahl, werd ich dich strafen ...«:* Zitat aus einer damals in Shaoxing aufgeführten Lokaloper »Der Kampf zwischen Drache und Tiger«, die den Kampf zwischen dem Song-Kaiser Taizu (960–976) und Huyan Zan darstellt.

71 *Mantous:* gedämpfte Brötchen aus gesäuertem Teig

73 *Mittherbstfest:* Es wird traditionell als Fest der ganzen Familie im Anblick des vollen Mondes gefeiert.

74 *»War einer drei Tage fort, sollst du ihn mit anderen Augen sehen«:* Zitat aus der »Geschichte der Drei Reiche«, die von Chen Shou (233–297) kompiliert wurde.

75 *Zhupai:* Zhupai ist ein Glücksspiel und wird mit »Karten«, die aus Elfenbein bzw. Tierknochen gefertigt und mit Bambus eingefasst sind, gespielt.

76 *Münzen:* Chinesische Münzen hatten früher ein Loch in der Mitte und wurden an einer Schnur zu 100 oder 1000 aufgereiht.

79 *»den väterlichen Belehrungen«:* Anspielung auf »Lunyu«, XVI.13; dt. von R. Wilhelm: »Kungfutse«, S. 168f.

80 *»bestand jetzt kein Grund mehr zur Scheu«:* Hier wird ebenfalls aus dem »Lunyu«, IX.22, zitiert; dt. von R. Wilhelm: »Kungfutse«, S. 103.

80 *Kaiser Xuantong:* Nach westlichem Kalender ist dies der 4.11.1911; es ist der 25. Tag der Xinhai-Revolution, die zum Sturz des Kaiserhauses führte. An jenem Tag wurde Hangzhou von den Revolutionstruppen eingenommen, und das nahe gelegene Shaoxing verkündete die »Wiederherstellung Chinas«.

81 *angetan mit weißglänzender Rüstung und weißen Helmen:* Weiß ist in China die Farbe der Trauer.

81 *Chongzheng*, der letzte Kaiser der Ming-Dynastie (1368 bis 1644), regierte von 1628 bis 1644. Gegen Ende der darauf folgenden Mandschu-Dynastie – bis 1911 – gab es Strömungen, die neben einer Vertreibung dieser fremden Herrscher auch bewusst auf eine Restauration der seinerzeit rein chinesischen Ming-Dynastie drängten.

82 *»... vom Wein betrunken, köpft ich fälschlich Brüderchen Zheng ...«:* Quelle

des Zitats nicht nachgewiesen. Brüderchen Zheng steht für Zheng Ziming, einen Untergebenen des Kaisers Taizu.

83 *Liang:* Chinesische Maßeinheit. Ein Liang entspricht 50 Gramm.

84 *Ningbo-Bett:* Betten dieser Art wurden in der Region Ningbo hergestellt; sie waren sehr luxuriös.

84 *sie hatte zu große Füße:* Als Frau aus dem Volke hatte sie keine gebundenen Füße.

86 *Reform:* Zitat aus dem »Buch der Urkunden« (»Shangshu«, III.4.6)

86 *Ming-Kaiser Xuande:* Regierungszeit 1426–1435

88 *Boss der Kakifeigenölpartei:* Die Bauern verwechseln »ziyou« (»liberal«) mit »shiyou« (»Kakifeigenöl«).

88 *Hanlin-Akademie:* Hanlin war seit der Tang-Zeit (618–907) die Bezeichnung für das literarisch geschulte Gefolge des Kaisers. In der Ming- und Qing-Zeit lautete so die Bezeichnung für die Doktoren, die in die kaiserliche Akademie (»Hanlinyuan«) aufgenommen wurden und dort mit der Kompilierung der Reichsannalen, der Abfassung von Dokumenten etc. beschäftigt waren.

89 *Bruder Hong:* Gemeint ist Li Yuanhong (1864–1928). Er war Militärkommandant der Qing in der Provinz Hubei. Nur zufällig und wider Willen wurde er im Oktober 1911 Führer der Revolutionsarmee.

92 *Kaiser Fu Xi:* Legendärer Urkaiser, der von 2953 bis 2838 v. Chr. gelebt haben soll. Nach der chinesischen Mythologie verdanken die Menschen ihm u. a. die Jagd, das Fischen, Spinnen, Musizieren, Weissagen und Kochen.

92 *Happy End:* In der traditionellen chinesischen Erzählkunst und auch auf der Bühne bedeutet das tuanyuan (wörtl. »Vereinigung«) die Bestrafung des Bösen und die Belohnung der Guten (u. a. die Vereinigung der Liebenden).

99 *als einzig Überlebende:* Loyale Anhänger der untergegangenen Qing-Dynastie.

100 *die Aufstellung aus zwölf Kolonnen:* Die Namen derjenigen, die nach dem alten – bis 1905 gültigen – Prüfungssystem die Prüfungen auf Kreisebene bestanden hatten, wurden bei der öffentlichen Bekanntgabe auf einer Anschlagtafel allgemein nicht nach einer Rangfolge angeführt. Um der Bequemlichkeit willen wurde jedoch um jeden fünfzigsten Namen ein Kreis – hier mit »Kolonne« übersetzt – gezogen. Der erste Name war jeweils etwas exponierter eingetragen, die anderen Namen folgten von rechts nach links.

100 *Landedelleute:* Die chinesische Bezeichnung »senshi« wird normalerweise mit »Gentry« wiedergegeben.

101 *Wimpel:* Im kaiserlichen China war eine Fahnenstange mit entsprechenden Wimpeln Zeichen dafür, dass der Hausherr einen Beamtentitel erworben hatte.

101 *Erhaben über Fehl und Tadel:* Dieses sogenannte »Qinggao« ist das Charakteristikum des unbestechlichen Beamten.

101 *Sieben Zöpfchen kreisten vor seinen Augen:* Um sich einen Text besser einprägen zu können, pflegten die Schüler bei der Rezitation den Kopf kreisen zu lassen.

102 *den »achtfüßigen Aufsatz« und das Examensgedicht:* Unter einem »achtfüßigen Aufsatz« versteht man eine essayistisch-theoretische Prosaarbeit über ein Thema aus den kanonischen konfuzianischen Schriften, die einem achtgliedrigen Schema folgt. Für das Examensgedicht – in der Regel bestand es aus 16 Zeilen mit je fünf, sich in aufeinander folgenden Paaren reimenden Zeichen – wurden Thema und Motiv mit zwei Schriftzeichen vorgegeben.

103 *Dou:* Chinesisches Hohlmaß, entspricht etwa 10 Litern.

106 *Li:* Chinesisches Längenmaß, rund 500 Meter.

106 *schmale Täfelchen* (»chaohu«) sind lange schmale Notiztäfelchen aus Jade, Elfenbein oder Bambus, die hohe Beamte bei kaiserlichen Audienzen als Gedächtnisstütze benutzen.

107 *Beamte des Kreisausschusses:* Exekutive auf Kreisebene.

108 *den kaiserlichen Kalender zu befragen:* Gemeint ist der auf gelbem Papier abgedruckte sogenannte »Gelbe Kalender«. Neben einer Einteilung des Sonnenjahrs und der Zeiten der Feldarbeit finden sich hier auch die Glück verheißenden und Unglück verkündenden Tage verzeichnet, die Unternehmungen im Großen und Kleinen angeraten sein ließen oder zur Vorsicht mahnten.

109 *Kaiser Wu:* Regierungszeit 502–550

109 *während des Aufstands der Langhaarigen, der Taiping:* Der Taiping-Aufstand – ein großer Bauernaufstand – verheerte in den Jahren 1850–1864 große Teile Chinas und führte zum Tod von dreißig Millionen Menschen.

110 *Dämonen:* Gottheiten, die in daoistischen Tempeln als Torhüter verehrt wurden.

121 *»Chronik des Yuan Liaofan«:* Die hier erwähnte Chronik von Yuan Liaofan – dem Beamtengelehrten Yuan Huang (1533 bis 1606) – steht in der Nachfolge von Zhu Xis (1130 bis 1200) historischem Abriss »Tongjian gangmu« (1172).

121 *»Lesen und Schreiben sind der Beginn allen Leidens«:* Anfangsvers des Gedichts »Auf die Halle ›Trunken von Tusche‹ des (Kalligrafen) Shi Cangshu« von Su Dongpo (1037–1101)

122 *Jin-Dynastie:* 317–420

122 *Drei Reiche:* 220–280

122 *»Huang Zhong erobert Junshan und enthauptet Xia Haiyuan«:* Vgl. den Roman »Die Drei Reiche«, übersetzt von Franz Kuhn (div. Ausgaben, u. a. Insel, Frankfurt a. M. 1981).

122 *Tang-Zeit:* 618–907

122 *»General Qin Qiong verkauft sein Schlachtross«:* Der im Jahre 1675 erschienene Roman »Episoden aus der Sui- und Tang-Zeit« (»Sui Tang yanyi«) von Chu Renhuo (ca. 1630–1705) berichtet, dass der Recke Qin Qiong (6./7. Jh) aus Not gezwungen gewesen sei, sein Ross zu verkaufen.

123 *im 13. Jahr der Republik China:* 1924

123 *einen russischen Schriftsteller namens Gorki:* Die chinesische Transkription lautet »Gao Erji«.

125 *»Zeremonienmeister für den Räucheraltar des himmlischen Kaisers«:* Im alten China war es bei Gebildeten üblich, sich aus Versen berühmter Dichter einen Sondernamen zuzulegen. Die Quelle für den Namen im Text ist das Gedicht »Preis meiner Residenz in Zhoucheng« von Yuan Zhen (799–831).

126 *»Wahrsagealtar«:* Zwei Personen mit verbundenen Augen halten ein Gerüst, an dem ein Stab hängt. Durch die Bewegung der beiden Personen gerät der Stab ins Schwingen und schreibt so die vermeintlich göttliche Botschaft auf ein mit Sand bestreutes Tablett.

126 *Blütenfee:* Ruizhu Xianzi ist eine unsterbliche Gestalt des Daoismus, die im »Blütenpalast« (»Ruizhugong«) leben soll.

126 *noch höher achten:* wörtlich: mit blauen Augen als Ausdruck der Wertschätzung betrachten. Es handelt sich hier um eine Anspielung auf die Biografie des Ruan Ji (210–263), s. »Jinshu« (Kap. 49), Bd. 5, Zhonghua, Peking 1974, S. 1361.

127 *Verwirrung zwischen den Geschlechtern:* Der Autor greift hier auf einen alten Ausdruck aus dem »Buch der Wandlungen« zurück: »liangyi« verweist auf Himmel und Erde und wird später im Sinne von Mann und Frau gebraucht.

128 *Strubbelköpfe:* Der Bubikopf galt damals als Zeichen der modernen Frau.

129 *»kühnen Plan des Shi Le«:* Shi Le (273–333) war Hunnenführer und Begründer der Späten Zhao-Dynastie (328–352).

130 *Fu Jian* (338–385) war Führer der Tibeter und Begründer der Frühen Qin-Dynastie (351–394). Die genannte Schlacht mit den Truppen der Östlichen Jin-Dynastie fand im Jahre 383 statt. Obwohl Fu Jians Truppe zahlenmäßig überlegen war, unterlag sie aufgrund einer falschen Beobachtung ihres Anführers.

130 *»plötzlichen Aufstieg der Tuoba-Familie«:* Die Tuoba, ein Turkvolk, begründeten im Jahre 386 die Nördliche Wei-Dynastie (bis 534) und einigten so Nordchina.

135 *dem »hauptleidtragenden Enkel« gegenüber verhalten:* Dem traditionellen Trauerzeremoniell gemäß hatte im Falle des Todes der Großeltern der ältere Enkel den verstorbenen Vater bei den Begräbnisriten zu vertreten.

140 *von Yu Dafu die Novelle »Der Untergang«:* Yu Dafus (1896 bis 1945) Hauptwerk »Chenlun« (1921) erschien im Jahre 1947 unter dem Titel »Der Untergang« in einer sehr freien Übertragung von Anna Rottauscher.

141 *wie die alten Herren … nach dem Verlust von Amt und Würden:* Die Zeit nach dem Machtverlust des Militärs, in dessen Folge sich die Beamten ins Private zurückzogen und – statt sich um die Politik zu kümmern – eine weltabgewandte Haltung zu propagieren begannen.

143 *»Historischen Aufzeichnungen« mit Kommentar:* Das »Shiji suoyin«, in der Kommentierung von Sima Zhen aus der Tang-Zeit, war von dem Büchernarr Mao Jin am Ende der Ming-Zeit in seinem Archiv »Jiguge« nach einer Song-Ausgabe nachgedruckt worden. Bei dem von Sima Qian (145 bis 86 v. Chr.) zusammengestellten »Shiji« handelt es sich um das erste große Geschichtswerk Chinas.

144 *»ein Tag, an dem wir uns nicht gesehen haben, erscheint wie drei Herbste«:* Dieser Doppelvers lässt sich – verschieden variiert – des Öfteren im »Buch der Lieder« nachweisen, so z. B. Lied 72; s. Victor von Strauß: »Schi-King«, S. 150.

146 *in einen Kokon von Einsamkeit eingesponnen:* Da der Sprecher zur Kennzeichnung der Einsamkeit einen Ausdruck aus dem Dialekt von Shaoxing verwendet (»dutou«), lässt sich darauf schließen, dass sich hinter »S« die Stadt Shaoxing, die Heimat des Autors, verbirgt.

149 *»sich nicht nur richtig zu benehmen wissen, wenn sie satt sind«:* Zitat aus der ca. 300 v. Chr. kompilierten philosophischen Schrift des »Guanzi«.

150 *ich unterwandere das Erziehungswesen:* Im Mai 1925 hatte Lu Xun seine Unterstützung der studentischen Kritik an der konservativen Hochschulpolitik gegenüber der Pekinger Pädagogischen Hochschule für Frauen öffentlich gemacht. Darauf hatte Chen Xiying (1896–1970) Lu Xun vorgeworfen, »im Dunkeln Unruhe zu schüren«.

154 *dass »ein außergewöhnlicher Mensch so außergewöhnlich handeln müsse«:* Anspielung auf die Biografie des Dichters Sima Xiangru (179–117) in den »Historischen Aufzeichnungen«.

155 *Von Shanyang ging ich nach Licheng, dann nach Taigu:* Bei Shanyang handelt es sich wohl um eine Anlehnung an eine alte Bezeichnung für Shaoxing. Mit Licheng ist die Stadt Ji'nan in der Provinz Shandong gemeint. Taigu ist die in der Provinz Shanxi gelegene Stadt Taiyuan.

155 *Wenxi:* Ort im Süden der Provinz Shanxi.

155 *ein Streifen Papier mit abgeschnittenen Ecken:* Nach chinesischem Volksbrauch zeigte eine auf weißem Papier geschriebene Nachricht an der Haustür Alter und Geschlecht des Verstorbenen an; damit sollten Personen mit demselben Tierkreiszeichen bei der Einsargung ferngehalten werden, um Unheil zu vermeiden.

156 *eine dicke Hanfschnur als Zeichen der engen Verwandtschaft:* In alter Zeit wurde eine solche Hanfschnur üblicherweise zum Zeichen der Pietät vom Sohn oder Enkel des Verstorbenen bei der Ehrenwache am Sarg und beim Begräbnis getragen.

157 *Xianju:* Ort in der Provinz Zhejiang.

161 *Gästehaus:* Solche Häuser wurden von Landsmannschaften in den einzelnen Provinzen und größeren Städten unterhalten.

173 *Huxleys Abhandlung »Die Stellung der Menschheit im Universum«:* Dieses Werk des Zoologen Thomas Henry Huxley (1825–1895) ist im Jahre 1963

auf Deutsch unter dem Titel »Zeugnisse für die Stellung des Menschen in der Natur« erschienen.

174 *ein Strohbüschel angesteckt:* Um zu zeigen, dass ein Gegenstand zum Verkauf angeboten wurde, steckte man ein Strohbüschel daran.

180 *bis zu ihrer Erschöpfung ein qualvolles Spiel:* In China pflegen Kinder zu ihrer Kurzweil Libellen mit einem langen Faden an einen Stock zu binden, sodass diese in ihren Fesseln noch fliegen können.

180 *zwei handgeschriebene Gutscheine:* Eig. Gutscheine für den Kauf von Büchern in einem bestimmten Buchladen; früher wurden sie in China als Zahlungsmittel von Verlagen bevorzugt.

183 *als ehrbarer und namhafter Beamter in der Hauptstadt:* Nach dem Prüfungssystem der Qing-Zeit (1644–1911) wurde alle sechs bzw. zwölf Jahre ein talentierter Magister gleichsam als Tribut nach Peking in die Kaiserliche Akademie (»Guozijian«) geschickt.

187 *Mama Chang:* Die Gestalt der A Chang (»Mama Chang«) lässt sich auf eine konkrete Person zurückführen, die in der Familie des Zhou-Clans tätig gewesen ist. Sie starb im April 1899. Die Silbe »A« in dem Namen »A Chang« ist bei chinesischen Namen und Verwandtschaftsbezeichnungen zum Ausdruck der Vertrautheit üblich.

187 *»chang« passte auch nicht als Adjektiv zu ihr:* Das Schriftzeichen »chang« kann als Adjektiv »lang« bedeuten.

188 *gleich dem Schriftzeichen »groß«:* Es ähnelt einem kopfstehenden, waagrecht durchgestrichenen Y (also einer Gestalt mit gespreizten Beinen und rechtwinklig ausgestreckten Armen).

188 *und legte eine Glücksmandarine an das Kopfende:* Die Mandarinen aus der Provinz Fujian wurden als Glücksbringer aufgefasst, da das Zeichen »fu« in besagtem Provinznamen »Reichtum« bedeutet. In alter Zeit pflegte man in den Provinzen Zhejiang und Jiangsu am chinesischen Neujahrsmorgen derartige Mandarinen zu essen.

190 *Sie sprach häufig von den »Langhaarigen«:* Unter der volkstümlichen Bezeichnung der »Langhaarigen« verstand man zunächst die Anhänger der Taiping-Rebellion (1851–1864). Sie rasierten sich weder die vordere Schädelhälfte, noch trugen sie einen Zopf, sondern vielmehr das Haar gegen die herrschende Sitte der Mandschuren offen. Ihr Anführer war Hong Xiuquan (1814–1864), der 1853 in Nanjing das Himmlische Reich des Höchsten Friedens (»Taiping tianguo«) ausgerufen hatte. Der Mandschu-Regierung in Peking gelang es erst mithilfe des Auslands, der Rebellion, die weite Teile Chinas erfasst hatte, ein Ende zu bereiten. Die »Langhaarigen« finden im Werk von Lu Xun immer wieder Erwähnung. Mitunter steht die Bezeichnung jedoch auch nur für Aufständische schlechthin.

191 *eine illustrierte Ausgabe des »Buches der Berge und Meere«:* Das »Shanhaijing« stellt eine Kosmografie dar, die im 3. und 2. Jh. v. Chr. entstanden ist. Es enthält neben Aufzeichnungen über Geografie, Brauchtum und historische

Persönlichkeiten auch Abhandlungen über Mythen, Legenden, Geister und Ungeheuer.

191 *ein entfernt verwandter Großonkel:* Es handelt sich hier um Zhou Zhaolan mit dem Anredenamen Yutian. Er hatte im traditionellen Prüfungsverfahren den Titel eines Magister (»xiucai«) erworben.

192 *die Sammlung klassischer Aufsätze und Gedichte:* Bücher zur Vorbereitung auf die Beamtenprüfung im alten China.

192 *Lu Jis »Kommentar zu den Gedichten über Pflanzen und Tiere«:* Lu Ji (261–303), hauptsächlich als Verfasser des »Essays zur Literatur« (»Wenfu«) bekannt, verfasste auch einen Kommentar zum »Buch der Lieder« (»Shijing«), wo es vor allem um die dort erwähnten Pflanzen und Tiere geht.

192 *»Blumenspiegel«:* Ein botanisches Werk namens »Huajing« von Chen Haozi aus Hangzhou, welches 1688 erschienen ist.

193 *beutelähnliche Flusskaiser:* Freie Übersetzung für einen legendären Vogel, der im »Shanhaijing« erwähnt wird

193 *himmlische Folterknechte:* Eine legendäre Gestalt, die des Xing Tian, die ebenfalls im »Shanhaijing« erwähnt wird.

193 *»Illustrationen zum Erya«:* Das »Erya« ist ein Synonym-Wörterbuch, welches wahrscheinlich zu Beginn der Han-Dynastie (206 v. Chr. bis 220 n. Chr.) kompiliert worden ist. In der Song-Zeit (960–1279) hat man Erläuterungen zur Aussprache der Zeichen und auch Illustrationen hinzugefügt.

193 *»Illustrationen zum Buch der Lieder«:* In Japan wurde 1784 eine Art »Kritische Illustration der Pflanzen und Tiere im ›Buch der Lieder‹« (»Mao shi pinwu tu kao«) herausgegeben, die mit einem Kommentar versehen war.

193 *»Bildersammlung aus dem Kabinett der Steinabreibungen«*, die Zun Wenge 1885 in Shanghai im Verlag Dianshizhai shuju herausbrachte, vereinigte Werke sowohl von chinesischen als auch japanischen Malern.

193 *»Boot der Gedichte und Bilder«:* 1879 gab der Dianshizhai-shuju-Verlag in Shanghai einen Nachdruck dieser aus der Ming-Zeit stammenden Sammlung von Gemälden (auf denen Gedichte zu stehen pflegten) heraus.

194 *Hao Yixing* (1757–1825) war ein Gelehrter der Qing-Zeit, der sich mit der Interpretation der konfuzianischen Klassiker befasste.

195 *Stadt S:* S steht hier für Shaoxing, die Heimat Lu Xuns.

195 *zog die Hand der Patientin hinter dem Bettvorhang hervor:* Die Schicklichkeit verlangte eine solche Untersuchung.

197 *Herr Ye Tianshi:* Der aus dem Kreis Wu in der Provinz Jiangsu stammende Ye Tianshi (1667–1746) war ein berühmter Arzt zur Zeit des Kaisers Qianlong. Schüler sammelten seine Rezepte und kompilierten so die zehn Kapitel des Werkes »Lin zheng zhinan yi an«. In »Kleine Biografie von Meister Tianshi« hat Wang Youling festgehalten, wie Ye Tianshi einen Patienten mit den Ingredienzen der Platanenblätter geheilt hat.

197 *»Medizin ist eine Sache der Intuition«:* Ein Zitat aus den »Annalen der Späteren Han-Dynastie« (»Hou Hanshu«, Bd. 10, S. 2735).

198 *Chen Lianhe* ist ein Synonym für den Arzt He Jianchen (1860–1929), der damals in Shaoxing als Arzt für traditionelle chinesische Medizin praktizierte.

199 *Strauch »Nimmerwuchs«:* Der Arsidia-Strauch (Arsidia Japonica), auch Japanischer Spitzbaum genannt, ist ein Gewächs, aus dem traditionelle chinesische Medizin gewonnen wird.

199 *… Tiger die Schafe fressen und Götter die Teufel bezwingen:* Vermutlich ein Irrtum des Autors, denn der Betreffende hieß in Wirklichkeit Zaiyi und nicht Gangyi. Als Prinz Duan (seit 1894) hatte er eine kaiserliche Garde ausgebildet und angeführt, die »Tiger- und Götter-Truppe« genannt wurde. Die chinesischen Schriftzeichen für das Schaf (»yang«) und die Ausländer (»yang«) sind Homophone.

200 *mit dem Wissen der Nachkommen des Gelben Kaisers und Qi Bos abzufinden:* Qi Bo und der Gelbe Kaiser waren der Legende nach die berühmtesten Ärzte des chinesischen Altertums. Ein Werk mit uraltem medizinischem Wissen ist das »Huangdi neijing« (»Der Klassiker des Gelben Kaisers zur Inneren Medizin«).

201 *im Streite mit jenen im Westen ausgebildeten Medizinern, die für nichts anderes als Chirurgie tauglich seien:* He Jianchen war damals stellvertretender Chefredakteur der »Monatszeitschrift für Chinesische Medizin in Shaoxing«. Im Frühjahr 1924 erschien die erste Ausgabe, in der He Jianchen sich für das unverfälschte Wesen Chinas starkmachte.

201 *wenn ihre Eltern der Tod erwartet:* Die Sorge für das Wohlergehen und die Unversehrtheit der Eltern im Alter oblag nach dem konfuzianischen Moralkodex den Söhnen. Eine Erkrankung der Eltern wurde auf die Sorglosigkeit der Kinder zurückgeführt und war ein herber Verstoß gegen eine der Kardinaltugenden konfuzianischer Sittlichkeit.

202 *Frau Yan* war die Ehefrau des älteren Bruders von Lu Xuns Großvater väterlicherseits.

202 *wickelten die Asche in Papier und legten sie meinem Vater in die Hand:* Das »Gaowang-Sutra« ist eine der wichtigsten kanonischen Schriften des Buddhismus. Nach buddhistischem Glauben erleidet der Todgeweihte in der Hölle weniger Qualen, wenn ihm die Asche dieses Sutras in die Hand gelegt und in den Tod mitgegeben wird.

203 *Reglos wie ein fühlloser Holzklotz:* Der daoistische Philosoph Zhuangzi (ca. 369–286 v. Chr.) berichtet von dem »hölzernen« Zustand des Laozi beim Besuch von Konfuzius (551 bis 479). Vgl. R. Wilhelm: »Dschuang Dsi. Das wahre Buch vom südlichen Blütenland«, Diederichs, Köln 1969, S. 221 bis 223, auch S. 150f.

203 *sein Schüler Geng Sangchu:* Zhuangzi widmet diesem Schüler ein ganzes Kapitel; vgl. R. Wilhelm: »Dschuang Dsi«, S. 239ff.

204 *und begleitete ihn aus der Bibliothek:* Die »Historischen Aufzeichnungen« berichten in der Biografie des Laozi, dass dieser einst Bibliothekar am Hofe der Zhou gewesen sei. S. »Shiji«, Bd. 7, S. 2139.

204 *An das Querholz gelehnt, hob er zum Gruß respektvoll die Hände:* Die traditionelle Abschiedsform von einem Wagen herab.

204 *Gans:* Ein Gastgeschenk unter Gelehrten und Großwürdenträgern im alten China.

206 *Wüste:* Nach dem Kommentar zu den »Historischen Aufzeichnungen« ein Wüstengebiet im Nordwesten Chinas; s. »Shiji«, Bd. 7, Kap. LXIII, S. 2141.

207 *»... habe ich vielleicht noch Zähne im Mund?«:* Der Dialog folgt dem »Garten der Überredungen« (»Shuiyuan«) des Liu Xiang (77 bis 6 v. Chr.) in Kap. 10 (»Jing shen«).

207 *meinen schwarzen Ochsen:* Nach den »Historischen Aufzeichnungen« trat Laozi seine Reise in den Westen auf einem schwarzen Ochsen an.

207 *Hangu-Pass:* Im Nordosten des heutigen Kreises Lin'gao in der Provinz He'nan.

207 *damals waren ja leider weder Lu Ban noch Mozi geboren:* Vgl. die Erzählung »Wider den Angriffskrieg«.

208 *Lao Dan:* Postumer Name von Laozi.

209 *Ein einziger Lehmklumpen hätte ausgereicht ...:* Ein auf die »Annalen der Späteren Han-Dynastie« (5. Jh.) zurückgehender Ausdruck für die strategische Wichtigkeit des Passes; s. »Hou Hanshu«, Bd. 2, Kap. 13.3, S. 525.

209 *Pinsel, Messer und Holztafeln:* Vor der Erfindung des Papiers schrieb man im alten China mit einem Pinsel, der in Lack getaucht wurde, auf Bambus- oder Holztafeln. Bei Fehlern kratzte man das falsche Zeichen mit dem Messer aus.

210 *Der Sinn:* Gemeint ist »dao«. Hier und im folgenden Zitate aus dem »Daodejing« (Kap. 1, 48, 81) nach der Übersetzung von R. Wilhelm: »Laotse: Taoteking«, Diederichs, Köln 1957, S. 41, 91, 124.

213 *dass ihm ... diese Begünstigung ... zuteilwerde:* Karikatur des Selbstverständnisses damaliger Verleger ebenso wie die »Förderung« der jungen Schriftsteller.

214 *»Tue nichts, und nichts wird ungetan bleiben«:* Kap. 37 des »Daodejing«; s. R. Wilhelm: »Laotse«, S. 77.

214 *ein »Sinnen hoch wie der Himmel ...«:* Zitat aus dem chinesischen Roman »Traum der roten Kammer« (1792).

217 *ein Schüler von Zixia:* Zixia war ein Schüler des Konfuzius; dagegen ist die Person des Gongsun Gao historisch nicht belegt.

217 *Mozi:* Das Werk des Philosphen Mozi, auch Mo Di (ca. 468 bis 376), liegt seit 1922 in einer vollständigen deutschen Übersetzung von Alfred Forke vor. Grundlegende Gedanken dieses Begründers der mohistischen Schule sind u. a. die allgemeine Menschenliebe und die Verdammung des Angriffskrieges.

217 *die Löcher in der Sitzmatte:* Anspielung auf die von Mozi geforderte Einschränkung und Sparsamkeit.

217 *»Singt Loblieder auf die Urkaiser Yao und Shun …«:* Der Dialog findet sich in der deutschen Übersetzung von A. Forke: »Me Ti«, S. 541.

217 *A Lian:* Fiktiver Name. Ein ähnlicher Dialog findet sich jedoch in Kap. 47, S. 559 der Übersetzung von A. Forke.

219 *Geng Zhuzi* und im folgenden *Cao Gongzi, Guan Qian'ao* und *Qin Huali* sind Schüler von Mozi.

218 *wir liebten zwar die Mitmenschen:* Das ist die konfuzianische Kritik an Mozis Konzept der allgemeinen Menschenliebe, wie sie von Menzius ausgeübt wurde.

218 *Gongshu Ban:* D. i. Lu Ban, ein Zeitgenosse des Konfuzius und Erfinder u. a. von Flugdrachen.

218 *Enterhaken und Rammen:* Für den Kampf des Reiches Chu (heute Hu'nan, Hubei) gegen das Reich Yue (heute Zhejiang) erfand Lu Ban einen Haken, um feindliche Schiffe vom Rückzug abzuhalten, ferner eine Ramme zur Abwehr angreifender Flotten.

218 *Wolkenleiter:* Leitern, die der Belagerung dienten. Angeblich konnte man auf diesen Leitern bis in die Wolken klettern.

218 *Song:* Landstrich im heutigen He'nan.

219 *Schwielen und Blasen:* Nach den »Strategien der Streitenden Reiche« (ca. 26 v. Chr.) von Liu Xiang (77 bis 6 v. Chr.) begab sich Mozi auf den Weg, um Lu Ban aufzusuchen, nachdem er von dessen tatkräftiger Unterstützung eines Angriffs von Chu auf Song erfahren hatte. Von den Schwielen berichtet das daoistische Werk »Huainanzi« des Liu An (gest. 122 v. Chr.).

220 *»Wir werden denen schon zeigen, …«:* Nach chinesischem Kommentar Karikatur der damaligen großsprecherischen Politik der Guomindang-Regierung nach der Okkupation von Nordostchina durch Japan im Jahre 1931.

222 *Ying, die Hauptstadt von Chu:* Das heutige Jianglingxian in der Provinz Hubei.

223 *die Weise der »Leute vom Land«:* Ein Volkslied aus dem Königreich Chu, 3. Jh. v. Chr.

223 *Sai Xiangling:* Fiktiver Name, dem der Herrin des Xiang-Flusses aus den »Liedern des Südens« (um 300 v. Chr.) nachgebildet. Das hier genannte Lied wurde im damaligen Chu gesungen.

223 *aus dem Reiche Lu:* Entspricht der heutigen Provinz Shandong.

231 *eine Gruppe von Sammlern zur Rettung der Nation:* Dies ist ein Seitenhieb auf die damals herrschende Guomindang-Regierung, die angesichts der japanischen Bedrohung »Volksorganisationen« zu sogenannten Sammlungen einsetzte.

Quellen

Das Tagebuch eines Verrückten; Kong Yiji; Eine Bagatelle; Heimat; Die wahre Geschichte des Herrn Jedermann und *Ein heller Glanz:* Lu Xun, *Werke in sechs Bänden,* hrsg. von Wolfgang Kubin, Bd. 1, *Applaus,* Unionsverlag, Zürich 1994. Die Übersetzung erfolgte nach der kommentierten Ausgabe *Lu Xun quanji (Sämtliche Werke von Lu Xun),* Renmin wenxue, Peking 1981, Bd. 1.

Die Ewige Lampe; Ein Gelehrter namens Gao; Der Einsame und *Unwiederbringlich – Die Aufzeichnungen des Juansheng:* Lu Xun, *Werke,* Bd. 2, *Zwischenzeiten Zwischenwelten,* hrsg. von Kuan Yu-chien. Die Übersetzung erfolgte nach *Lu Xun quanji,* Bd. 2.

Mama Chang und das »Buch der Berge und Meere« und *Die Krankheit meines Vaters:* Lu Xun, *Werke,* Bd. 3, *Blumen der Frühe am Abend gelesen,* hrsg. von Kuan Yu-chien. Die Übersetzung erfolgte nach *Lu Xun quanji,* Bd. 2.

Die Reise über den Pass und *Wider den Angriffskrieg:* Lu Xun, *Werke,* Bd. 4, *Altes, frisch verpackt,* hrsg. von Michaela Link. Die Übersetzung erfolgte nach *Lu Xun quanji,* Bd. 2.

Es sind so viele Dornenbüsche: Lu Xun, Werke, Bd. 6, *Das trunkene Land,* hrsg. von Wolfgang Kubin. Die Übersetzung erfolgte nach *Lu Xun jiushi huishi, (Die Gedichte des Lu Xun im klassischen Stil nebst gesammelten Kommentaren),* hrsg. von Wang Yongpei u. a., 2 Bände, Shaanxi renmin, Xi'an 1985.

Die Anmerkungen sind leicht gekürzt der deutschsprachigen Werkausgabe von Lu Xun entnommen.

Erstveröffentlichungen

Das Tagebuch eines Verrückten: »Xin qingnian«, Bd. 4, Nr. 5, Mai 1918
Kong Yiji: ebd., Bd. 6, Nr. 4, April 1919
Eine Bagatelle: »Chenbao«, Beilage »Zhounian jinan zengkan«, Peking 1. Dezember 1919
Heimat: »Xin qingnian«, Bd. 9, Nr. 1, Mai 1921
Die wahre Geschichte des Herrn Jedermann: »Chenbao fukan«, Peking 4. Dezember 1921 bis 12. Dezember 1922
Ein heller Glanz: »Dongfang zazhi«, Bd. 19, Nr. 13, Shanghai 10. Juli 1922
Die Ewige Lampe: »Minguo ribao fukan«, Peking 5. bis 8. März 1925
Ein Gelehrter namens Gao: »Yusi«, Nr. 26, Peking 11. Mai 1925
Der Einsame: in der Sammlung *Zwischenzeiten Zwischenwelten*
Unwiederbringlich – Die Aufzeichnungen des Juansheng: ebd.
Mama Chang und das »Buch der Berge und Meere«: »Mangyuan«, Bd. 1, Nr. 6, Peking 25. März 1926
Die Krankheit meines Vaters: ebd., Bd. 1, Nr. 21, Peking 10. November 1926
Die Reise über den Pass: »Haiyan«, Nr. 1, Shanghai 20. Januar 1926
Wider den Angriffskrieg: in der Sammlung *Altes, frisch verpackt*

Übersetzungen

Ruth Cremerius: Der Einsame
Raoul David Findeisen: Eine Bagatelle, Ein heller Glanz
Angelika Gu: Es sind so viele Dornenbüsche
Christine Homann: Ein Gelehrter namens Gao, Unwiederbringlich – Die Aufzeichnungen des Juansheng
Wolfgang Kubin: Das Tagebuch eines Verrückten, Kong Yiji, Heimat, Es sind so viele Dornenbüsche
Michaele Link: Die Reise über den Pass, Wider den Angriffskrieg
Stefan Maedje: Mama Chang und das »Buch der Berge und Meere«
Yu Ming-chu: Die Ewige Lampe
Florian Reissinger: Die wahre Geschichte des Herrn Jedermann
Ekkehard Sillem: Die Krankheit meines Vaters

Über Lu Xun

Lu Xun wird am 25. September 1881 in der Kreisstadt Shaoxing, Provinz Zhejiang, geboren. Sein eigentlicher Name lautet Zhou Shuren. Sein Großvater war an der Kaiserlichen Akademie der Qing-Dynastie beschäftigt, sein Vater hatte die kaiserliche Prüfung für den niedrigsten Gelehrtenrang absolviert. Seine Mutter Lu Rui stammt aus einfachen bäuerlichen Verhältnissen. Als der Großvater wegen eines Bestechungsversuchs inhaftiert wird (er wollte zugunsten von Lu Xuns Vater und weiterer Familien der Stadt die Prüfungsergebnisse beeinflussen), beginnt der Niedergang von Lu Xuns Familie. Um der drohenden Sippenhaft zu entgehen, zieht Lu Xun im Alter von dreizehn Jahren mit der Mutter zur Großmutter mütterlicherseits in ein Dorf. Die dort erfahrene Not der Bauernschaft prägt ihn und wird zur Inspiration für sein Werk.

1898 besucht er in Nanjing die Marineakademie und danach die Akademie für Eisenbahn- und Bergbauwesen, wo er mit westlichen Denkweisen und der Naturwissenschaft vertraut wird und Englisch und Deutsch lernt.

1902 wird er mit einem staatlichen Stipendium nach Japan geschickt. In Tokio studiert er zunächst Japanisch und andere Fächer, bevor er nach Sendai an die Medizinische Akademie wechselt. Als er zum Schluss kommt, die Literatur sei das beste Mittel, den Geist der Menschen im darniederliegenden China zu verändern, bricht er das Medizinstudium ab und beginnt 1906 ein Studium der Literatur. In diesen Jahren entstehen erste Essays und zahlreiche Übersetzungen europäischer Literatur und Philosophie.

1909 kehrt Lu Xun nach China zurück und unterrichtet zunächst in Hangzhou und dann in seiner Heimatstadt Shaoxing naturwissenschaftliche Fächer. Nach dem Sturz der Qing-Dynastie und der Gründung der Chinesischen Republik im Jahre 1911 arbeitet er als Beamter im neu geschaffenen Bildungsministerium in Nanjing und später in Peking.

1918 wird er Redakteur der Zeitschrift *Neue Jugend,* die sich unter dem Einfluss der Russischen Revolution zu einer führenden Stimme der Erneuerung Chinas entwickelt und später der Kommunistischen Partei Chinas nahesteht. Im selben Jahr erscheint die Erzählung *Das Tagebuch eines Verrückten,* die das traditionelle Wertesystem als »Menschenfresserei« darstellt und als Beginn der modernen Prosa in China gilt.

1920 beginnt Lu Xun, Vorlesungen über Literatur an der Peking-Universität (Beida) und anderen Hochschulen zu halten. Lu Xun wird zu einer einflussreichen Persönlichkeit in der *Bewegung des 4. Mai,* die ab 1919 die geistige, politische und soziale Erneuerung Chinas und die Unabhängigkeit von den Kolonialmächten anstrebt. Er gehört zu den Gründern mehrerer kulturpolitischer Organisationen und unterstützt publizistisch die sich verschärfenden Kämpfe der Studenten. 1921 entsteht *Die wahre Geschichte des Herrn Jedermann.*

Im Sommer 1926 wechselt er an die Universität von Xiamen, um der Zensur und Verfolgung zu entgehen, 1927 an die Sun-Yat-sen-Universität von Guangzhou. Im selben Jahr übersiedelt er nach Shanghai. Als freier Schriftsteller, Publizist und Herausgeber von Zeitschriften wohnt er dort bis zu seinem Tod.

1930 wird er Mitglied der Liga linksgerichteter Schriftsteller. Zahlreiche Essays richten sich gegen die reaktionäre Politik der Guomindang-Regierung unter Chiang Kai-shek und gegen die Aggression durch Japan, das 1931 die Besetzung Nordchinas beginnt. Als Anreger, Förderer junger Talente, als Erneuerer der chinesischen Literatur, als Übersetzer von Werken aus dem Westen und leidenschaftlicher Polemiker ist er eine Zentralgestalt des politischen und kulturellen Lebens.

Am 19. Oktober 1936 stirbt Lu Xun an Tuberkulose.

Das rote Kornfeld

Rot sind die endlosen Felder um das Dorf Gaomi. Rot sind auch die Vorhänge der Sänfte, in der die schöne Dai Fenglian zu ihrem zukünftigen Ehemann getragen wird. Aber als sie den Sänftenträger Yu Zhan'ao sieht, entbrennen sie in Liebe zueinander.

Die Knoblauchrevolte

Die Bauern in Gaomi erwarten die alljährliche Knoblauchernte – doch die Gemeinde weigert sich, den Knoblauch abzunehmen: Es gibt einfach zu viel in diesem Jahr. Statt des würzig-herben Dufts legt sich erstickender Modergeruch über die Dörfer. In ihrer unbändigen Wut revoltieren die Bauern gegen die Misswirtschaft der korrupten Behörden.

Der Überdruss

Ein ehemaliger Großgrundbesitzer kehrt nach seinem Tod in Tiergestalt in das Dorf zurück, dessen Herr er einst war. Als schelmischer Erzähler führt er den Leser durch die Höhen und Tiefen der chinesischen Geschichte. Mo Yans zutiefst menschlicher Roman ist ein funkelnder Bilderbogen, sprühend vor Komik und berührend durch Anteilnahme.

Die Schnapsstadt

Ein Ermittler wird in die »Schnapsstadt« entsandt, um einem Gerücht auf den Grund zu gehen: Dekadente Parteikader sollen dort kleine Kinder nach allen Regeln der Kochkunst zubereiten lassen. Doch Ding sieht sich konfrontiert mit einer Welt, die von Anmaßung und Gier beherrscht wird.

Roter Mohn

Jeder weiß, dass der zweite Sohn des Fürsten Maichi ein Idiot ist. Als Thronfolger wird er nie zum Zug kommen. Umso unvoreingenommener beobachtet er seine Umgebung – die Festung des Fürsten im äußersten Osten Tibets, die rücksichtslose und grausame Feudalherrschaft, die in kleinliche Streitereien verwickelten Lamas, die Intrigen um schöne Frauen und die Fehden mit benachbarten Herrschern, die wechselnden Allianzen mit den Chinesen. In das entlegene Hochland dringt die Moderne lediglich als fernes Echo. Als ein Sondergesandter der chinesischen Regierung Fürst Maichi Mohn anbauen lässt, wird dieser unermesslich reich. Die betörende rote Mohnblüte und der Duft der reifenden Kapseln bringen Unruhe in das archaische Leben. Einzig der Idiot erkennt, dass sich das Ende einer Ära abzeichnet.

Ferne Quellen

Der scheue Junge verbringt seine Zeit lieber mit dem Pferdehirten auf den weiten Bergwiesen als mit den Menschen unten im Dorf. Oft erzählt ihm dieser von den fernen, heißen Quellen, in denen Männer und Frauen in heiterer Eintracht baden und von ihren Krankheiten genesen. Nichts wünscht sich das Kind seither sehnlicher, als zu diesen Heilquellen zu gelangen und der Enge seines Dorfes zu entfliehen. Als er viele Jahre später als Bezirksfotograf zu den Quellen vordringt, erlebt er eine bittere Enttäuschung: Wo einst das Wasser sprudelte und zum ausgelassenen Bad einlud, findet er eine hässliche, verlassene Betonlandschaft. Eine verfehlte Entwicklungspolitik hat eine Investitionsruine hinterlassen. Ein Traum ist gestorben.

»In der Leichtigkeit, mit der Alai erzählt, bleibt die Unauflöslichkeit der Zusammenhänge erhalten. Seine Traurigkeit ist weltumspannend, wie es auch seine Hoffnung ist.« *Neues Deutschland*

Tschingis Aitmatow *Du meine Pappel im roten Kopftuch*
Die Liebe zwischen Asselj und Iljas droht alle traditionellen Regeln zu brechen. Als Iljas tollkühn auf eigene Faust mit seinem Lastwagen das verschneite Pamirgebirge bezwingen will, beginnt die Katastrophe: Die liebevolle Hilfe Asseljs und den Rat seiner Freunde weist er zurück. Dabei verspielt er die Liebe seines Lebens.

Pramoedya Ananta Toer *Kind aller Völker*
Als seine Frau von den holländischen Kolonialherren verschleppt wird, regt sich in Minke, einem indonesischen Journalisten, der Widerstand. Sein anfänglich überschwänglicher Glaube an die »Europäisierung« wird schwer erschüttert. Zusammen mit einer Bauernfamilie wagt er es, sich gegen die Landnahme der Holländer aufzulehnen.

Vaddey Ratner *Im Schatten des Banyanbaums*
Die Kindheit der siebenjährigen Raami endet jäh, als die Roten Khmer in Kambodscha die Macht übernehmen und sämtliche Bewohner aus der Hauptstadt vertreiben. Die behütete Welt der Adelsfamilie bricht zusammen. Aus der Perspektive eines fantasiebegabten Mädchens erzählt Vaddey Ratner eine unfassbare Lebensgeschichte, die auch die ihre ist.

Geetanjali Shree *Mai*
Sunaina und ihr Bruder haben ein gemeinsames Ziel: ihre Mutter Mai, die nie das Haus verlässt, aus ihrer so eng scheinenden Welt zu befreien. Doch das ist eine ganz andere, als sie glauben. Die Booker-Preisträgerin porträtiert drei Generationen einer indischen Familie und erzählt von der Herausforderung, einander wirklich zu verstehen.

Lu Xun *Tagebuch eines Verrückten*

Mit Lu Xun begann die moderne chinesische Literatur, und bis heute ist er ihre prägende Leitfigur geblieben. Gleichzeitig ist er ein Intellektueller unserer eigenen Moderne, den Europa immer wieder neu entdeckt: ein Erzähler und Denker von stupender Aktualität, in dessen Werk Melancholie und Militanz, Ironie und Trauer verschmelzen.

Manjushree Thapa *Geheime Wahlen*

Rishi ist in der Großstadt Kathmandu ein Zugereister ohne Beziehungen, der sich mehr schlecht als recht mit Nachhilfestunden in Geschichte durchschlägt. Entwurzelt und perspektivlos kehrt er in sein Heimatdorf zurück. Dort versucht die junge Witwe Binita, sich mit einem Leben am Rand der Gesellschaft abzufinden.

Eka Kurniawan *Schönheit ist eine Wunde*

Einundzwanzig Jahre nach ihrem Tod erhebt sich Dewi Ayu aus ihrem Grab und muss feststellen, dass ihre Töchter grausame Schicksale erdulden müssen. Sie begibt sich auf die Suche nach der Ursache für den Fluch auf ihrer Familie. Zwischen Geistern und Totengräbern spinnt sich ein Netz der Wahrheit, das die Geschichte eines ganzen Landes einfängt.

Oh Jung-Hee *Vögel*

In einer namenlosen Stadt in Südkorea leben die zwölfjährige Uumi und ihrer jüngerer Bruder Unil allein in einer ärmlichen Hinterhofwohnung, die ihnen Nest und Käfig zugleich ist. Uumi sehnt sich danach, so schnell wie möglich erwachsen zu werden, um in die Zukunft aufzubrechen. Unbeirrt halten die beiden an ihren Träumen fest.